Abandono de buques y tripulaciones

Domingo González Joyanes

Biblioteca de Logística

Abandono de buques y tripulaciones

Domingo González Joyanes

Con la colaboración de:

Delegació Diocesana de l'Apostolat del Mar
«Stella Maris»
Arquebisbat de Barcelona

Centro de los Derechos del Marino
Barcelona

BIBLIOTECA DE LOGÍSTICA
Director: David Soler

ABANDONO DE BUQUES Y TRIPULACIONES
1.ª edición, 2009

© 2009, Domingo González Joyanes
© de esta edición, incluido el diseño de la cubierta, ICG Marge, SL

Edita: Marge Books - València, 558, ático 2.ª - 08026 Barcelona (España)
www.marge.es - Tel. +34-932 449 130 - Fax +34-932 310 865

Gestión editorial: Héctor Soler, Laura Matos y Anna Palacios
Producción editorial: Estela Serrano y Miguel Ángel Roig
Colaboradores editoriales: Rosa Romero, Roser Pérez y Albert Roura
Compaginación: Mercedes Lara
Impresión: Service Point FMI

ISBN: 978-84-92442-23-2
Depósito Legal: B-

Índice

Capítulo 10
El convenio de la OIT y las medidas relativas al abandono de buques y tripulaciones

Anexo I
Normativa nacional e internacional sobre asistencia a marinos

Prólogo

La tendencia de los últimos años, según la Organización Mundial del Comercio, refleja que el volumen de trabajo en el transporte marítimo, tanto de mercancías como de pasajeros, se ha elevado sustancialmente desde el año 2004, mientras que la caída a lo largo de 2008 se debe a la crisis de los carburantes.

Por otra parte, las nuevas realidades sociales exigen la participación de tripulaciones con diversidad de nacionalidades, algunas de ellas de nueva aparición en este sector, y principalmente procedentes de Asia, las cuales poco a poco irán reflejándose en el derecho marítimo.

Siempre se ha dicho que el último en abandonar el barco es el capitán, pero ¿dónde empieza y qué consecuencias tiene la situación jurídica provocada por el abandono de una tripulación en un país donde no se regulan los derechos básicos de la gente de mar?

La lectura de este libro permitirá al lector aproximarse desde una visión global a la legislación internacional y a la casuística más sencilla, ilustrada mediante ejemplos prácticos del abandono de tripulaciones en un país desarrollado como España, pero que no escapa al fenómeno del abandono mundial de los buques y de sus trabajadores.

Este año se celebra el 60 aniversario de la Declaración Universal de los Derechos Humanos, adoptada y proclamada por la Resolución de la Asamblea General 217 A (iii) del 10 de diciembre de 1948, y aún no se ha resuelto cómo evitar el menoscabo de derechos elementales recogidos en esta Declaración: «Toda persona tiene derecho al trabajo y a la protección contra el desempleo, así como a una remuneración equitativa y satisfactoria (art. 23); Toda persona tiene derecho a la alimentación, el vestido, la vivienda, la asistencia médica y los servicios sociales necesarios (…) u otros casos de pérdida de sus medios de subsistencia por circunstancias ajenas a su voluntad (art. 25); Toda persona tiene derecho a salir de cualquier país, incluso del propio, y a regresar al suyo (art. 13.2)».

El cumplimiento de las obligaciones contractuales entre el empresario/armador y el tripulante/marino no cuenta aún con un consensuado marco general que proteja y salvaguarde los derechos humanos de la tripulación en los supuestos de abandono de buques y de los empleados por el empresario.

Otra de las sobrecogedoras conclusiones que muestra Domingo González Joyanes es que se ha trasladado a la opinión pública la errónea idea que vincula los buques abandonados con los marinos procedentes del Tercer Mundo, como si se tratase de un problema de inmigración. Este supuesto es del todo falso, dado que en muchos casos, los marineros abandonados son profesionales cualificados y legalmente contratados.

Es probable que los medios de comunicación no siempre hayan contado con toda la información por ambas partes (empresarios/armador y tripulante/marino) para mostrar de forma fidedigna la problemática que entraña hoy en día el Derecho Marítimo; sin embargo, es injusto vincular esta cuestión a los flujos migratorios o las situaciones a las que se enfrentan los barcos de pabellón de conveniencia, y omitir el desamparo social y asistencial al que se relega a sus marinos.

El Libro Verde de la Comisión, publicado en junio de 2006 con el título *Hacia una futura política marítima de la Unión: perspectiva europea de los océanos y los mares*, expone que las actividades marítimas constituyen uno de los ámbitos esenciales de la Estrategia de Lisboa, por la importancia que tiene la economía marítima. Según una estimación, los sectores relacionados con la explotación de los mares representan entre el 3 y el 5 % del total en la Unión Europea, la cual ocupa el primer lugar mundial en el transporte marítimo, el turismo costero, la producción de energía en el mar o las técnicas de construcción naval.

Estamos aún a tiempo de establecer una legislación internacional básica, fruto de la voluntad de los Estados, así como del impulso de las organizaciones internaciones (OMI y OIT, entre otras) para involucrar al conjunto de agentes del sector marítimo en la protección de los intereses sociales e individuales inherentes a la persona (sueldo, asistencia sanitaria, seguridad social, etc.). De igual manera, es tiempo de reconocer el trabajo silente y constante de las diferentes entidades de caridad u ONG españolas que sí han sabido dar respuesta y amparo al ser humano cubriendo sus necesidades más básicas.

Es, por tanto, hora de que Europa, poseedora de importantes argumentos económicos e históricos, tome la iniciativa para liderar una estrategia que ampare y garantice los derechos de los trabajadores del mar ante el abandono de los buques.

CARLOS OSSORIO GONZÁLEZ
Experto en gabinetes de comunicación
en empresas e instituciones

Introducción

El abandono de tripulaciones constituye una de las muchas manifestaciones de la falta de protección que padecen hoy en día una gran parte de los tripulantes de la flota mundial. Este problema, que deja a tripulaciones enteras y a sus familias sumidas en la desesperación y la angustia, representa un atentado contra la dignidad de los trabajadores del mar, totalmente impropio de lo que cabe esperar de una sociedad de principios del siglo XXI.

La situación de abandono puede darse por distintas circunstancias. La más habitual es por un armador poco solvente que explota barcos viejos, cuyas condiciones técnicas de navegabilidad y de seguridad están en los límites de la legalidad, y que va cubriendo los gastos de explotación con lo que ingresa en cada momento. Cualquier avería o gasto imprevisto o negocio fallido, hacen que el barco deje de ser rentable y que, en muchos casos, el valor del mismo no alcance a cubrir las deudas contraídas, incluidos los salarios de la tripulación. A esto suele añadirse el reiterado impago del salario a la tripulación, que llegará a carecer de lo más mínimo para subsistir: dinero, alimentos, combustible, etc.

Esta situación puede darse también por otras circunstancias: armadores en principio solventes que por diversos motivos deben enfrentarse a graves problemas económicos que les conducen a una situación de insolvencia; o navieras estatales de algunos países que, ante la detención de un barco en puerto, tardan meses en hallar una solución. En este último caso, la tripulación suele atravesar por dificultades, aparte de sufrir la angustia por permanecer durante un tiempo indeterminado lejos de casa y sin apenas recursos, pero suele recibir regularmente del armador lo indispensable para subsistir.

Se observan diferencias en cuanto a la actitud del armador, incluso cuando se trata de empresas insolventes. Algunos armadores, al ver que no tienen ninguna posibilidad de salvar la situación, desaparecen, y resulta imposible establecer contacto con ellos. Otros, en cambio, buscan vías de solución, y proporcionan de vez en cuando algo de dinero para la tripulación e incluso envían nuevos tripulantes para relevar a los que son repatriados. El final, sin embargo, suele ser el mismo: el barco acaba siendo subastado.

La repatriación de los tripulantes constituye también un problema importante. En principio, debería correr a cargo del país de la bandera o del país del puerto en el que el barco queda retenido. En la práctica, esto no se da; al final es la ITF (International Transport Federation) la que pone el dinero, siempre y cuando los tripulantes les firmen poderes para pleitear y reclamar por vía judicial los salarios devengados y no pagados. El problema es que muchas veces algunos marinos se niegan a ser repatriados, ya sea por pensar que permanecer en el barco es su única garantía de cobrar lo que les deben (temen que si lo abandonan no cobrarán nada), o por temer que si regresan a casa con los bolsillos vacíos, los acreedores se les echarán encima. En consecuencia, resulta habitual que algunos miembros de la tripulación permanezcan a bordo en unas condiciones físicas y psicológicas muy duras. Por otra parte, sus familias se enfrentarán a una situación económica límite, pues al no recibir dinero durante meses, en ocasiones durante más de un año, tendrán que endeudarse o vender lo poco que tienen para subsistir. Si enferman, es posible que no puedan recibir asistencia médica porque primero hay que pagarla, y quizás los hijos tengan que dejar de estudiar, etc.

Ante situaciones tan injustas, cabe preguntarse: ¿qué actitud adoptan los gobiernos y las organizaciones internacionales?

En los últimos años, los miembros de la Organización Marítima Internacional (OMI) han hablado mucho en sus reuniones acerca del factor humano; de hecho, en todos los foros marítimos se considera que ésta es la causa más importante de los accidentes marítimos. En respuesta a ello, se han aprobado normativas internacionales sobre la formación básica de las tripulaciones; se controla en puerto que los mandos tengan las titulaciones pertinentes y se investiga todo aquello que permita reducir el impacto del error humano. Sin embargo, el trato humano que reciben las tripulaciones, el respeto de sus derechos como trabajadores no está acorde con la consideración que merecen.

Es cierto que los convenios internacionales sólo tienen fuerza de ley local si los respectivos estados los ratifican, pero también es cierto que en aquellos temas que afectan a la economía, el medio ambiente o la seguridad pública, la presión ejercida sobre los gobiernos es fuerte y éstos se ven obligados a aplicarlos.

La Organización Internacional del Trabajo (OIT), por su parte, ha ido aprobando una serie de convenios importantes en defensa de los derechos de los trabajadores del mar, entre los que destaca el convenio consolidado de 2006, que recoge toda la normativa de este organismo en materia laboral marítima. En función de estos convenios, una vez ratificados por los distintos países, deberían quedar protegidos una gran parte de los derechos básicos de los trabajadores del mar. No obstante, la realidad es distinta, dado que la manera de aplicar el convenio varía de un país a otro, en parte porque los propios convenios dejan excesivo margen para aplicarlos, ya que la normativa recogida en ellos se basa más en recomendaciones que en auténticas obligaciones.

Por ejemplo, la OIT hace especial hincapié en el bienestar de los tripulantes y en su convenio 163. Resalta la responsabilidad de los Estados para ofrecer servicios de bienestar a los tripulantes de los barcos amarrados en sus puertos, independientemente de cuál sea su nacionalidad. Sin embargo, la realidad es otra: la mayor parte de los puertos carecen de información y se hallan desatendidos; sólo la actuación de algunas organizaciones como Stella Maris u otras misiones para marinos ofrecen ayuda efectiva,

En España, al igual que en la mayoría de los países del Primer Mundo, el Estado suele hacerse cargo de sus marinos en el caso de que éstos sean abandonados en un puerto extranjero, pero... ¿qué ocurre con los otros?, ¿no tienen los mismos derechos?

En Barcelona, en enero del año 2000, el Comité de Solidaridad con la Gente de Mar convocó una jornada internacional, en la que se debatieron dos temas: los comités de bienestar en puerto (de acuerdo con la recomendación 173 de la OIT en desarrollo del convenio 163) y las tripulaciones abandonadas.

Acudieron representantes de importantes organizaciones internacionales: la OIT, la ITF (International Transport Federation), el ICSW (International Comittee on Seafarers Welfare), y otras de carácter nacional, como el ISM (Instituto Social de la Marina).

En la sesión dedicada a las tripulaciones abandonadas se planteó la conveniencia de crear un fondo o seguro internacional, mediante aportaciones obligatorias de los armadores, que cubriera los salarios devengados y no cobrados por parte de la tripulación, hasta un número máximo de meses (por establecer), así como sus gastos de repatriación. Este fondo se subrogaría en los derechos de los tripulantes, una vez se produjera la venta o subasta del buque.

Más o menos por esas fechas se creó un grupo de trabajo entre la OIT y la OMI, precisamente con la intención de buscar un instrumento legal que permitiera asegurar los derechos de los tripulantes en el caso de un abandono de buque. La idea del fondo o seguro internacional se perfilaba como la solución más probable.

A finales de 2008, todavía no ha entrado en vigor ningún convenio. Tanto en la OMI como en la OIT los armadores, que ven con desagrado cualquier norma que suponga algún desembolso adicional, tienen mucha fuerza legal y económica y los representantes de los gobiernos respetan su opinión.

La explicación es sencilla: ¿qué incidencia tiene en la economía o en la seguridad mundial que un grupo de marinos del Tercer Mundo queden abandonados en un puerto?, ¿qué importancia tiene, desde esa perspectiva, que un grupo de familias se queden en la miseria?

Las organizaciones internacionales tienen una gran responsabilidad con respecto a estos marinos y a sus familias, pues son excesivamente permisivas con los armadores y con el trato que éstos dan a sus tripulaciones.

Los Estados también tienen responsabilidades en este asunto. Los Estados de los puertos en los que se produce un abandono deberían tomar medidas para evitar que en su territorio nacional ningún marino, sea cual sea su origen, se encuentre falto de alimentos, ni del mínimo necesario para subsistir.

Asimismo, las comunidades portuarias deberían asumir su parte de responsabilidad. Los marinos, a bordo de sus barcos, hacen posible que un puerto desarrolle un tráfico marítimo, gracias al cual se enriquece toda la comunidad portuaria, la ciudad y la región adyacente.

Los puertos deberían estudiar la posibilidad de crear unos fondos, destinados a solventar situaciones que no se pueden considerar meramente «laborales», sino de justicia y dignidad humanas. No debería permitirse que una persona, cumpliendo con su trabajo a bordo de un barco, se quede totalmente desprotegida por culpa de la insolvencia de su armador, y dependa, en el mejor de los casos, de organizaciones caritativas.

El problema del abandono de buques no debería, en consecuencia, considerarse un problema particular de unos tripulantes, sino una lacra en el mundo marítimo actual, que debe ser erradicada. Entre tanto, hay que seguir luchando en defensa de los derechos de los marinos afectados.

Considero, por tanto, que la presente obra *Abandono de buques y tripulaciones*, de Domingo González Joyanes, aborda con gran acierto una problemática muy actual y es una guía de suma utilidad para hacer frente a situaciones de este tipo y salvaguardar legalmente los derechos de las tripulaciones.

RICARDO RODRÍGUEZ-MARTOS DAUER
Delegado diocesano del Apostolado del Mar en Barcelona

Abandono de buques y tripulaciones

Domingo González Joyanes

Capítulo 1
Control de buques de pabellón extranjero en puertos españoles

1   Abandono de tripulaciones en puertos españoles

El concepto *buque abandonado* se puede definir, en un sentido amplio, como «aquella situación caracterizada por la ruptura de vínculos entre el propietario de un buque, el armador, y la tripulación del mismo, la gente de mar, con incumplimiento por parte del primero de las obligaciones inherentes a la relación jurídica que los une. Se produce por no poder hacer frente a los salarios, la repatriación de los tripulantes, la cobertura de necesidades básicas de la tripulación, como la alimentación, los suministros del buque o ausencia de recursos financieros, entre otros motivos».

Los datos de que disponemos indican que a medida que se desarrollan normativas coercitivas por las diferentes administraciones (europeas, estatales o autonómicas), se produce una mayor incidencia en estas situaciones, las cuales, por otro lado, repercuten de forma significativa en la actividad comercial, social, jurídica e incluso política de las ciudades donde existen puertos susceptibles de ser receptores de una tripulación abandonada.

El abandono de tripulaciones ha ido aumentando de forma progresiva en las últimas décadas, coincidiendo con el extraordinario desarrollo de los abanderamientos en países de conveniencia, que no alcanzan las condiciones mínimas laborales y de seguridad que exigen los convenios internacionales, y con la aparición en el mercado laboral marítimo de tres factores fundamentales:

- El acceso al mercado laboral de marinos procedentes de países del Tercer Mundo.
- La reducción sustancial del precio de los fletes, debida, entre otras causas, al abaratamiento constante de los mismos en el mercado marítimo.
- La desaparición de las flotas más importantes de países del Primer Mundo, las cuales han cesado en su actividad o se han abanderado bajo «pabellones de conveniencia».

Todas estas causas han provocado que el abandono de buques y de sus tripulaciones sea una situación insostenible desde cualquier punto de vista.

En el Estado español, las referencias antes señaladas se han producido de un forma tangencial. En la década de 1960, España poseía una de las primeras flotas mundiales, mientras que en la actualidad ha pasado a tener una flota casi testimonial. De la misma forma, el trabajo de marino, pese a no disfrutar de una gran consideración social, estaba bien remunerado y permitía desarrollar una carrera profesionalmente.

Sin embargo, la crisis del petróleo, la desaparición de las principales compañías navieras y la entrada en el mercado de trabajo de países con nula o escasa tradición marítima, todo ello agravado por la crisis del sector (pese a ser el más importante en el comercio mundial), propició una escalada de abandono de buques de bandera española en los puertos españoles. Todos ellos fueron dirimiéndose de la forma legalmente establecida.

El problema surge cuando ese abandono se produce sobre buques abanderados en países de conveniencia y por «sociedades fantasma». Este problema ha afectado de forma progresiva a los puertos españoles, especialmente en los últimos veinte años. Pese a que las estadísticas no reflejan de forma real esta problemática, desde el año 2001 el abandono de buques, según encuestas presentadas por representantes del gobierno español en la Conferencia de Naciones Unidas para la Unificación de Convenios celebrada en Ginebra, ha aumentado de manera progresiva y grave, hasta enquistarse algunos de ellos con gran trascendencia mediática. Así, algunos puertos en especial han padecido las terribles consecuencias reseñadas, a modo de ejemplo cabe citar:

- *Puerto de Las Palmas,* a causa de ser una base de grandes flotas, como las de la antigua URSS, donde los grandes cambios politicos y economicos provocados por las privatizaciones provocó el abandono de grandes flotas pesqueras.
- *Puerto de Bilbao,* al ser el centro operativo de navieras españolas afectadas por la crisis mundial, el abaratamiento de los fletes y la introducción de terceros países, lo que provocó el progresivo abandono de flotas mercantes. Ha influido el ser un puerto clave en los tráficos con el norte de Europa y la aparición de flotas de riesgo (banderas de conveniencia), además de encontrarse cerca de varios puertos menores.
- *Puerto de Algeciras,* debido a su liderazgo en el tráfico de contenedores y por ser un puerto de destino final, produciéndose abandonos principalmente a causa de la inviabilidad económica de determinados proyectos marítimos.
- *Puerto de Vigo,* afectado por la crisis de las grandes flotas pesqueras y el abandono progresivo de las mismas, principalmente de buques frigoríficos y grandes arrastreros.

Y otros muchos en menor medida relacionada con su desarrollo comercial.

2 Incidencia y protección de las tripulaciones

En España, pese a la gran tradición marítima y una legislación amplia y bien desarrollada, el derecho de protección de los marinos es escaso en cuanto a especialistas y de poca repercusión. Así, el abandono de tripulaciones ha sido abordado de la siguiente forma:

- *Por parte del Estado:* se han tomado medidas de asistencia médica y económica para solucionar los casos muy graves, aunque han sido ayudas puntuales y concretas.

- *Por parte de las organizaciones no gubernamentales:* se han llevado a cabo, con recursos propios y mediante aportaciones de las administraciones públicas, una labor de acogida social, humana, y una asistencia en muchos casos económica y médica. El desarrollo en España de estas actividades, pese a su incompleta implantación en el territorio, proviene de organizaciones como el Stella Maris (Apostolado del Mar) o la Cruz Roja. Estas organizaciones han prestado en numerosas ocasiones asistencia médica y alimentaria a tripulaciones abandonadas en los buques, a la espera de resoluciones judiciales que tardaban en llegar.

- *Por parte de las autoridades portuarias:* su reacción se ha fundamentado básicamente en las actuaciones iniciadas por algunas personas, gracias a cuya sensibilidad se ha ofrecido a las tripulaciones una asistencia adecuada. Destaca la actitud de algunas autoridades portuarias como la de Barcelona, que ha impulsado, junto con otras organizaciones, el Comité de Solidaridad de la Gente de Mar, sobre la base de los convenios de la Organización Internacional de Trabajo (OIT), o la de otras autoridades portuarias, como la de Las Palmas y la de Tenerife.

- *Por parte de las organizaciones sindicales:* el desarrollo ha sido muy limitado debido a la escasa implantación de estas organizaciones en el sector marítimo, especialmente en la marina mercante, donde los miembros extranjeros que forman parte de las tripulaciones hacen difícil la afiliación y el desarrollo de actividades sindicales. Cabe señalar, sin embargo, la Federación Internacional de Sindicatos de Transportes (ITF, *International Transport Worker's Federation),* sindicato internacional de transporte que ha llevado a cabo, por medio de sus representantes en numerosos puertos españoles, una actividad en defensa y para el desarrollo de los derechos laborales y de asistencia a los marinos abandonados.

La problemática fundamental de las tripulaciones abandonadas se desarrolla en este decálogo:

1. Abandono de tripulaciones por parte de las empresas fletadoras o armadoras.
2. Falta de asistencia por parte de las embajadas o los consulados de los países a los cuales pertenecen los marinos.
3. Durante el abandono de las tripulaciones se producen situaciones de carencias básicas, donde se conculcan derechos fundamentales: en muchos casos falta de asistencia médica, alimento, luz, higiene, abrigo...
4. Escaso interés por parte de las administraciones públicas por emprender medidas

de choque, salvo excepciones concretas: comités de solidaridad e Instituto Social de la Marina (ISM). Estas actuaciones derivan en su mayoría de la buena fe de determinadas autoridades.

5. Escasa incidencia en los medios de comunicación, salvo contadas excepciones.
6. Complejidad en el trato de las tripulaciones, debido a que suelen estar compuestas por personas de diferentes nacionalidades.
7. Desconocimiento de los procedimientos jurídicos para la protección de los derechos de los marinos y elevado coste de ejecución.
8. Importantísima falta de atención a las necesidades relacionales básicas humanas (falta de comunicación con el país de origen, en especial con la familia...).
9. Escasa sensibilidad y desconocimiento por parte de las autoridades judiciales de la problemática que genera el abandono de un buque y de su tripulación.[1]
10. Paralización de los procesos judiciales cuando los buques o las mercancías que transportan son de escaso interés.

3 Aplicación del Memorándum de París en España

3.1 Organización

París MOU es una organización que incluye veinticinco administraciones marítimas, las cuales participan y cubren las aguas de los estados costeros europeos y el Atlántico

---

[1] La normativa aplicable en el Estado español es el Convenio de Bruselas de 10 de mayo de 1952 sobre determinadas reglas en materia de embargo preventivo de buques. Véase el Anexo II de este libro y www.la-moncloa.es/ConsejodeMinistros/Referencias/_2001/c1409010.htm#Embargopreventivodebuques. El nuevo convenio internacional establece una uniformidad jurídica internacional en el ámbito del embargo preventivo y otras figuras conexas para contribuir al desarrollo armonioso y ordenado del comercio marítimo internacional. Su principio fundamental fija que solamente se podrá embargar un buque o levantar su embargo por resolución de un tribunal del Estado en el que se haya practicado el embargo.

También se establece el principio de que sólo se podrá embargar un buque en virtud de un crédito marítimo, pero no en virtud de otro crédito de cualquier otra naturaleza. Asimismo, se enuncian los supuestos en los que procederá el embargo de un buque con respecto al cual se alegue un crédito marítimo y se regula, además, el derecho de reembargo, la pluralidad de embargos y el levantamiento del embargo.

Finalmente, se señala que el Convenio se aplicará a todo buque que navegue dentro de la jurisdicción de un Estado parte, enarbole o no el pabellón de un Estado firmante. No se aplicará a los buques de guerra, a las unidades navales auxiliares y a otros buques pertenecientes a un Estado o explotados por él y destinados exclusivamente, en ese momento, a un uso público no comercial.

Por otro lado, se debe tener en cuenta, como legislación en esta materia:

– El Código de Comercio, Real Decreto 22 de agosto de 1885.
– El Estatuto de los Trabajadores, Real Decreto Legislativo 1/1995, de 24 de marzo.

Norte de Norteamérica a Europa. Sus principales objetivos son eliminar del tráfico marítimo aquellos buques cuyo nivel de seguridad y cumplimiento de las normas resulte inferior a los mínimos legalmente establecidos, por medio de un sistema armonizado del control portuario del Estado. Anualmente, se realizan alrededor de veinte mil inspecciones a bordo de los buques extranjeros en los puertos adscritos a los acuerdos París MOU; con ello se comprueba que estas naves cumplen con la seguridad y los estándares ambientales requeridos y que los miembros de la tripulación tienen cubiertas sus necesidades básicas.

El Memorándum de París para el control de los buques por el Estado rector del puerto (MOU) consiste en un acuerdo por el que las distintas autoridades convienen en:

- Los procedimientos de inspección, la investigación de trámites operacionales y el intercambio de información.
- La estructura de los procedimientos de la organización y de su enmienda.

3.2　*Aspectos que incluye*

- *Anexo I.* Procedimientos portuarios del control del Estado: una pauta detallada para las inspecciones portuarias del control del Estado que realizan.

- *Anexo II.* Procedimientos para la investigación al amparo del convenio Marpol 73/78: una pauta detallada para realizar una investigación en una violación alegada de los requisitos de la descarga según los anexos I y II de este convenio.

- La Ley de Procedimiento Laboral, Real Decreto Legislativo 2/1995, de 7 de abril.
- La Ley de Enjuiciamiento Civil, Ley 1/2000, de 7 de enero.
- La Ley Orgánica del Poder Judicial 6/1985, de 1 de julio.
- La Ley 2/1967, de 8 de abril sobre embargo preventivo de buques extranjeros por créditos marítimos.
- El Convenio Internacional de Londres, de 19 de noviembre de 1976; relativo a la limitación de responsabilidad en materia de créditos marítimos. BOE (Boletín Oficial del Estado) 310, de 27 de diciembre de 1986.
- Las Reglas de Hamburgo, Convenio de Naciones Unidas sobre el Transporte de Mercancías por Mar, de 31 de marzo de 1978. Este convenio internacional entró en vigor el 1 de noviembre de 1992, sin embargo, España no lo ha ratificado.
- El Convenio Internacional para la Unificación de Ciertas Reglas sobre Embargo Preventivo de Buques, Bruselas, 10 de mayo de 1952. BOE 310, de 27 de diciembre de 1986.
- El Convenio Refundido sobre el Trabajo Marítimo, Ginebra, 7 de febrero de 2006, ratificado por Bahamas, 11-2-2008; Islas Marshall, 2-5-2007, y Liberia, 7-6-2007. No ratificado por España.
- El Convenio 185 de la OIT, sobre los documentos de identidad de la gente de mar (revisado), 2003. Ratificado por Albania, Azerbaiyán, Bahamas, República de Corea, Francia, Hungría, Jordania, Lituania, Madagascar, Moldavia, Nigeria, Pakistán y Vanuatu. No ratificado por España.

- Medidas de la denegación del acceso del *Anexo III* referentes a ciertas naves.

- *Anexo IV.* Sistema de información en inspecciones: la breve reseña en el uso de la base de datos de Sirenac, que se utiliza para almacenar la información en las inspecciones efectuadas.

- *Anexo V.* Determinadas categorías de buques, según lo dispuesto en el artículo 7 del Memorándum de París,[2] precisan de una inspección ampliada y en este anexo se ofrecen unos criterios orientativos.

- *Anexo VI.* Criterios cualitativos para la adherencia a la lista de París MOU: una lista de los criterios que tienen que ser satisfechos por las autoridades marítimas que solicitan la calidad de miembro del París MOU.

- *Anexo VII.* Criterios mínimos para los oficiales portuarios del control del Estado.

3.3   Ámbito de aplicación

1. Será de aplicación a todo buque que haga escala o esté anclado en un puerto o instalación marítima en aguas en las que España ejerza soberanía, derechos soberanos o jurisdicción, así como a la tripulación de dicho buque.
2. Cuando se trate de buques de menos de quinientas toneladas de arqueo bruto, la Dirección General de la Marina Mercante aplicará las disposiciones pertinentes del convenio aplicable y, cuando no exista éste, tomará las medidas que resulten necesarias para garantizar que dichos buques no entrañen un peligro notorio para la seguridad marítima, la salud o el medio ambiente marino, sirviendo como pauta, en tal caso, el anexo I del Memorándum de París para el control de los buques por el Estado rector del puerto.
3. Cuando se inspeccione un buque que enarbole pabellón de un Estado que sea parte de un convenio, la Administración marítima garantizará que no se dé a dicho buque ni a su tripulación un trato más favorable que el otorgado a un buque que enarbole pabellón de un Estado que no sea parte de dicho convenio.

---

[2] Sitio web oficial del Memorándum de París: www.parismou.org/default.aspx.

Real Decreto por el que se introduce el Memorándum de París en el ordenamiento jurídico español: www.mpr.es/NR/rdonlyres/7F306A7F-D9EE-447F-B554-BDFEE4053633/74322/RD7681999.pdf.

[3] Sirenac es la base de datos de buques inspeccionados por los inspectores del Memorándum de París, tanto en sus inspecciones básicas como avanzadas.

Véase en internet la página http//icol.solidor.org/icol/htm/S2k_bandeau.html.

Deben considerarse excluidos de la aplicación de los puntos anteriores los buques pesqueros, los buques de guerra, las embarcaciones auxiliares, los buques de madera de construcción primitiva, los buques propiedad de los Estados utilizados con fines no comerciales y los yates de recreo no dedicados al comercio.

3.4 Órganos que desarrollan esta labor en España

La autoridad competente en España para la inspección de buques es el Ministerio de Fomento, el cual ejerce su labor por medio de la Dirección General de la Marina Mercante y de las Capitanías Marítimas, en su calidad, estas últimas, de Administración marítima periférica.

3.5 Obligaciones de la inspección

La Dirección General de la Marina Mercante y de las Capitanías Marítimas inspeccionará, como mínimo, el 25 % de los buques que hayan entrado en los puertos españoles a lo largo del año, dando prioridad a aquellos que figuran en el anexo I.

La Administración marítima se abstendrá de inspeccionar los buques ya inspeccionados por cualquier Estado miembro de la Unión Europea (UE) en los seis meses precedentes, siempre que concurra alguna de las siguientes circunstancias:

a) Que el buque no figure en la lista del anexo I.
b) Que no se hayan denunciando deficiencias en una inspección anterior.
c) Que no existan motivos fundados para llevar a cabo una inspección.

3.6 Procedimientos de inspección

1. La inspección mínima efectuada consistirá en lo siguiente:

   a) Comprobación de los certificados y documentos enumerados en el anexo II que sean exigibles al buque inspeccionado.
   b) Examen de las condiciones generales del buque, en particular de la sala de máquinas y del alojamiento, así como de las condiciones higiénicas.

2. Los inspectores podrán examinar todos los certificados y documentos, aparte de los enumerados en el anexo II, que, con arreglo a los convenios vigentes, deban llevarse a bordo.

3. Cuando, efectuadas las actividades inspectoras mencionadas en los apartados 1 y 2, existan motivos fundados para estimar que las condiciones del buque, de su equipo o de su tripulación incumplen sustancialmente los requisitos exigidos por un convenio vigente, se realizará una inspección más detallada, que incluirá un control ulterior del cumplimiento de las condiciones de explotación del buque.

   Existen motivos fundados cuando el inspector encuentra elementos de prueba, según su criterio profesional, de que el buque, su equipo o su tripulación deben someterse a una inspección más detallada. En el anexo III figura una lista indicativa de motivos fundados.

4. En todo caso, deben seguirse los procedimientos y orientaciones sobre el control de buques especificados en el anexo IV que sean de aplicación al supuesto concreto.

3.7 *Proceso*

Se realizará un informe de la inspección para el capitán.

Finalizada la inspección, sea ésta ordinaria, detallada o ampliada, el inspector entregará al capitán del buque un documento según el modelo del anexo III del MOU. En él constarán los resultados de la inspección y las especificaciones de las decisiones que haya tomado el inspector, así como cualquier medida correctiva que deba tomar el capitán, el propietario o el naviero.

Si se detectan deficiencias que justifiquen la inmovilización de un buque, la documentación deberá incluir la advertencia de que la inmovilización se hará pública de acuerdo con las disposiciones del presente Reglamento.

3.8 *Rectificación de deficiencias e inmovilización*

1. Deberán rectificarse de acuerdo con los convenios en vigor, y a satisfacción de las autoridades competentes, cuantas deficiencias confirme o detecte la inspección ordinaria.

2. Cuando las deficiencias detectadas sean manifiestamente peligrosas para la seguridad marítima, la salud o el medio ambiente marino, el inspector marítimo procederá a inmovilizar el buque, o bien a paralizar la operación en la que se hayan observado las deficiencias.

   No se levantará la inmovilización ni la detención de una operación hasta que desaparezca el peligro, o hasta que dicha autoridad decida que, en determinadas condiciones, el buque puede hacerse a la mar o reanudar la operación interrumpida, sin riesgo para la seguridad marítima ni para la salud de los pasajeros y la tripulación, ni para otros buques.

Para valorar profesionalmente si un buque debe o no ser inmovilizado, el inspector aplicará los criterios enunciados en el anexo VI.

3. En circunstancias excepcionales, cuando el estado general de un buque incumpla notoriamente lo exigido por la normativa de aplicación, la Dirección General de la Marina Mercante podrá suspender la inspección de dicho buque hasta que los sujetos responsables hayan tomado las medidas necesarias para garantizar que éste cumple los requisitos pertinentes de los convenios.

4. En caso de que las inspecciones mencionadas en los artículos 6 y 7 den lugar a la inmovilización del buque, la Dirección General de la Marina Mercante informará por escrito inmediatamente a la Administración del Estado cuyo pabellón enarbole el buque.

5. Se notificará la inmovilización del buque, además, cuando proceda, a los inspectores designados u organizaciones reconocidas responsables de la expedición de los certificados.

6. Deberá evitarse, en la medida de lo posible, que los buques sean inmovilizados o retrasados indebidamente.

7. En el supuesto de inmovilización o retraso indebidos, el propietario o el naviero tendrán derecho a ser indemnizados por las pérdidas o los perjuicios sufridos, siempre que concurran los requisitos determinantes de la responsabilidad patrimonial de la Administración pública.

3.9 Seguimiento de las inspecciones

En el caso de que las deficiencias mencionadas en el apartado 2 del artículo 9 no puedan corregirse en el puerto de inspección, la Administración marítima española podrá permitir que el buque se dirija al astillero más próximo disponible, elegido conjuntamente por el capitán y la citada Administración, siempre que se cumplan las condiciones impuestas al respecto por la autoridad competente del Estado del pabellón del buque, y sean aceptadas por la Administración marítima española. Tales condiciones deben asegurar que el buque puede navegar sin riesgo para la seguridad y la salud de los pasajeros y de la tripulación, sin riesgo para otros buques y sin que resulte amenazada la integridad del medio ambiente marino.

Cuando se den las circunstancias mencionadas en el apartado 1, la capitanía marítima del puerto en el que se realizó la inspección notificará todas las condiciones del viaje a la autoridad competente del Estado en que esté situado el astillero, a las partes mencionadas en el apartado 5 del artículo 9 y a cualquier otra autoridad, si procede.

La Administración marítima española denegará el acceso a los puertos españoles a los buques del apartado 1, siempre que se hagan a la mar sin cumplir las condiciones impuestas por cualquiera de los Estados miembros en el puerto de inspección, o que incumplan los requisitos aplicables de los convenios al no presentarse en el astillero indicado, hasta que el propietario acredite a satisfacción de dicha Administración que el buque cumple plenamente los requisitos aplicables de los convenios.

Cuando los buques mencionados se hagan a la mar sin cumplir las condiciones impuestas por la autoridad competente de cualquier Estado miembro en el puerto de inspección, ésta alertará inmediatamente a las autoridades competentes de todos los demás Estados miembros.

En el supuesto de que los buques de referencia se hagan a la mar incumpliendo la obligación de presentarse en el astillero indicado, la autoridad competente del Estado miembro donde radique éste alertará de inmediato a las autoridades competentes de todos los otros Estados miembros. Si el astillero radicase en un país no comunitario, será el Estado miembro que permitió al buque dirigirse a dicho astillero el que notifique el incumplimiento a los restantes Estados miembros.

Antes de denegar la entrada, el Estado español podrá evacuar consultas con la Administración del pabellón del buque de que se trate.

No obstante lo dispuesto en el apartado 3, la Administración marítima española podrá permitir el acceso a un puerto determinado en caso de fuerza mayor, consideraciones prioritarias de seguridad o para reducir o minimizar el riesgo de contaminación o subsanar las deficiencias siempre que el propietario, el naviero o el capitán del buque hayan aplicado las medidas adecuadas, a satisfacción de la citada Administración, para garantizar la entrada segura del buque.

3.10   *Publicación de datos*

La Dirección General de la Marina Mercante publicará, al menos con una periodicidad trimestral, la información referida a los buques inmovilizados durante el trimestre anterior que lo hayan sido más de una vez en los últimos veinticuatro meses. La publicación incluirá la siguiente información:

- Nombre del buque.
- Nombre del propietario o naviero del buque.
- Número OMI (Organización Marítima Internacional).
- Estado del pabellón.
- Sociedad de clasificación, si procede, y, en su caso, cualquier otro organismo o institución que, de acuerdo con los convenios, haya expedido certificados a dicho buque en nombre del Estado del pabellón.

– Motivo de la inmovilización.
– Puerto y fecha de la inmovilización.

3.11   Buques que se deben inspeccionar

Anexo I. Buques que se deben inspeccionar prioritariamente:

1. Los buques que hagan escala por primera vez o tras una ausencia igual o superior a doce meses en un puerto de un Estado miembro.
2. Los buques que naveguen bajo el pabellón de un Estado que aparezca en el cuadro de inmovilizaciones y retrasos superiores a la media de los tres años anteriores, publicado en el informe anual del París MOU para el control de los buques por el Estado rector del puerto.
3. Los buques a los que se haya permitido abandonar el puerto de un Estado miembro con la condición de que reparen en un plazo de tiempo determinado las deficiencias observadas, una vez que éste haya expirado.
4. Los buques sobre los cuales los prácticos, las autoridades portuarias o los órganos correspondientes de la Administración Autonómica hayan informado que presentan deficiencias que pueden perjudicar su navegación segura según lo dispuesto en la Directiva 93/75/CEE del Consejo y el artículo 13 de este Reglamento.
5. Los buques a los que se les hayan expedido los certificados preceptivos sobre construcción y equipamiento, según lo exigido en los convenios, así como los certificados de clasificación, por una organización que no esté reconocida según los criterios de la Directiva 94/57/CE del Consejo, de 22 noviembre, sobre reglas y estándares comunes para las organizaciones de inspección y peritaje de buques y para las actividades correspondientes de las administraciones marítimas.
6. Los buques que hayan incumplido las obligaciones que establece la Directiva 93/75/CEE.
7. Los buques que pertenezcan a una categoría para la que se haya decidido aplicar la inspección ampliada, prevista en el artículo 7 de este Reglamento.
8. Los buques cuya pertenencia a una cota de clasificación haya quedado en suspenso por razones de seguridad durante los seis meses precedentes.

La labor de inspección realizada se publica mensualmente en el sitio web www.fomento.es/MFOM/LANG_CASTELLANO/DIRECCIONES_GENERALES/MARINA_MERCANTE/Subdireccion_Inspeccion/Buques_Detenidos/BDAgosto2006.htm. Proceso de declaración administrativa de abandono de buques en España.

Destaca la utilización de este procedimiento por parte de la Administración portuaria cuando se produce un abandono total y absoluto del buque, siendo en estos casos inexistente un problema humano como los definidos en otros capítulos de esta obra.

DECLARACIÓN ADMINISTRATIVA DE ABANDONO DE BUQUE			
Competencia Corresponde al Estado la propiedad de los buques abandonados en puerto.	*Buque abandonado* Aquellos que permanezcan durante más de seis meses atracados, amarrados o fondeados sin actividad apreciable y sin haber abonado las correspondientes tasas.	*Declaración* Consejo de administración de la autoridad portuaria.	No incompatibilidad con otro procedimiento de reclamación.
Por medio del consejo de administración de la autoridad portuaria.	En zona de servicio del puerto.	*Subasta* Se ingresa en el Tesoro Público, previa detracción de los créditos debidos a los organismos públicos, tales como tasas o tarifas portuarias.	*Subasta-buque no comunitario* Se incluye la venta de bienes a bordo, y los trámites para la importación en su caso.

Tabla 1.1.

Capítulo 2
Controles legales de las autoridades portuarias

1 Jurisdicción aplicable al buque

1.1 Determinación del territorio del Estado español respecto a los espacios portuarios terrestres y marítimos

De acuerdo con el derecho internacional público, existen cuatro regímenes jurídicos aplicables a los diferentes espacios que conforman nuestro planeta:

- *Territorio sometido a la soberanía de un determinado Estado,* lo que incluye un espacio terrestre y, para los países costeros, el denominado mar territorial adyacente a aquél.

- *Territorios no sometidos a la soberanía de ningún Estado* y que poseen algún estatuto jurídico por sí mismos. Es el caso de los territorios pendientes de descolonización (por ejemplo, Sahara Occidental o Timor Oriental) o en régimen de fideicomiso de acuerdo con la Carta de las Naciones Unidas (actualmente, no hay ningún territorio sometido a este régimen).

- *Territorios con estatuto de* res nullius, es decir, que no pertenecen a ningún Estado ni disponen de un régimen internacional específico y, en consecuencia, podrían ser adquiridos por cualquier Estado por medio de la ocupación. En la actualidad, estos territorios son prácticamente inexistentes.

- *Territorios con estatuto de* res communis, pertenecientes al patrimonio común de la Humanidad y, por tanto, no susceptibles de estar bajo la soberanía de ningún Estado. Se trata fundamentalmente de la alta mar, incluidas las zonas económicas exclusivas y del espacio exterior.

Las «zonas de tránsito internacional» de los aeropuertos y las dependencias de cualquier puerto marítimo se incluyen en el primero de los apartados, como espacios plenamente integrantes del territorio soberano del Estado en el que se encuentran. Éste comprende no sólo el espacio terrestre delimitado por las fronteras con sus aguas interiores, sino también el denominado mar territorial, así como los respectivos subsuelos y espacios aéreos sub y sobre adyacentes.[1]

Las zonas de tránsito internacional de los aeropuertos se encuentran en todos los casos sobre el territorio del Estado del cual forman parte.[2]

En los espacios acuáticos, el derecho internacional, basado fundamentalmente en la Convención sobre el Derecho del Mar, firmada en Montego Bay en 1982 (el Estado español ha ratificado esta convención, junto con la mayor parte de los países), distingue entre el mar territorial y las aguas interiores.[3] Si bien ambos espacios son parte integrante del territorio de un Estado, existen algunas diferencias en cuanto al régimen jurídico aplicable en ambos, diferencias que en ningún caso afectan a la soberanía del Estado titular.[4]

La Ley 27/1992, de 24 de noviembre, de Puertos del Estado y de la Marina Mercante[5] (LPEMM) modificada por la Ley 62/1997, de 26 de diciembre,[6] define los *puertos marítimos* en su artículo 2 de la siguiente forma:

---

[1] Véase la Convención de Chicago sobre Aviación Civil Internacional de 1944, en vigor desde 1947, de la que el Estado español forma parte desde 1947, cuyos artículos 1 y 2 señalan:

«Los Estados contratantes reconocen que todo Estado tiene soberanía plena y exclusiva en el espacio aéreo situado sobre su territorio.

A los fines de la presente convención se consideran como territorio de un Estado las áreas terrestres y las aguas territoriales adyacentes a ellas, que se encuentran bajo la soberanía, el dominio, la protección o el mandato de dicho Estado.»

El artículo 1 de la Ley 48/1960, de 21 de julio, sobre normas reguladoras de navegación aérea establece que: «el espacio aéreo situado sobre el territorio español y su mar territorial está sujeto a la soberanía del Estado español».

[2] Existen opiniones jurisprudenciales que avalan esta interpretación. Por lo que se refiere al Tribunal Constitucional español, véase el Auto 20/1996, de 6 de marzo (RTC 1996, tomo II, págs. 1144-150). Por lo que se refiere al Tribunal de Estrasburgo, véase la sentencia de 25 de junio de 1996, caso Amuur *versus* Francia, párrafo 52, en el que se señala expresamente que en ningún caso la denominada «zona de tránsito internacional» se beneficia de un régimen de extraterritorialidad.

[3] También la Convención sobre el Mar Territorial y la Zona Contigua, de 1958, artículo 5: *«Waters on the landward side of the baselines of the territorial sea from part of the internal waters of the internal waters of the State».* Al mismo tiempo, la Ley 10/1997, de 4 de enero, sobre el Mar territorial, establece en su artículo 1 que:

«La soberanía del Estado español se extiende, fuera de su territorio y de sus aguas interiores, al mar territorial adyacente a sus costas (...).»

«A los efectos de la presente Ley, se denomina *puerto marítimo* al "conjunto de espacios terrestres, aguas marítimas e instalaciones que, situado en la ribera del mar o de las rías, reúna condiciones físicas, naturales o artificiales y de organización que permitan la realización de operaciones de tráfico portuario, y sea autorizado para el desarrollo de estas actividades por la Administración competente"».

Todos los espacios acuáticos de los puertos marítimos quedan englobados en el concepto de *aguas interiores,* de acuerdo con la Convención sobre el Derecho del Mar, de 1982, artículo 11, mientras que las instalaciones portuarias situadas sobre tierra firme se encuentran en todos los casos y plenamente dentro del espacio terrestre del Estado. En definitiva, todo el ámbito portuario es una parte más del territorio del Estado y se halla sometido al mismo régimen jurídico que cualquier otro punto de su espacio terrestre (también lo argumentó en este sentido el Defensor del Pueblo en su recurso de inconstitucionalidad contra la Ley 9/1994).

1.2 *Determinación de la jurisdicción española en los espacios portuarios de su territorio*

La siguiente cuestión lleva a preguntarnos sobre la existencia y el alcance de la jurisdicción española en los ámbitos portuarios que forman parte del territorio estatal.

La jurisdicción estatal es el poder que un Estado disfruta, de acuerdo con el derecho internacional, de gobernar las personas y propiedades a través de su propio derecho interno. Dicho poder incluye la facultad de dictar normas jurídicas y la posibilidad de forzar su aplicación o implantarlas.[7]

Al hablar de jurisdicción hacemos referencia, por tanto, a si es aplicable ante un supuesto dado el derecho de un determinado Estado. El alcance de una jurisdicción concreta no siempre coincide con el territorio del Estado, pues en ocasiones el derecho de un Estado se aplica más allá de sus fronteras (por ejemplo, a bordo de buques de su nacionalidad cuando se encuentran en alta mar). La cuestión que nos interesa en este punto es precisamente la inversa, es decir, si el derecho del Estado español puede aplicarse respecto a buques que se encuentren en puertos españoles.

En este sentido, conviene precisar que la referencia a la jurisdicción puede incluir diferentes ámbitos del derecho, como el civil o el laboral, que no son de nuestro interés.

---

[4] La diferencia fundamental en cuanto al régimen aplicable a las aguas interiores y al mar territorial deriva de la existencia a través del último del derecho de paso inocente de cualquier embarcación.

[5] Véase BOE de 25 de noviembre de 1992.

[6] Véase BOE de 30 de diciembre de 1997.

[7] D. J. Harris, *Cases and materials on Internacional Law,* 4.ª ed., Sweet and Maxwell, Londres, 1991, pág. 250.

Debemos centramos fundamentalmente en la jurisdicción criminal o penal y, en su caso, en la administrativa.

Según el derecho internacional, los criterios utilizados para extender la jurisdicción criminal de los Estados son los principios de:

- territorialidad,
- nacionalidad,
- protección,
- universalidad y
- personalidad masiva.[8]

En efecto, respecto de las leyes penales y administrativas, el artículo 8.1 del Código Civil establece claramente que:

«Por su parte, el artículo 21 de la Convención Montego Bay sobre Derecho del Mar, referido a "Las leyes penales, las de policía y las de seguridad pública obligan a todos los que se hallan en territorio español", reconoce expresamente la jurisdicción del Estado ribereño no ya para las aguas interiores, sino en todo el mar territorial, para una serie de materias entre las que se incluyen la normativa referente a inmigración de tal Estado».

Por lo que respecta a las zonas de tránsito internacional situadas en los aeropuertos, cuyo régimen jurídico puede interesarnos desde la perspectiva de una interpretación analógica, cabe recordar que el anexo IX del Convenio de Chicago, anteriormente mencionado, define estos espacios como:

«Zona especial que, con aprobación de las autoridades competentes y bajo su jurisdicción inmediata, se establece en los aeropuertos internacionales para comodidad y conveniencia del tráfico que se detiene brevemente a su paso por el Estado contratante».

Tanto por la aplicación del principio de territorialidad como por la finalidad de dichas zonas, así como por la definición jurídico-positiva de las mismas, el Estado titular ejerce plena y exclusiva jurisdicción en ellas y, en consecuencia, es enteramente responsable de las violaciones del ordenamiento que sus agentes lleven a cabo en tales espacios.[9]

---

[8] Brownlie, I., *op. cit.,* pág. 303 y ss. Harris, D. J., *op. cit.,* p. 251.
[9] Goodwin-Gill, G. S., *op. cit.,* págs. 145-46.

2   Diferencias entre límites territoriales, fronteras y puestos y dependencias fronterizos

Una vez asentado el principio de plenitud de la jurisdicción del Estado español en los ámbitos administrativo y criminal respecto a cualquier zona portuaria situada en el territorio estatal, conviene precisar algunas diferencias semánticas existentes entre los conceptos de *frontera* y *puestos o dependencias fronterizos,* ya que los mismos pueden producir consecuencias significativas respecto a la aplicación del derecho español de extranjería.

El artículo 11.3 de la Ley Orgánica 7/1985, de 1 de julio sobre Derechos y libertades de los extranjeros en España, y que denominaremos LOE,[10] señala que:

«La entrada en el territorio nacional habrá de realizarse por los puestos habilitados a tal fin y bajo el control de los servicios policiales correspondientes, que podrán rechazar a quien no reúna los requisitos señalados en el párrafo 1 del presente artículo».

La habilitación de un puesto en un puerto de mar o un aeropuerto debe adoptarse por orden de la Presidencia del Gobierno, a propuesta conjunta de los ministros de Asuntos Exteriores, de Justicia e Interior y de Economía y Hacienda, previo informe favorable del departamento ministerial o entidad de que dependa el puerto o aeropuerto.[11]

Por su parte, el artículo 5 de la Ley 5/1984, de 26 de marzo, sobre el Derecho de asilo y la condición de refugiado (en adelante LA), en su redacción actual introducida por la Ley 9/1994, al regular el procedimiento de admisión a trámite de una solicitud de asilo presentada en un puesto fronterizo, señala:

«Durante la tramitación de la admisión a trámite de la solicitud y, en su caso, de la petición de reexamen, los solicitantes permanecerán en el puesto fronterizo, habilitándose al efecto unas dependencias adecuadas para ellos.»

Para el caso de las fronteras marítimas y aéreas, resulta evidentemente inviable que las dependencias y los puestos fronterizos se encuentren situados en el lugar en que se ubica la frontera jurídico-internacional del Estado, es decir, en el límite respectivo del mar territorial o del espacio aéreo. Incluso en las fronteras terrestres, no son infrecuentes los casos en que los puestos fronterizos habilitados para la entrada en España se encuentren más o menos alejados del límite territorial del Estado, como suele suceder en las zonas montañosas.

---

[10]   También conocida como «Ley de extranjería».

[11]   Artículo 17.b) del reglamento de ejecución de la LOE. Por ejemplo, la orden de 30 de enero de 1991 (publicada en el BOE de 5 de febrero de 1991) habilita un puesto de entrada y salida de España en el puerto de Benalmádena, provincia de Málaga.

Este hecho provoca que se recurra a una ficción jurídica que genera sus efectos en el derecho de extranjería. Cuando el extranjero que ha accedido al territorio del Estado llega ante la dependencia o el puesto fronterizo que corresponda según su itinerario de viaje, el derecho presume que se encuentra entonces en la frontera del Estado, aunque de hecho ya se encuentre físicamente en el territorio del mismo. Este modo de proceder en derecho de extranjería no es exclusivo del ordenamiento jurídico español, tal y como se observa en el tenor del artículo primero del Convenio de 19 de junio de 1990 sobre la aplicación del acuerdo de Shengen,[12] donde se definen las *fronteras exteriores* como:

«Las fronteras terrestres y marítimas, así como los aeropuertos y puertos marítimos de las partes contratantes, que no sean fronteras interiores».

Sin embargo, esta ficción sólo debe operar a los efectos de la admisión o el rechazo del extranjero y la consecuente determinación de su estatuto jurídico conforme al derecho de extranjería. Para el resto de cuestiones, y en especial respecto al disfrute por el extranjero de los derechos fundamentales y las garantías previstos en el ordenamiento estatal, no puede caber ninguna duda sobre la presencia del mismo en el territorio desde el momento en que traspasa las fronteras internacionales reconocidas de España. La misma consecuencia se aplica lógicamente respecto a sus responsabilidades administrativas o penales, tal y como señalamos en el apartado anterior, al determinar el ejercicio de la jurisdicción española en todo el territorio.

Por tanto, resulta importante reseñar que el derecho público español es de aplicación al extranjero desde el momento en el que éste accede al territorio español, tanto en las situaciones jurídicas pasivas como en las activas que puedan serle imputables. El alcance de la ficción jurídica aludida sólo se proyecta en cuanto a las exigencias del control aduanero y la aplicación del derecho de extranjería, ante la imposibilidad de situar los puestos fronterizos en los límites jurídicos del espacio terrestre, aéreo o marítimo que corresponde al Estado.[13]

De todo ello se desprende la importancia que a nuestros efectos puede tener no ya la determinación de si el extranjero en un espacio portuario se halla o no en el territorio español y bajo jurisdicción del Estado, sino la cuestión relativa a la delimitación de los

---

[12] Acuerdo de 14 de junio de 1958 entre gobiernos de los Estados de la Unión Económica de Benelux, Alemania y Francia, para la supresión gradual de las fronteras comunes. El Estado español forma parte del mismo en virtud del protocolo de adhesión de 25 de junio de 1991 (publicado en el BOE el 30 de junio de 1991).

[13] Véase en el mismo sentido el recurso de inconstitucionalidad presentado por el Defensor de Pueblo contra la Ley 9/1994.

puestos o dependencias fronterizas en las que puede encontrarse durante su estancia en un puerto de mar.

La determinación correcta del lugar donde se encuentren las dependencias fronterizas nos ayudará a analizar la condición jurídica en la que, como extranjero, se hallará en cada momento. En este sentido, vislumbramos *a priori* tres posibilidades:

- La primera consiste en que el extranjero, en su caso polizón, se encuentra ya en territorio español, pero sin haber llegado aún al puesto fronterizo correspondiente.
- La segunda comprendería su presencia en un puesto o dependencia fronterizos.
- Y el tercer supuesto se integraría con los casos en los que el extranjero ha entrado en un territorio español, bien sea dejando atrás su paso por un puesto fronterizo o bien obviando el mismo.

A cada uno de estos momentos les corresponderán soluciones jurídicas diferentes para el polizón extranjero, siempre con la consideración de que todas las normas y garantías constitucionales, administrativas y penales del ordenamiento confluyen sobre él desde el momento en el que el barco se adentró en las aguas interiores españolas, y sin que pueda considerarse en ningún caso que el derecho español no resulta aplicable a quien todavía no se ha personado en una dependencia fronteriza «por no encontrarse jurídicamente en España». La ficción jurídica de entender que el extranjero entra en el territorio estatal cuando pasa por la dependencia fronteriza sólo tiene efectos en cuanto al régimen de entrada previsto en la normativa de extranjería.

Capítulo 3
Procedimientos judiciales

1   Embargo preventivo del buque

Mediante la exposición judicial de dos asuntos concretos en los que intervinieron letrados del Centro de los Derechos del Marino, en este capítulo se pueden analizar los desarrollos legales fundamentales para tener una visión de conjunto sobre uno de los procesos básicos en las reclamaciones en materia social y de desembarco de tripulaciones.

Estos asuntos son:

— Caso Dkjili Lorfi – *Princess Sausanne.*

— Caso Marinos Turcos – *Bora CiLlioglu.*

Una vez se tenga la convicción y la documentación acreditativa de la situación litigiosa, debe procederse con la mayor rapidez a interponer «demanda de embargo preventivo de buque». En los casos que aparecen como muestra, las personas legalmente capacitadas para interponer esta medida judicial fueron los tripulantes, a los que se les adeudaban salarios. Se debe aportar como prueba de dicha situación los contratos y las hojas de salario, si existieran. Todo ello se presentará ante el juzgado competente territorialmente donde se encuentre abandonado el buque, anteriormente ante el juzgado de primera instancia e instrucción y posteriormente, desde su creación, en los juzgados de lo mercantil.

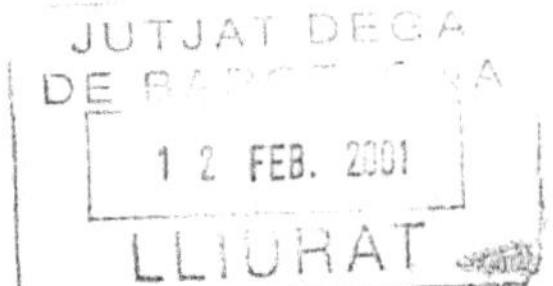

<u>**AL JUZGADO DE PRIMERA INSTANCIA DE BARCELONA**</u>

Dña. **LORENA MORENO RUEDA, Procuradora de los Tribunales y de D. DKHILI LOTFI,** tal y como acreditaré mediante designa apud acta en el momento procesal oportuno, ante este Juzgado comparezco y como mejor proceda en Derecho D I G O :

Que por medio del presente escrito interpongo **DEMANDA DE EMBARGO PREVENTIVO DEL BUQUE M/V   PRINCESS SAOUSSAN,** de bandera de TUNEZ, **propiedad de PETREFIN SHIPPING COMPANY-PETRELINE (INTERNATIONAL GROUP OF COMPANIES), con domicilio social en Via Mariani 13 B CH-6900 LUGANO (SUIZA),** dada la urgencia del caso, naturaleza de la deuda y especiales características del deudor, al amparo de lo previsto en **la Ley 2/1967, de 8 de abril y el CONVENIO DE BRUSELAS DE 10 DE MAYO DE 1.952,** todo ello en base a los siguientes

H E C H O S

PRIMERO.- Que mi representado D. DKHILI LOTFI, de nacionalidad tunecina, mayor de edad con nº de pasaporte 00360517 y categoría profesional de OFICIAL DE PUENTE, arribó a Barcelona el 23 de junio de 2.000 al puerto de BARCELONA, para efectuar unas reparaciones del buque en UNION NAVAL DE LEVANTE. Que desde la fecha ha permanecido en el buque hasta la actualidad siendo el único ocupante del mismo, se acredita mediante copia de contrato como **documento nº 1** y como **documento nº 2** notificación de prestación de servicios en el buque en Barcelona.

SEGUNDO.- Que mantiene con la Empresa demandada una Relación Laboral mediante contrato de trabajo, prestando los servicios de OFICIAL DE PUENTE, tal y como se acredita mediante **documento nº**

3, Habiéndo sido abandonado por la Empresa propietaria del Buque la cual le adeuda los siguientes salarios:

- **Noviembre de 2.000 NÓMINA**..............1000 $ Americanos (189.000.- pesetas)).
- **Diciembre de 2.000 NOMINA**...............1000 $ Americanos (189.000.- pesetas).
- **Enero de 2001 NOMINA**......................1000 $ Americanos (189.000.- pesetas)
- **Febrero de 2001 NOMINA** ....1000 $ Americanos (189.000.- pesetas).
- 600 $ Americanos mensuales correspondientes a los meses de Enero y Febrero de 2.001, que no le han sido abonados y que cubrian las dietas de estancia, parada, alimentación... Lo que asciende a 228.000.- pesetas.
- De la misma forma se le adeudan dos meses de vacaciones que ascienden a 2000$ Americanos es decir 378.000.- pesetas.

El hecho reseñado se acredita mediante copia de

Lo que asciende a un total de **1.362.000.- pesetas**, *liquida, vencida y exigible.*

Por lo que la deuda total asciende a 1.362.000.- Pesetas

TERCERO.- La deuda cumple con las características reseñadas por la Ley en tanto en cuanto:

- Es una **cantidad LIQUIDA**.
- SOMETIDA A PLAZOS INCUMPLIDOS, SE ACREDITA DOCUMENTALMENTE LA **EXISTENCIA DE LA RELACION LABORAL.**
- **ACREDITACION FEHACIENTE DE LA DEUDA** DADO QUE LA RELACION LABORAL SE ENCUENTRA VIGENTE, ES EL ÚLTIMO

OFICIAL QUE HA QUEDADO A DISPOSICION DE LA COMPAÑÍA PARA EL MANTENIMIENTO DEL BUQUE.

- DE LA MISMA FORMA SE TRATA DE **DEUDA VENCIDA**.

CUARTO.- En cuanto al plazo para reclamar la deuda tal y como establece el artículo 952 del Código Civil es de un año en cuanto a lo reseñado como crédito marítimo privilegiado de la letra m) del Convenio, pero de la misma forma se ha procedido a la interrupción de la prescripción y así es admitido por el artículo 944 de la LEC, mediante la interposición de la presente demanda.

QUINTO.- En cuanto al total reclamado a la sociedad *PETREFIN SHIPPING COMPANY- PETRELINE (INTERNATIONAL GROUP OF COMPANIES), con domicilio en Via Mariani 13 B CH-6900 LUGANO (SUIZA),.* Cuyos datos ya constan en esta demanda, debemos reseñar como hecho principal, el que la reclamación se efectúa mediante el embargo preventivo del buque **MV/PRINCESS SUZANNE**, por deudas contraidas con mi representado por la prestación de sus servicios.

SEXTO.- El buque reseñado se halla abandonado por su propietario y embargado por UNION NAVAL, encontrándose en el Moll de Catalunya, atracado desde hace más de siete meses.

FUNDAMENTOS DE DERECHO

I.- Artículo 1º de la Ley 8 de Abril de 1.967 2/67. EMBARGO PREVENTIVO DE BUQUES EXTRANJEROS POR CREDITOS MARITIMOS. "Para decretar el Embargo Preventivo de un buque extranjero por crédito marítimo que se define en el artículo 1º del Convenio de Bruselas de 10 de mayo de 1.952, bastará que se alegue el derecho o créditos reclamados y la causa que los motive"

II.- Artículo 1º del mismo Texto Legal, en su segundo párrafo, señala que "El juez exigirá en todo caso fianza en cantidad suficiente para responder de los daños, perjuicios y costas que puedan ocasionarse".

Debe reseñarse a los efectos legales oportunos que el mencionado buque no padece restricciones en su uso o limitación dado que se encuentra en el Puerto de Barcelona, Moll de Catalunya, amarrado desde el més de junio y previamente embargado por UNION NAVAL DE LEVANTE, POR IMPAGO DE UNAS REPARACIONES EN EL MISMO. por lo que no interrumpe su acción de servicio y por lo tanto esta parte entiende con los debidos respetos que la fianza debe ser mínima cuando no meramente testimonial al no producirse ni tan siquiera una parada o retraso en su acción.

III.- Artículo 1º.m) del CONVENIO DE BRUSELAS DE 10 DE MAYO DE 1.952. SOBRE EMBARGO PREVENTIVO DE BUQUES. UNIFICACION DE REGLAS..." Crédito Marítimo significa alegación del derecho o un crédito que tenga una de las causas siguientes: m) Salario de Capitán, Oficialidad o Tripulación.

IV.- Artículo 2 del mismo texto legal...." Embargo significa la inmovilización de un buque con la autorización de la Autoridad Judicial competente para garantía de un crédito marítimo ..."

V.- La competencia viene definida en los artículos 3 y 4 del CONVENIO DE BRUSELAS DE 10 DE MAYO DE 1.952. SOBRE EMBARGO PREVENTIVO DE BUQUES. UNIFICACION DE REGLAS..." y artículo 63.12 de la ley de Enjuiciamiento Civil. En cuanto a la competencia Objetiva viene definida por el 1397 de la Ley de Enjuiciamiento civil y S.S.

VI.- La jurisdicción viene definida en el artículo 5 del CONVENIO DE BRUSELAS DE 10 DE MAYO DE 1.952. SOBRE EMBARGO PREVENTIVO DE BUQUES. UNIFICACION DE REGLAS..."

VII.- Procedimiento. Habrá de seguirse lo dispuesto en los artículos 1397 y S.S. de la Ley de Enjuiciamiento Civil con referencia al embargo preventivo.

VIII.- Esta legitimado activamente el acreedor según lo preceptuado en el articulo 1400 de la Ley de Enjuiciamiento Civil.

IX.- Garantias. Esta parte se compromete a depositar la fianza que ese Juzgado exija de conformidad con el párrafo segundo del artículo primero de la ley 2/67 de 8 de abril.

X.- Costas. Deberán ser impuestas al demandado por aplicación del articulo 1902 del Código Civil y concordantes de la Ley de Enjuiciamiento Civil.

XII.- Ratificación. En virtud de lo dispuesto en el artículo 1411 de la ley de Enjuiciamiento Civil, esta parte pedirá la ratificación del embargo preventivo en el juicio declarativo que en su día se plantee.

En virtud de lo expuesto,

AL JUZGADO SUPLICO: Que teniendo por presentado este escrito con sus copias y documentos que al mismo se acompañan, se sirva admitirlo, tenerme por parte en la representación que ostento, y por interpuesta ***DEMANDA DE EMBARGO PREVENTIVO DEL BUQUE PREVENTIVO DEL BUQUE M/V PRINCESS SAOUSSAN**, de bandera de TUNEZ, **propiedad de PETREFIN SHIPPING COMPANY- PETRELINE (INTERNATIONAL GROUP OF COMPANIES), con domicilio en Via Mariani 13 B CH-6900 LUGANO (SUIZA) , que se halla en el*

PUERTO DE BARCELLONA, MUELLE DE CATALUÑA, seguir el procedimiento con todos sus trámites hasta acordar por Auto el embargo del citado Buque por la cantidad de **1.362.000.- Pesetas cuantía de la deuda a la que habrá que añadir los intereses legales más las costas.**

PRIMER OTROSI DIGO: Que se oficie a **la COMANDACIA MILITAR DE MARINA U OTRA AUTORIDAD MILITAR CON COMPETENCIA EN EL PUERTO DE ATRAQUE,** a fin de que teniendo conocimiento del embargo trabado, retenga la documentación del buque y tome las medidas oportunas para la efectiva paralización del mismo.

Que se oficie a **la AUTORIDAD PORTUARIA de BARCELONA,** a fin de que teniendo conocimiento del embargo trabado, tome las medidas oportunas para la efectiva paralización del mismo.

Que se oficie a **la GUARDIA CIVIL de BARCELONA,** , a fin de que teniendo conocimiento del embargo trabado, tome las medidas oportunas para la efectiva paralización del mismo.

SUPLICO AL JUZGADO: Que teniendo por hechas las manifestaciones proceda de conformidad con lo solicitado.

Barcelona a 12 de Febrero de 2.001

CONTRAT D'ENGAGEMENT MARITIME A DUREE DETERMINEE

A) - REGIME ADMINISTRATIF :

*ARTICLE I :

Monsieur : **Dkhili Lotfi.**
Né le **03/03/1963** à **Kairouan**   de nationalité **Tunisienne** demeurant   au **N° 2 - Rue Mohamed Ali -1110 Mornaguia - Tunis,** est recruté à titre précaire et révocable pour servir, à bord des navires appartenant à la Société " **Petreline** " ou exploités par celle-ci avec pouvoir de recrutement, en qualité d'**Officier Radio.**

* ARTICLE II :

Le présent Contrat est conclu pour la période allant du : **02/01/1999 Au 30/07/1999.**
Il reste bien entendu que la date d'effet de ce contrat aura lieu à la date de prise de fonction.
Toutefois, l'intéressé sera enrôlé conformément aux visas d'effectif des Navires en question, aux quartiers maritimes des différents Ports Tunisiens, le jour de son embarquement et dans tous les cas conformément à l'article 27 du Code de Travail Maritime.
Dans tous les cas le Port de débarquement sera un Port Tunisien.
L'intéressé est nourri à bord selon la réglementation en vigueur.

* ARTICLE III :

Monsieur **Dkhili Lotfi** percevra pendant son embarquement une rémunération forfaitaire globale mensuelle nette de **Neuf Cent Soixante Cinq Dinars (965D,000)** y compris le forfait des heures supplémentaires.
En position de congés, il aura droit à une rémunération mensuelle nette de: **Neuf Cent Soixante Cinq Dinars (965D,000)** incluant l'indemnité de nourriture.

Les avances mensuelles perçues à bord représenteront **20%** du salaire de base et ce conformément à la réglementation en vigueur.

* ARTICLE IV :

L'intéressé aura droit à un congé de repos de : 14 jours calendaires par mois d'embarquement effectif.

B) - OBLIGATIONS RECIPROQUES :

* ARTICLE V

L'intéressé bénéficiera des avantages sociaux prévus par la réglementation en vigueur et du Code de Travail Maritime.

* ARTICLE VI :

L'intéressé a l'obligation de respecter l'organisation du travail à bord, de s'acquitter des tâches qui lui sont dévolues avec intégrité et discrétion et de faire preuve d'un comportement exemplaire.

Il est responsable du matériel mis à sa disposition pendant le service et doit veiller à son entretien et sa bonne conservation conformément aux dispositions de la réglementation en vigueur.
Il ne peut s'absenter du bord sans autorisation. Toute absence irrégulière viendra en déduction de ses salaires pendant la durée de son absence, et ce, sans préjudice des mesures disciplinaires ou pénales qui pourraient s'en suivre.

*ARITCLE VII:

L'armateur se réserve le droit de muter le marin à un autre navire de la Société aux mêmes termes et conditions. Si le Marin refuse sans raisons valables, le présent contrat sera considéré comme résilié aux dépens du marin.

C) - RESILIATION DU CONTRAT :

* ARTICLE VIII :

Le présent Contrat prendra fin pour l'un des motifs suivants :

a) - L'arrivée à terme :
- Par l'arrivée à terme du présent Contrat conformément aux dispositions du code de travail Maritime et notamment l'Article 30 du dit Code.
b) - Rupture du Contrat :
- Pour manquement aux obligations professionnelles ou acte d'indiscipline et d'une manière générale pour agissements de nature à porter préjudice aux intérêts de la Société.
- A la convenance des deux parties.

* ARTICLE IX :

Le Présent Contrat est régi par les dispositions législatives et réglementaires en vigueur.

Fait à Tunis, Le 02 Janvier 1999

P. L'ARMATEUR   VISA DE L'AUTORITE   LE MARIN
MARITIME

Contrat 022 Dkhili Lotfi   TSMS

PETREFIN SHIPPING COMPANY
PETRELINE

N/réf : Ib 711
Date   : 20 Juin 2000

Ambassade d'Espagne à Tunis
Service Consulaire

Objet :   Demande de visa

Messieurs,

Nous avons l'honneur de vous demander de bien vouloir faire délivrer un visa
d'accès au marin ci-après :
1°
Nom   :   Dkhili Lotfi
Passeport N° :   M 187256
Délivré le :   06/11/1999
Fonction :   Officier de Marine Commerciale

En remplacement du Second mécanicien Sassi Jilani membre de l'équipage
du navire Saoussen en réparation à UNB (Espagne) .

Nous nous permettons de vous signaler que l'octroi de visa* est très urgent
aujourd'hui même, étant signalé que l'intéressé effectue le vol du Vendredi
23/06/2000.

Vous remerciant pour votre collaboration, Veuillez agréer, Messieurs nos
salutations distinguées.

P/ la Direction Générale

P.J *   Copie du contrat de passé avec l'union Naval de Barcelone.

PETREFIN SHIPPING COMPANY- PETRELINE

Société Anonyme au capital de 1.500.000 Dinars
2. Rue Zoubeir Ibn El Aouam- ElMenzah 6- Tel 236 755 – Fax 237 230

DEPARTEMENT ADMINISTRATIF ET SOCIAL

N° D'ORDRE 335 / PSC P

ATTESTATION DE SALAIRE

Nous soussignés, Société PETREFIN SHIPPING COMPANY-PETRELINE , certifie que Monsieur Dkhili Lotfi né le 03 Mars 1963 à Kairouan, recruté en qualité d'Officier Radio le 04 Janvier 1999, à perçu un salaire mensuel net de 965.000 du Janvier 1999 au 30 Avril 1999.

Tunis le 28 Mai

P/la Société LE DIRECTEUR ADMINISTRATIF
ET FINANCIER

Mr A.DRIRA

2 3 JUIN 2000

2   Salarios del capitán, la tripulación y la oficialidad. Créditos privilegiados y superprivilegiados

- Auto declarando embargo del buque con señalamiento de fianza, en reclamación de salarios de marino.
- Escrito aportando la fianza solicitada.
- Providencia del juzgado declarando la fianza prestada.

Interpuesta la acción judicial se procederá por el juzgado a dictar auto de admisión de la demanda de embargo preventivo al amparo de lo establecido en la Ley de Embargo Preventivo de Buques de 8 de abril de 1967, o del Convenio Internacional de Bruselas de 1952, o el actualmente vigente de 1999. En ese mismo auto se determinará la fianza. Ésta es valorada libremente por el juez, dado que no existen criterios legales objetivos para su valoración; así se podrá valorar en función del valor del buque, de la carga (si lleva), del crédito reclamado, etc. Debe llevarse a cabo siempre una instrucción suficiente por el juez de la situación, dado que no se establecen habitualmente criterios idénticos para embargar preventivamente un buque por deudas salariales que por cualquier otra reclamación hipotecaria o mercantil.

Una vez constatado el ingreso de la fianza, se dictarán los oficios para dar validez al embargo preventivo del buque y su paralización y prohibición de salir del puerto, nombrando en su caso a un depositario.

Juzgado Primera Instancia 26 Barcelona
Via Laietana, 10 bis.
Barcelona Barcelona

Procedimiento Embargo preventivo de buque 43/2001 Sección 2ª

Parte demandante   DKHILI LOTFI
Procurador   LORENA MORENO RUEDA
Parte demandada   PETREFIN SHIPPING COMPANY-PETRELINE

AUTO

Magistrado Juez Fernando Carlos De Valdivia Gonzalez

En Barcelona, a veinte de febrero de dos mil uno

HECHOS

ÚNICO. Por el/la procurador/a LORENA MORENO RUEDA, en nombre y representación
de DKHILI LOTFI , se ha presentado el escrito anterior por el que solicita se decrete el
embargo preventivo del buque M/V PRINCESS SAOUSSAN, que se encuentra en el puerto
de BARCELONA MUELLE DE CATALUÑA, alegando un crédito marítimo con referencia
al citado buque, que asciende a 1.362.000,- pesetas.

RAZONAMIENTOS JURÍDICOS

ÚNICO. Estando comprendidos los hechos que se alegan en los supuestos contemplados por
el artículo 1 del Convenio internacional de Bruselas, de 10 de mayo de 1952, cuya efectividad
en el territorio español se acordó por Ley de 8 de abril de 1967; de conformidad con el mismo
y con lo dispuesto en el artículo 584 y ss de la Nueva Ley de enjuiciamiento civil, procede
acceder a lo solicitado.

PARTE DISPOSITIVA

Se tiene por comparecido y parte al/a la procurador/a LORENA MORENO RUEDA, en
nombre y representación de DKHILI LOTFI , conforme acredita con la copia de poder
presentada. Se entenderán con el/la mismo/a las sucesivas diligencias en el modo y forma
dispuesto por la ley.

Se decreta el embargo preventivo del buque M/V PRINCESS SAOUSSAN, de bandera TUNEZ, para responder de las cantidades de 1.362.000,- pesetas, lo que se llevará a efecto por cuenta y riesgo de la actora, y siempre que la misma preste previamente fianza en cuantía de 50.000,- pesetas, no obstante, dicha cantidad puede modificarse si se confirma el embargo de UNION NAVAL DE BARCELONA, como el estado de abandono del buque.

Sirva la presente resolución de mandamiento en forma al/a la agente judicial y secretario/a u oficial/a, para que lo lleven a efecto.

Una vez practicado el embargo, diríjase oficio al/a la comandante militar o autoridad competente de Marina, a la autoridad Portuaria de Barcelona y a la Guardia Civil de Barcelona , dándole cuenta de haberse decretado este embargo sobre el buque M/V PRINCESS SAOUSSAN, para que proceda a dar las órdenes oportunas a fin de que sea inmovilizado y retenido.

Notifíquese esta resolución al/a la capitán/ana del buque con entrega de las copias de la demanda y documentos presentados para que tenga conocimiento de la existencia de este procedimiento y de lo acordado.

A los efectos de lo dispuesto en el párrafo 2 del artículo 7 de dicho Convenio, se concede a la parte demandante el plazo de 20 días dentro del cual deberá entablar la acción ante el tribunal competente.

Contra esta resolución cabe recurso de reposición en el plazo de cinco días días que se interpondrá por escrito ante este Juzgado.

Así lo acuerda, manda y firma S. S.ª Doy fe.

JUZGADO DE PRIMERA INSTANCIA N° 26 DE BARCELONA
EMBARGO PREVENTIVO DE BUQUE N° 43/2001-2°

AL JUZGADO

Dña. LORENA MORENO RUEDA, Procuradora de los Tribunales y de D. DKHILI LOTFI, *mayor de edad, cuyas demás circunstancias personales constan en el procedimiento de referencia, ante este Juzgado comparezco y como mejor proceda en Derecho D I G O:*

Que en fecha 28 de Febrero de los corrientes he recibido auto de este Juzgado decretando el Embargo Preventivo del Buque SAOUSSAN, por la deuda debidamente acreditado, siempre que se efectue la fianza decretada. Que por la presente aportyo Justificante de ingreso de la fianza de 50.000.- pesetas decretada mediante n\ de orden que se adjunta A-9274377.

En virtud de lo expuesto,

AL JUZGADO SUPLICO: *Que tenga por presentado este escrito con sus dociumentos anexos y por aportado el jusatificante de ingreso de la fianza requerida.*

En Barcelona a 28 de febrero de 2.001.

Resguardo de Ingreso

No Compensable

MINISTERIO DE JUSTICIA

BBVA

Banco Bilbao Vizcaya Argentaria

Efectuado en la Cta. de Depósitos y Consignaciones Judiciales del:

Oficina BBVA receptora del Ingreso

Nombre de la Oficina | Clave

Fecha: 2 8 0 2 2 0 0 1

Juzgado o Tribunal: *Primera Instancia Nº 26*

En la Oficina BBVA de

Corresponde al Procedimiento: 0 6 1 4 5 7 3 4 1 0 4 3 0 1 2
J J J J P P P P C C E E E E A A K

Localidad: *Barcelona*

Clave oficina

Que ha sido realizado en el día de hoy por

Nombre / Razón Social de quien ingresa: *Domingo González Juaneda Letrado Stella Maris*

D.N.I. / N.I.F.: *40.778.318*

Concepto en que se realiza: *Fianza depositada para embargo preventivo del buque SADUSSAN, por auto del Juzgado 1ª Instancia nº 26 autos nº 43/2001-2*

Domicilio: *Diputación nº 199 1º 2ª 08011 Barcelona*

Plaza | C.P. | Provincia

Número de Registro de la actuación Policial

Son pesetas: *— Cincuenta mil —*

Importe

Pesetas: *50.000,—*

Para poder realizar el ingreso, este documento se ha de presentar exclusivamente en oficinas del BBVA. Otras entidades no atenderán el ingreso, salvo que tengan convenio con BBVA, si este no cuenta con oficina en la localidad del órgano jurisdiccional ordenante.

Recibimos:
Firma y Sello de la Oficina Receptora o Validación Mecánica

Firma de quien realiza el ingreso

A- 9274377

Número de Orden

```
11:27:53 28/02/01 1309  1/5734 61   84 CAJA EFECTIVO
ABONO **********50.000,00   PTAS. EXP.0614/0000/10/004301/5
```

1. Ejemplar para la persona que efectúa el ingreso

Mod. 10097694 (1.500.000-6/2000)

Juzgado Primera Instancia 26 Barcelona
Via Laietana, 10 bis.
Barcelona Barcelona

Procedimiento Embargo preventivo de buque 43/2001 Sección 2ª

Parte demandante   DKHILI LOTFI
Procurador   LORENA MORENO RUEDA
Parte demandada   PETREFIN SHIPPING COMPANY-PETRELINE

PROVIDENCIA
Magistrado Juez Fernando Carlos De Valdivia González

En Barcelona, a uno de marzo de dos mil uno

Por presentados los dos anteriores escritos por la Procuradora Sra. LORENA MORENO
RUEDA, únanse a los autos de su razón.
Con respecto al primero se tiene por prestada la fianza exigida..
Con respecto al segundo, se tiene por interpuesto en tiempo recurso de reposición contra la
resolución recaída en estos autos de fecha 20/02/01. Queden los autos en poder de S. S.para
dictar la resolución que proceda

Así lo mando y firmo. Doy fe.

El Magistrado Juez   El Secretario Judicial

3   Traba del embargo

– Diligencia de embargo del buque.

El juez emitirá los oficios (conteniendo las ordenes de paralización temporal del buque) a las autoridades competentes para que se lleve a cabo el embargo del buque (autoridad portuaria, policía portuaria, Guardia Civil o capitanía marítima) y se asegure su estancia en puerto.

Jutjat Degà de Barcelona - *Juzgado Decano de Barcelona*
Servei d'Actes de Comunicació Civil - *Servicio de Actos de Comunicación Civil*
Via Laietana, 4

Núm. SACC	Jutjat de 1ª Instància Juzgado de 1ª Instancia	Tipus de procediment Tipo de procedimiento	Número d'assumpte i secció Número de asunto y sección
47514	22	EMBARGO	145/2001-4

DILIGÈNCIA D'EMBARGAMENT - DILIGENCIA DE EMBARGO

Barcelona, 15 - marzo - 2001 ; a les 10 hores/horas.
Es constitueix l'agent judicial, assistit/ida per l'oficial habilitat/ada, en compliment de la diligència ordenada,
Se constituye el Agente judicial, asistido del Oficial habilitado, en cumplimiento de la diligencia ordenada,
amb el/la procurador/ora
y concurre el/la Procurador/ra señor/ra Alfredo Martínez Sánchez y
en el domicili designat del/de la demandat/ada
en el domicilio designado del demandado/a
DKHILI LOTFI, del buque Princess Saoussdid
carrer/calle

Quantia de l'embargament / Cuantía del embargo 365.077 de base

Hi troba qui diu que és / Encontrando a quien dice ser DKHILI LOTFI
i que es diu / y llamarse
a qui es fa saber l'objecte d'aquesta diligència, en compliment del manament del Jutjat,
al que le hace saber el objeto de esta diligencia, en cumplimiento el mandamiento del Juzgado,
assabentat/ada, manifesta
y enterado manifiesta:

L'agent judicial, de conformitat amb l'art. 592 de la LEC, declara embargats
El Agente Judicial, de conformidad con el art. 592 de la L.E.C., declara embargados
els béns que es descriuen a continuació, atès que són de propietat del/de la demandat/ada, per assegurar les quantitats
los bienes que se describen a continuación, como de la propiedad del demandado para asegurar las cantidades
reclamades, i que han estat designats, per
reclamadas y que han sido designados por L. acto

Dipòsit interí dels béns embargats / Depósito interino de los bienes embargados
L'executat/ada / El Ejecutado D.
El/la tercer/a en poder del / de la cual es dipositen els béns embargats:
El Tercero en cuyo poder se encuentran los bienes embargados
amb DNI núm. / con D.N.I. nº
Lloc on es dipositen els béns
Lugar donde se depositan los bienes:
Es fa saber al/la dipositari/ària que està obligat a conservar els béns amb la diligència deguda a disposició del
Se hace saber al depositario que está obligado a conservar los bienes con la debida diligencia a disposición del
Jutjat, a exhibir-los en les condicions que el/la jutge/essa li indiqui i a entregar-los a la persona que el tribunal
Juzgado, a exhibirlos en las condiciones que el Juez le indique y ha entregarlos a la persona que el Tribunal
designi. Se l'instrueix de les responsabilitats civils i penals en què podria incórrer.
designe. Siendo instruído de las responsabilidades civiles y penales en que pudiera incurrir.

Els béns embargats esmentats són els següents
Los bienes embargados referidos son los siguientes:

— buque "Princess Seouissan"

Amb tot això, es dóna per acabada aquesta diligència, de la qual s'entrega còpia als/a les concurrents, i
De todo lo cual se da por terminada la presente diligencia, de la que se entrega copia a los concurrentes, y
signen   ; en dono fe.
firman   ; doy fe.

4   Aplicación del concepto «buque hermano»

El concepto «buque hermano» o *sister ship* se refiere a otro buque perteneciente a la misma naviera o compañía que el buque que generó el crédito marítimo y significa la posibilidad de embargarlo. La facultad de embargo de un buque hermano está establecida en el artículo 3 del Convenio de Bruselas; se dan dos supuestos:

a) Apartado 1.º, *buque hermano perteneciente al mismo propietario del buque deudor.* Se podrá embargar el buque que generó el crédito frente a él, y frente a cualquier otro buque que pertenezca a la persona que en el momento en el que nació el crédito marítimo era propietaria del buque que ha generado el mismo. Esto último permite embargar el buque del propietario-deudor, aunque hubiera vendido el buque que generó el crédito y no se pudiera ya embargar por haberse extinguido el privilegio.

b) Apartado 4.º, *buque hermano perteneciente al mismo naviero* (fletador-*charterer*), que explota el buque deudor, con cualquier título, pero que no es su propietario.

En caso de fletamento (arrendamiento y explotación por cualquier título) de un buque, con la cesión de la dirección del mismo, cuando el fletador sólo responda de un crédito relativo a dicho buque, el acreedor podrá embargar el buque o cualquier otro que pertenezca al fletador, pero no podrá ser embargado otro buque perteneciente al propietario del buque generador del crédito.

Es decir, siempre se podrá embargar el buque que generó el crédito con independencia de que el deudor sea el propietario o un tercero cualquiera que lo esté explotando. Sólo se aplica el concepto *buque hermano* a efectos de embargo de otro buque perteneciente al mismo deudor, o sea, relativo tanto a la propiedad del buque como a su explotación en régimen de fletamento, arrendamiento u otros.

«Convenio de 10 de mayo de 1952, ratificado por instrumento el 11 de septiembre de 1953, sobre Unificación de reglas en embargo preventivo de buques», artículo 3:

1. Sin perjuicio de las disposiciones del párrafo 4 del artículo 10, todo demandante podrá embargar ya sea el buque al que el crédito se refiere o cualquier otro buque que pertenezca a la persona que, en el momento en que nació el crédito marítimo, era propietaria del buque al que dicho crédito se refiere, aunque el buque embargado esté dispuesto para hacerse a la mar; pero ningún buque podrá ser embargado por un crédito previsto en los apartados *o)*, *p)* o *q)* del artículo 1.º, a excepción del buque mismo al que la reclamación concierna.
2. Se reputará que los buques tienen el mismo propietario cuando todas las partes de la propiedad pertenezcan a una misma persona o a las mismas personas.

3. Un buque no podrá ser embargado y no prestará caución o garantía más de una vez en la jurisdicción de uno o varios de los Estados contratantes, con respecto al mismo crédito alegado por el mismo demandante. Y si un buque es embargado dentro de una de dichas jurisdicciones y se ha prestado una caución o garantía, ya sea para obtener el levantamiento del embargo o para evitarlo, cualquier embargo ulterior de dicho buque o de cualquier otro buque que pertenezcan al mismo propietario, por el demandante y con respecto al mismo crédito marítimo, será levantado. El buque será liberado por el tribunal o cualquier otra jurisdicción competente de dicho Estado, a no ser que el demandante pruebe, a la entera satisfacción del tribunal o de cualquier otra autoridad judicial competente, que la garantía o caución ha sido definitivamente liberada antes de que se hubiese practicado el embargo subsiguiente o que no haya otra razón válida para mantenerlo.

4. En el caso de fletamento de un buque con cesión de la gestión náutica, cuando el fletador él solo responda de un crédito marítimo relativo a dicho buque, podrá el demandante embargar dicho buque o cualquier otro que pertenezca al fletador, con sujeción a las disposiciones del presente Convenio, pero no podrá ser embargado en virtud de tal crédito marítimo ningún otro buque perteneciente al propietario.

El apartado que precede se aplicará por igual a todos los casos en que una persona distinta del propietario deba responder de un crédito marítimo.

5   Determinación de la caución o fianza

– Recurso solicitando el procesamiento de embargo sin prestar fianza alguna.
– Auto declarando la revocación de la fianza.

Es siempre una labor fundamental, cuando se procede al embargo del buque, dar a conocer a la autoridad judicial la verdadera situación del buque y de los trabajadores que puedan encontrarse a bordo, y la dificultad que entraña la defensa de unos derechos fundamentales, como la percepción de su salario, por ejemplo. Por ello es necesario que dicha autoridad determine una fianza en una cuantía lo más baja posible. Es muy importante que se recurran las decisiones judiciales en esa materia para hacer ver que puede existir una verdadera situación de abandono y que ello es fundamental para determinar una reducción o eliminación de la fianza (tal y como es el caso que se aporta).

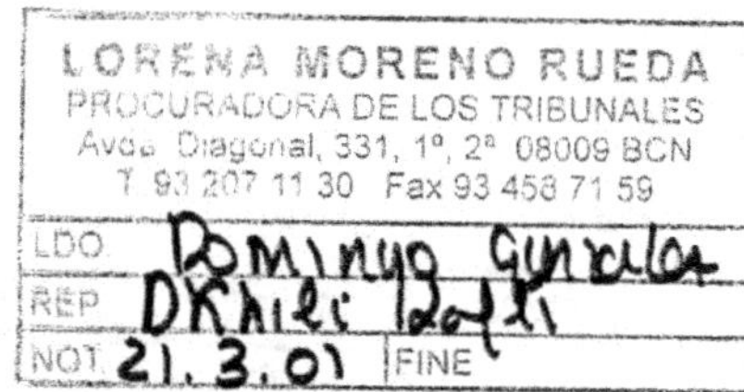

Juzgado Primera Instancia 26 Barcelona
Via Laietana, 10 bis.
Barcelona Barcelona

Procedimiento Embargo preventivo de buque 43/2001 Sección 2ª

Parte demandante   DKHILI LOTFI
Procurador   LORENA MORENO RUEDA
Parte demandada   PETREFIN SHIPPING COMPANY-PETRELINE

AUTO

MAGISTRADO JUEZ QUE LO DICTA: D/Dª Fernando Carlos De Valdivia Gonzalez
Lugar: Barcelona
Fecha: 16 de marzo de 2001

ANTECEDENTES DE HECHO

ÚNICO   En el presente proceso se ha interpuesto por el Procurador Sr/a. LORENA MORENO RUEDA, recurso de reposición contra auto de fecha 20/2/2001 , resolución notificada el día 28/2/01 .

FUNDAMENTOS DE DERECHO

Como bien dice el recurrente, en el escrito de interposición, el recurso de reposición es el marco de reexamen de la actuación procesal que se impugna. Así las cosas, queda acreditado por la documentación el estado de abandono del buque, la ubicación del buque en un astillero que corresponde a una mercantil y el carácter humanitario de la asociación que sufraga la fianza; por todo lo cual se sustituye la fianza acordada y se deja sin efecto.

PARTE DISPOSITIVA

Se estima el recurso interpuesto por la parte actora a través de su Procuradora Sra. LORENO RUEDA. Se deja sin efecto la fianza acordada, manteniendo el embargo trabado. Se acuerda la devolución de la cantidad de 50.000,- pesetas a la firmeza de la presente resolución.

Contra este auto no cabe recurso alguno, sin perjuicio de reproducir la cuestión objeto de la reposición al recurrir, si fuera posible, la resolución definitiva (artículo 454 de la LECn).

Lo acuerda y firma S.Sª. Doy fe.

EL MAGISTRADO JUEZ   EL SECRETARIO JUDICIAL

6   Tribunal competente para conocer la demanda principal

- Juzgado donde se encuentre el buque.
- Interposición de la demanda principal.
- Auto de admisión de la demanda principal.
- Diligencia judicial de embargo.

El procedimiento hasta este momento se ha caracterizado por ser una medida cautelar tomada para evitar riesgos mayores en el ejercicio de los derechos. Pero tal y como establece la Ley de Enjuiciamiento Civil, es necesario interponer dentro del plazo legalmente establecido (veinte días), una demanda principal fundamentada con la aportación de toda aquella prueba que pueda acreditar los extremos de la demanda. Será una reproducción en muchos extremos de la demanda de embargo preventivo, pero con un *suplico* o *petición* dirigida a hacer efectivo el derecho económico de percepción salarial (en este caso). Una vez se haya interpuesto y sea admitida se dictará auto de admisión y se procederá a la notificación al demandado (habitualmente deberá intentarse notificar a algún representante de la demandada en el lugar donde se encuentre abandonado el buque, o dentro del país). Si ello no es posible porque los representantes han efectuado un abandono de sus funciones, deberá procederse a notificar mediante los procesos de comisión rogatoria u otros en el país de origen, con lo que se dilatará en la mayoría de los casos de manera eterna el procedimiento.

Antecedentes:

JUZGADO DE PRIMERA INSTANCIA N° 26 DE BARCELONA

Embargo Preventivo de Buque 43/2001-2ª

AL JUZGADO DE PRIMERA INSTANCIA DE BARCELONA

Dña. LORENA MORENO RUEDA, Procuradora de los Tribunales y de D. DKHILI LOTFI, tal y como se encuentra acreditado en el procedimiento de antecedentes mediante designa apud, ante el Juzgado que por turno de reparto corresponda, comparezco y como mejor proceda en Derecho D I G O :

Que siguiendo instrucciones de mi representado, interpongo **DEMANDA DE JUICIO ORDINARIO, en reclamación de las declaraciones y condenas que se especifican en el suplico de este escrito y con base en los hechos y fundamentos que a continuación se detallan.**

La parte actora es D. DKHILI LOTFI, de nacionalidad tunecina, mayor de edad con n° de pasaporte 00360517 y categoría profesional de OFICIAL DE PUENTE, con domicilio en la c. Diputación n° 199 1° 2ª de 08011 Barcelona y asistido por el Letrado del Iltre. Colegio de Abogados de Barcelona D. DOMINGO GONZALEZ JOYANES y representado por el procurador que suscribe.

La parte demandada es PETREFIN SHIPPING COMPANY-PETRELINE (INTERNATIONAL GROUP OF COMPANIES), propietaria del Buque SAOUSSAN que se encuentra en la actualidad en el Barcelona en el Moll de Catalunya habiéndole sido notificads reiteradas demandas al mismo en la persona del propia demandante, de la misma forma con domicilio social en Via Mariani 13 B CH-6900 LUGANO (SUIZA). También se le puede localizar en **PETREFIN SHIPPING COMPANY- PETRELINE (INTERNATIONAL GROUP OF COMPANIES)**, con domicilio en **2, Rue Ibn El Aouam El Menzah VI TUNEZ (TUNEZ)**, para el caso de que resulte negativa cualquier diligencia en la dirección designada en primer lugar.

H E C H O S

PRIMERO.- Que mi representado D. DKHILI LOTFI, de nacionalidad tunecina, mayor de edad con n° de pasaporte 00360517 y categoría profesional de OFICIAL DE PUENTE, arribó a Barcelona el 23 de junio de 2.000 al puerto de BARCELONA, para efectuar unas reparaciones del buque en UNION NAVAL DE LEVANTE. Que desde la fecha ha permanecido en el buque hasta la actualidad siendo el único ocupante del mismo, se acredita mediante copia de contrato como **documento n° 1** y como **documento n° 2** notificación de prestación de servicios en el buque en Barcelona.

SEGUNDO.- **RELACION QUE VINCULA A LAS PARTES.**

Que mantiene con la Empresa demandada una Relación Laboral mediante contrato de trabajo, prestando los servicios de OFICIAL DE PUENTE, tal y como se acredita mediante **documento n° 3,** Habiéndo sido abandonado por la Empresa propietaria del Buque la cual le adeuda los siguientes salarios:

- **Noviembre de 2.000 NÓMINA**...............1000 $ Americanos (189.000.- pesetas)).
- **Diciembre de 2.000 NOMINA**.................1000 $ Americanos (189.000.- pesetas).
- **Enero de 2001 NOMINA**.......................1000 $ Americanos (189.000.- pesetas)

- **<u>Febrero de 2001 NOMINA</u>** ....1000 $ Americanos (189.000.- pesetas)

- 600 $ Americanos mensuales correspondientes a los meses de Enero y Febrero de 2.001, que no le han sido abonados y que cubrian las dietas de estancia, parada, alimentación... Lo que asciende a 228.000.- pesetas.

- De la misma forma se le adeudan dos meses de vacaciones que ascienden a 2000$ Americanos es decir 378.000.- pesetas.

El hecho reseñado se acredita mediante copia de

Lo que asciende a un total de **1.362.000.- pesetas**, *liquida, vencida y exigible.*

<u>Por lo que la deuda total asciende a 1.362.000.- Pesetas</u>

<u>TERCERO.-</u> REITERADO INCUMPLIMIENTO DE LA PARTE DEMANDADA DE SU OBLIGACION DE PAGO.

En fecha 12 de febrero de 2.001, se presento DEMANDA DE EMBARGO PREVENTIVO DE BUQUE SAOUSSAN, que resolvió el JUZGADO DE PRIMERA INSTANCIA Nº 26 DE BARCELONA, en procedimiento de Embargo Preventivo de Buque nº 43/2001-2ª, decretando el embargo del mismo bajo fianza de 50.000.- Pesetas; fianza que se hizo efectiva eb fecha 28 de febrero de 2.001, hechos que se acreditan ,con copias de auto de fecha 20 de febrero de 2.001 y ingreso de fianza como documentos nº 4 y 5.

CUARTO.- La deuda cumple con las caracteristicas reseñadas por la Ley en tanto en cuanto:

- Es una **<u>cantidad LIQUIDA</u>**.

- SOMETIDA A PLAZOS INCUMPLIDOS, SE ACREDITA DOCUMENTALMENTE LA **EXISTENCIA DE LA RELACION LABORAL.**
- **ACREDITACION FEHACIENTE DE LA DEUDA** DADO QUE LA RELACION LABORAL SE ENCUENTRA VIGENTE, ES EL ÚLTIMO OFICIAL QUE HA QUEDADO A DISPOSICION DE LA COMPAÑÍA PARA EL MANTENIMIENTO DEL BUQUE.
- DE LA MISMA FORMA SE TRATA DE **DEUDA VENCIDA**.

CUARTO.- En cuanto al plazo para reclamar la deuda tal y como establece el artículo 952 del Código Civil es de un año en cuanto a lo reseñado como crédito marítimo privilegiado de la letra m) del Convenio, pero de la misma forma se ha procedido a la interrupción de la prescripción y así es admitido por el artículo 944 de la LEC, mediante la interposición de la presente demanda.

QUINTO.- El buque reseñado se halla abandonado por su propietario y embargado por UNION NAVAL, encontrándose en el Moll de Catalunya, atracado desde hace más de nueve meses. Encontrándose del demandado en una situación de subsistencia límite manteniéndose en condiciones infrahumanas pese a las ayudas de Organizaciones no gubernamentales que le surten de alimentos y gracias al suministro gratuito de luz y agua del astillero donde se encuentra amarrado el presente buque, hecho que se acredita mediante el documento n° 6.

SEXTO.- Debe reseñarse que el actor permanece en la actualidad en el buque debido al impago de salarios y a que es el único tripulante que queda en el mencionado buque, careciendo de los medios para volver a su país, es por ello que su situación es límite.

SEPTIMO.- De la misma forma y con posterioridad al embargo decretado por el Juzgado de Primera Instancia n° 26 de Barcelona en fecha 20 de febrero de los corrientes notificado a esta parte el 28 de febrero del mismo mes debe reseñarse que se ha procedido a nuevo embargo por el juzgado de Primera Instancia n° 22 de Barcelona en autos 145/2001-4ª, hecho que se acredita mediante copia como documento n° 7, donde se aprueba la venta en pública subasta del buque PRINCESS SAOUSSAN y la remoción del mismo.

FUNDAMENTOS DE DERECHO

I.- CAPACIDAD

Ambos litigantes ostentan la suficiente capacidad procesal a tenor de lo dispuesto en los artículos 6 y s.s. de la Ley 1/2000 de Enjuiciamiento Civil.

II.- REPRESENTACION

Mi mandante esta representado en este procedimiento por el procurador que suscribe con arreglo a lo previsto en el artículo 23 de la Ley de Enjuiciamiento Civil.

III. JURISDICCION

Es competente la jurisdicción civil, conforme a lo dispuesto en el artículo 21.1 de la ley Orgánica del Poder Judicial y 9 de la Ley de Enjuiciamiento Civil.

IV.- COMPETENCIA TERRITORIAL EN CASOS ESPECIALES.

Resulta de aplicación el artículo 51.1 de la vigente Ley de Enjuiciamiento Civil, cuando señala que las personas jurídicas serán demandadas en el lugar de su domicilio, también podrán ser demandadas en el lugar donde la situación o relación jurídica a que se refiera el litigio haya nacido o deba surtir efectos, siempre que en dicho lugar tengan establecimiento abierto al público o representante autorizado para actuar en nombre de la entidad.

V.- JUICIO POR EL QUE DEBE SUSTANCIARSE LA DEMANDA.

El proceso se ajustará a los trámites del juicio Ordinario por reclamarse una cantidad superior a 500.000.- pesetas, conforme resulta del artículo 240, 399 y s.s de la Ley de Enjuiciamiento Civil.

VI.- FUNDAMENTO JURIDICO DE FONDO.

La existencia de la deuda reclamada existe, es liquida. Vencida y exigible al amparo de lo manifestado y acreditado fehacientemente en esta demanda y así se tomó la medida cautelar solicitada al amparo del Artículo 1° de la Ley 8 de Abril de 1.967 2/67. EMBARGO PREVENTIVO DE BUQUES EXTRANJEROS POR CREDITOS MARITIMOS. "Para decretar el Embargo Preventivo de un buque extranjero por crédito marítimo que se define en el artículo 1° del Convenio de Bruselas de 10 de mayo de 1.952, bastará que se alegue el derecho o créditos reclamados y la causa que los motive"

Articulo 1° del mismo Texto Legal, en su segundo párrafo, señala que "El juez exigirá en todo caso fianza en cantidad suficiente para responder de los daños, perjuicios y costas que puedan ocasionarse". Requisito que se ha cumplido fehacientemente.

Debe reseñarse a los efectos legales oportunos que el mencionado buque no padece restricciones en su uso o limitación dado que se encuentra en el Puerto de Barcelona, Moll de Catalunya, amarrado desde el més de junio y previamente embargado por UNION NAVAL DE LEVANTE, POR IMPAGO DE UNAS REPARACIONES EN EL MISMO. por lo que no interrumpe su acción de servicio y por lo tanto esta parte entiende con los debidos

respetos que la fianza debe ser mínima cuando no meramente testimonial al no producirse ni tan siquiera una parada o retraso en su acción.

Artículo 1º.m) del CONVENIO DE BRUSELAS DE 10 DE MAYO DE 1.952. SOBRE EMBARGO PREVENTIVO DE BUQUES. UNIFICACION DE REGLAS...." Crédito Marítimo significa alegación del derecho o un crédito que tenga una de las causas siguientes: m) Salario de Capitán, Oficialidad o Tripulación.

Artículo 2 del mismo texto legal...." Embargo significa la inmovilización de un buque con la autorización de la Autoridad Judicial competente para garantía de un crédito marítimo ..."

La competencia viene definida en los artículos 3 y 4 del CONVENIO DE BRUSELAS DE 10 DE MAYO DE 1.952. SOBRE EMBARGO PREVENTIVO DE BUQUES. UNIFICACION DE REGLAS..." y artículo 51.1 de la Ley de Enjuiciamiento civil y S.S.

VII.- COSTAS.

Deberán ser impuestas al demandado por aplicación del articulo 394 de la Ley de Enjuiciamiento Civil.

En virtud de lo expuesto,

AL JUZGADO SUPLICO: Que teniendo por presentado este escrito con sus copias y documentos que al mismo se acompañan, se sirva admitirlo, tenerme por parte en la representación que ostento, y por interpuesta *DEMANDA DE JUICIO ORDINARIO PETREFIN SHIPPING COMPANY- PETRELINE (INTERNATIONAL GROUP OF COMPANIES), propietaria del Buqe SAOUSSAN, que se halla en el PUERTO DE BARCELLONA, MUELLE DE CATALUÑA, o con con domicilio en Via*

Mariani 13 B CH-6900 LUGANO (SUIZA) o en 2, Rue Ibn El Aouam El Menzah VI TUNEZ (TUNEZ), para el caso de que resulte negativa cualquier diligencia en la dirección designada en primer lugar , lo emp`lace al objeto de que comparezca si a su derecho conviene y previos los trámites procedentes dicte sentencia por la que condene a pagar a **PETREFIN SHIPPING COMPANY- PETRELINE** *(INTERNATIONAL GROUP OF COMPANIES), propietaria del Buqe SAOUSSAN,* la cantidad de **1.362.000.- Pesetas cuantía de la deuda principal, a la que habrá que sumar la cantidad que resulte en concepto de interés legal del dinero que devengue la expresada cantidad, desde el vencimiento de la obligación de pago y las costas causadas y que causen en este procedimiento.**

Barcelona a 16 de Marzo de 2.001

CONTRAT D'ENGAGEMENT MARITIME A DUREE DETERMINEE

A) - <u>REGIME ADMINISTRATIF</u> :

***ARTICLE I** :

Monsieur : **Dkhili Lotfi.**
Né le **03/03/1963** à **Kairouan** de nationalité **Tunisienne** demeurant au **N° 2 - Rue Mohamed Ali -1110 Mornaguia - Tunis**, est recruté à titre précaire et révocable pour servir, à bord des navires appartenant à la Société " **Petreline** " ou exploités par celle-ci avec pouvoir de recrutement, en qualité d'**Officier Radio.**

*** ARTICLE II** :

Le présent Contrat est conclu pour la période allant du : **02/01/1999 Au 30/07/1999.**
Il reste bien entendu que la date d'effet de ce contrat aura lieu à la date de prise de fonction.
Toutefois, l'intéressé sera enrôlé conformément aux visas d'effectif des Navires en question, aux quartiers maritimes des différents Ports Tunisiens, le jour de son embarquement et dans tous les cas conformément à l'article 27 du Code de Travail Maritime.
Dans tous les cas le Port de débarquement sera un Port Tunisien.
L'intéressé est nourri à bord selon la réglementation en vigueur.

*** ARTICLE III** :

Monsieur **Dkhili Lotfi** percevra pendant son embarquement une rémunération forfaitaire globale mensuelle nette de **Neuf Cent Soixante Cinq Dinars (965D,000)** y compris le forfait des heures supplémentaires.
En position de congés, il aura droit à une rémunération mensuelle nette de: **Neuf Cent Soixante Cinq Dinars (965D,000)** incluant l'indemnité de nourriture.

Les avances mensuelles perçues à bord représenteront **20%** du salaire de base et ce conformément à la réglementation en vigueur.

*** ARTICLE IV** :

L'intéressé aura droit à un congé de repos de : 14 jours calendaires par mois d'embarquement effectif.

B) - <u>OBLIGATIONS RECIPROQUES</u> :

*** ARTICLE V**

L'intéressé bénéficiera des avantages sociaux prévus par la réglementation en vigueur et du Code de Travail Maritime.

*** ARTICLE VI** :

L'intéressé a l'obligation de respecter l'organisation du travail à bord, de s'acquitter des tâches qui lui sont dévolues avec intégrité et discrétion et de faire preuve d'un comportement exemplaire.

Il est responsable du matériel mis à sa disposition pendant le service et doit veiller à son entretien et sa bonne conservation conformément aux dispositions de la réglementation en vigueur.
Il ne peut s'absenter du bord sans autorisation. Toute absence irrégulière viendra en déduction de ses salaires pendant la durée de son absence, et ce, sans préjudice des mesures disciplinaires ou pénales qui pourraient s'en suivre.

***ARITCLE VII:**

L'armateur se réserve le droit de muter le marin à un autre navire de la Société aux mêmes termes et conditions. Si le Marin refuse sans raisons valables, le présent contrat sera considéré comme résilié aux dépens du marin.

C) - RESILIATION DU CONTRAT :

*** ARTICLE VIII** :

Le présent Contrat prendra fin pour l'un des motifs suivants :

    a) - L'arrivée à terme :
- Par l'arrivée à terme du présent Contrat conformément aux dispositions du code de travail Maritime et notamment l'Article 30 du dit Code.
    b) - Rupture du Contrat :
- Pour manquement aux obligations professionnelles ou acte d'indiscipline et d'une manière générale pour agissements de nature à porter préjudice aux intérêts de la Société.
- A la convenance des deux parties.

*** ARTICLE IX** :

Le Présent Contrat est régi par les dispositions législatives et réglementaires en vigueur.

Fait à Tunis, Le 02 Janvier 1999

L'ARMATEUR   VISA DE L'AUTORITE   LE MARIN
MARITIME

Contrat 022 Dkhili Lotfi   TSMS

PETREFIN SHIPPING COMPANY
PETRELINE

N/réf   : Ib 711
Date   : 20 Juin 2000

Ambassade d'Espagne à Tunis
Service Consulaire

Objet :   Demande de visa

Messieurs,

Nous avons l'honneur de vous demander de bien vouloir faire délivrer un visa
d'accès au marin ci-après :
1°
Nom   :   Dkhili Lotfi
Passeport N° :   M 187256
Délivré le :   06/11/1999
Fonction :   Officier de Marine Commerciale

En remplacement du Second mécanicien Sassi Jilani membre de l'équipage
du navire Saoussen en réparation à UNB (Espagne) .

Nous nous permettons de vous signaler que l'octroi de visa* est très urgent
aujourd'hui même, étant signalé que l'intéressé effectue le vol du Vendredi
23/06/2000.

Vous remerciant pour votre collaboration, Veuillez agréer, Messieurs nos
salutations distinguées.

P/ la Direction Générale

R.J *   Copie du contrat de passé avec l'union Naval de Barcelone.

PETREFIN SHIPPING COMPANY- PETRELINE

Société Anonyme au capital de 1.500.000 Dinars
2, Rue Zoubeir Ibn El Aouam- ElMenzah 6- Tel 236 755 – Fax 237 230

DEPARTEMENT ADMINISTRATIF ET SOCIAL

Nº D'ORDRE 335 / PSC P

ATTESTATION DE SALAIRE

Nous soussignés, Société PETREFIN SHIPPING COMPANY-
PETRELINE , certifie que Monsieur Dkhili Lotfi né le 03 Mars 1963 à
Kairouan, recruté en qualité d'Officier Radio le 04 Janvier 1999, à perçu
un salaire mensuel net de 965.000 du Janvier 1999 au 30 Avril 1999.

Tunis le

P/la Société LE DIRECTEUR ADMINISTRATIF
ET FINANCIER

Mr A.DRIRA

Juzgado Primera Instancia 26 Barcelona
Via Laietana, 10 bis.
Barcelona Barcelona

Procedimiento Embargo preventivo de buque 43/2001 Sección 2ª

Parte demandante **DKHILI LOTFI**
Procurador **LORENA MORENO RUEDA**
Parte demandada **PETREFIN SHIPPING COMPANY-PETRELINE**

AUTO

Magistrado Juez Fernando Carlos De Valdivia Gonzalez

En Barcelona, a veinte de febrero de dos mil uno

HECHOS

ÚNICO. Por el/la procurador/a LORENA MORENO RUEDA, en nombre y representación de DKHILI LOTFI , se ha presentado el escrito anterior por el que solicita se decrete el embargo preventivo del buque M/V PRINCESS SAOUSSAN, que se encuentra en el puerto de BARCELONA MUELLE DE CATALUÑA, alegando un crédito marítimo con referencia al citado buque, que asciende a 1.362.000,- pesetas.

RAZONAMIENTOS JURÍDICOS

ÚNICO. Estando comprendidos los hechos que se alegan en los supuestos contemplados por el artículo 1 del Convenio internacional de Bruselas, de 10 de mayo de 1952, cuya efectividad en el territorio español se acordó por Ley de 8 de abril de 1967; de conformidad con el mismo y con lo dispuesto en el artículo 584 y ss de la Nueva Ley de enjuiciamiento civil, procede acceder a lo solicitado.

PARTE DISPOSITIVA

Se tiene por comparecido y parte al/a la procurador/a LORENA MORENO RUEDA, en nombre y representación de DKHILI LOTFI , conforme acredita con la copia de poder presentada. Se entenderán con el/la mismo/a las sucesivas diligencias en el modo y forma dispuesto por la ley.

Se decreta el embargo preventivo del buque M/V PRINCESS SAOUSSAN, de bandera TUNEZ, para responder de las cantidades de 1.362.000,- pesetas, lo que se llevará a efecto por cuenta y riesgo de la actora, y siempre que la misma preste previamente fianza en cuantía de 50.000,- pesetas, no obstante, dicha cantidad puede modificarse si se confirma el embargo de UNION NAVAL DE BARCELONA, como el estado de abandono del buque.

Sirva la presente resolución de mandamiento en forma al/a la agente judicial y secretario/a u oficial/a, para que lo lleven a efecto.

Una vez practicado el embargo, dirijase oficio al/a la comandante militar o autoridad competente de Marina, a la autoridad Portuaria de Barcelona y a la Guardia Civil de Barcelona , dándole cuenta de haberse decretado este embargo sobre el buque M/V PRINCESS SAOUSSAN, para que proceda a dar las órdenes oportunas a fin de que sea inmovilizado y retenido.

Notifíquese esta resolución al/a la capitán/ana del buque con entrega de las copias de la demanda y documentos presentados para que tenga conocimiento de la existencia de este procedimiento y de lo acordado.

A los efectos de lo dispuesto en el párrafo 2 del artículo 7 de dicho Convenio, se concede a la parte demandante el plazo de 20 dias dentro del cual deberá entablar la acción ante el tribunal competente.

Contra esta resolución cabe recurso de reposición en el plazo de cinco días días que se interpondrá por escrito ante este Juzgado.

Así lo acuerda, manda y firma S. S.ª Doy fe.

	Resguardo de Ingreso	**BBVA**

No Compensable

MINISTERIO DE JUSTICIA

Banco Bilbao Vizcaya Argentaria

Efectuado en la Cta. de Depósitos y Consignaciones Judiciales del:

Oficina BBVA receptora del Ingreso — Nombre de la Oficina — Clave — Fecha: 2 8 0 2 2 0 0 1

Juzgado o Tribunal: *PRIMERA INSTANCIA Nº 26*

En la Oficina BBVA de

Corresponde al Procedimiento: 0 6 1 4 5 7 3 4 10 1 4 3 0 1 2
J J J J P P P P C C E E E E A A K

Localidad: *BARCELONA*

Clave oficina

Que ha sido realizado en el día de hoy por

Nombre / Razón Social de quien ingresa: *Domingo González Joranes, Letrado STELLA MARIS*   D.N.I. / N.I.F.: *40.778.518*

Concepto en que se realiza: *Fianza decretada por Embargo Preventivo de buque SADUSSAN, por auto de Juzgado 1ª Instancia nº 26, autos nº 43/2001-2*

Domicilio: *Diputación nº 199 1º 2ª 08011 Barcelona*
Plaza   C.P.   Provincia

Número de Registro de la actuación Policial

Importe

Son pesetas: *— CINCUENTA MIL —*

Pesetas: *50.000,-*

Para poder realizar el ingreso, este documento se ha de presentar exclusivamente en oficinas del BBVA. Otras entidades no atenderán el ingreso, salvo que tengan convenio con BBVA, si éste no cuenta con oficina en la localidad del órgano jurisdiccional ordenante.

Recibimos:
Firma y Sello de la Oficina Receptora o Validación Mecánica

Firma de quien realiza el ingreso

A- 9274377

Número de Orden

1. Ejemplar para la persona que efectúa el ingreso

11:27:53 28/02/01 1309 1/5734 61   84 CAJA EFECTIVO
ABONO *********50.000,00   PTAS. EXP.0614/0000/10/004301/5

Mod. 10097694 (1.500.000-6/2000)

Unión Naval Barcelona, s.a.
Muelle de Cataluña, s/n.
08039 BARCELONA
Tel. 93 225 78 10
Fax. 93 221 59 52
Email: unbarcelona@unbarcelona.com
http://www.unbarcelona.com

N/ref.

N/dept.

S/ref.

S/corresp.

.... 26 de febrero de 2001

> **STELLA MARIS**
> **Att. Domingo González**
> (Barcelona)

Asunto: B/. "SAOUSSAN"

Estimado Sr,

En contestación a su petición telefónica respecto a la obtención de información relativa al Buque del Asunto, le comunicamos que el Armador no está respondiendo a los requerimientos de pago y de retirada del Buque de nuestras instalaciones, con el grave perjuicio que esto supone para nuestra Compañía.

Asimismo le informamos que a bordo del Buque se halla el oficial de radio DKHILI LOTFI, al cual esta Compañía le viene suministrando desde hace más de un año, de forma gratuita y por razones humanitarias, corriente eléctrica y agua potable, habida cuenta que nos consta que el Armador no atiende tampoco adecuadamente las necesidades del referido Tripulante desde hace varios meses.

Sin otro particular, le saludamos atentamente.

JUZGADO DE PRIMERA INSTANCIA
NUMERO VEINTIDÓS
BARCELONA

Autos145/2.001-4ª

AUTO

En Barcelona a cinco de Marzo de dos mil uno.

Por repartido a este Juzgado la anterior solicitud de Jurisdicción Voluntaria en negocios de comercio sobre embargo, reconocimiento y venta púlica en relación a buque que formula el Procurador Sr. Martinez Sanchez en representación de UNIÖN NAVAL BARCELONA S.A. con domicilio en Muelle de Catalunya s/n Barcelona , conforme es de ver en la escritura de poder que en debida forma acompaña , entendiendose con dicho causídico esta y las sucesivas actuaciones en la forma que la ley dice; formese con dicha solicitud y documentos acompañados autos que serán registrados en los libros y soporte informático de este Juzgado.

ANTECEDENTES DE HECHO

UNICO.- Ha sido turnado a este Juzgado solicitud de expediente de Jurisdicción Voluntaria en negocios de comercio que formula la promotora Unión Naval Barcelona S.A. representada por el Procurador Sr. Martinez Sanchez contra la demandada la sociedad armadora PETREFIN SHIPPING COMPANY-PETRELINE con domicilio en 2, rue Ibn El Aouam, El Menzah VI, Tunis, Tunisia, si bien se designa para entender las sucesivas actuaciones al Sr. Dkhili Lofti, de profesión Oficial de radio, representante de la demandada en este puerto. Fundamenta su pretensión Unión Naval Barcelona S.A. en el hecho de que en sus astilleros se halla el buque "Princess Saoussan" a fin de ser reparado conforme al presupuesto y contrato que se producen de documento nº 2 , que si bien en principio se pactö entre Unión Naval de Levante S.A. y Petrefin Shipping Company-Petreline, posteriormente se cedió a la ahora promotora Unión Naval Barcelona S.A. consintiendose por la armadora. A fecha de hoy no se han atendido a los costos por el mantenimiento del buque que ascienden a 365.677 dolares Usa hasta el 31-12-2000 según documento nº 4 que se acompañaba. Pasaba a relatar las diferentes incidencias ocurridas (abandono por el armador de sus obligaciones con el buque, la tripulación, el cosignatario, el puerto, renuncia del consignatario Iberica Maritima Barcelona S.A. con fecha 12-mayo 1999, intervención de las autoridades ante el armador, requerimiento de pago de fecha 20-10-2000, promesa de prestación de garantias por 530.000 dólares incumplidos e incluso procedimientos seguidos ante la Jurisdicción Social por impago al Oficial de radio según los documentos que se producian de 5 al 12. Tras alegar los fundamentos de derecho de aplicación al caso, terminaba suplicando que se admitiera a trámite la solicitud de embargo y venta judical del buque Princess Saoussan y con estimación de los fundamentos se acuerde el embargo del buque y se ordene la venta pública del mismo según el procedimiento del artículo 579 del Código de Comercio y normas ordinarias concordantes. Mediante otrosi señalaba al Oficial de radio Sr. Dkili Lofti, como persona adecuada para emplazar a la deudora por encontrarse a bordo del buque Pricess Saoussan, y por segundo otrosí peticionaba la remoción del buque Pricess Saoussan fuera de las instalaciones del astillero y en lugar oportuno en el que habrá de designarse depositaria del buque. Se está al caso de pronunciarse sobre las pretensiones deducidas.

FUNDAMENTOS JURIDICOS

PRIMERO.- Deviene objetente objetiva y territorialmente este Juzgado porque se insta acción de embargo y venta en pública subasta de buque para responder de créditos marítimos privilegiados ante el Juez de Primera Instancia del lugar donde se halla atracado el buque cuya enagenación se pretende (ex art.52.1.1 de la Lec 1/2000 en relación con el art. 579.4 y disposiciones concordantes sobre ventas judiciales). La legitimación activa de la promotora Unión Naval Barcelona S.A. queda fuera de toda duda al provenir de reparar y equipar el buque (ex art. 580.8 dela LEC) La legitimación pasiva de al demandada Petrefin Shipping Company-Petreline deriva de su reconocida condición según los documentos que se acompañam de armadora del buque Princess Saoussan, condición de empresario marítimo que reconoce en las diversas negociaciones habidas con la promotora. Por ultimo son de aplicar los preceptos del Código de Comercio en relación con las normas de Jurisdicción Voluntaria que han quedado en vigor tras la entrada de la Ley 1/2000 (disposición derogatoria única 1/2000 que declara en vigor el Libro III de la Lec hasta que entre en vigencia la futura ley sobre Jurisdicción Voluntaria).

SEGUNDO.- Acredita la promotora Unión Naval Barcelona S.A. la existencia de crédito marítimo privilegiado que no le ha sido satisfecho pues ha procedido a mantenimiento en el astillero del buque para su reparación lo que ha dejado un saldo deudor de 365.677 dolares USA hasta el 31-12-2000 según relación que se acompaña con el documento n° 4. En tales supuestos se le faculta para que inste el embargo y la ulterior venta judicial en la forma prevenida en la ley (ex. art. 584 en relación con el 579de la Lec,) venta en pública subasta que se decretará con arreglo de las especiales precisiones del Código mercantil a cuyo efecto se tasan previo inventario el casco del buque, aparejos, pertrechos máquinas y demás objetos, facilitandose el conocimiento de tales diligencias a los que deseen interesarse en la subasta, dictándose auto por el que se ordene aquella por plazo no menor de 20 dias, verificandose la subasta el día señalado con las formalidades previstas en el derecho común, lo que remite a la nueva normativa de la Lec. Con el producto obtenido se hace pago de los créditos marítimos conforme con el orden de prelación que la ley establece (ex art. citados en relación al trámite establecido en el 2161 de la ley adjetiva) . Por consiguiente debe acogerse la pretensión de la promotora

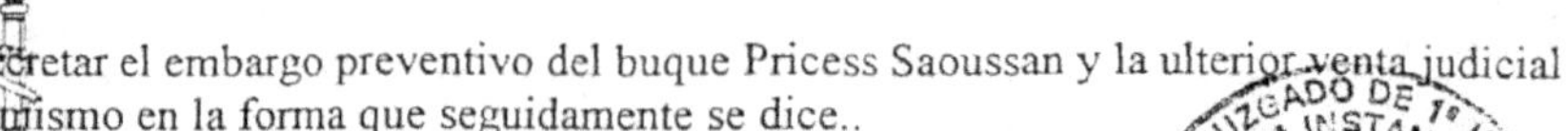

y decretar el embargo preventivo del buque Pricess Saoussan y la ulterior venta judicial del mismo en la forma que seguidamente se dice..

Vistos los artículos citados y demás de general y pertinente aplicación,

PARTE DISPOSITIVA

PRIMERO.- Se admite a trámite el expediente de Jurisdicción Voluntaria, negocio de comercio, que formula el Procurador de los Tribunales Sr. Martinez Sanchez en representación de Unión Naval Barcelona S.A.contra su deudora por créditos marítimos Petrefin Shipping Company-Petreline con domicilio de 2, rue Ibn El Aouam, El Menzah VI, Tunis, Tunisia, entendiendose las diligfencias que con ella deban practicase con la persona del Oficial de radio Sr. Dkhili Lofti que se haya domiciliado en el buque Pricess Saoussan atracado en los astilleros propiedad de Unión Naval Barcelona S.A. Muelle de Catalunya s/n de esta ciudad , entendiendose con dicho Oficial esta y las sucesivas diligencias en la forma que la ley ordena. Como domicilios alternativos se tiene por designado el indicado de Tunisia y el de Lugano que se señala a efecto de sucesivas actuaciones con la armadora Petrefin Shipping Company-Peteline.

SEGUNDO.- Se acuerda el embargo preventivo del buque Pricess Saoussan, atracado en las dependencias de Unión Naval Barcelona S.A. por la suma de 365.677 dolares USA. o su contravalor en pesetas (debe tal cantidad multiplicarse con el valor oficial del dolar) Consecuentemente se acuerda librar mandamiento a los funcionarios del SAC para que con traslado de esta notificación procedan a requerir a la persona del Oficial de radio Sr. Dkhili Lofti en el buque en cuestión a fin de que haga pago de la indicada suma de 365.677 dolares USA, y no haciendolo, procedase al embargo inmediato del buque antes dicho Princess Saoussan para cubrir las responsabilidades económicas perseguidas dandose cuenta del resultado de esa diligencia.

TERCERO- Fallido en su caso el requerimiento de pago, practicado el embargo preventivo a cuyo fin se librarán los oportunos despachos, déseme cuenta para acordar lo oportuno sobre venta en pública subasta del mismo según el procedimiento establecido establecido en el art. 579 del Código de Comercio y normas ordinarias concordantes .

Al otrosí y como ya se recoge en anteriores pronunciamientos, por significada la persona del Sr. Dkhili Lofti , Oficial de radio, para requerir a la deudora de pago a través de dicho representante en los astilleros de la promotora sitos en el Muelle Catalunya s/n de esta ciudad.
Al segundo otrosí se acuerda de conformidad y se ordena la remoción del buque Princess Saoussan fuera de las instalaciones del astillero, si bien y conforme a la nueva normativa de la Lec, deberá facilitar la promotora tras notificarsele esta resolución lugar adecuado para la remoción de dicho buque, compañia naviera que pudiera admitir el depósito o alternativamente organismos públicos que puedan hacerse cargo de él, significandole al

ejecutante que deberá afrontar los gastos que la remoción del buque origine sin perjuicio de la repercusión ulterior en las costas que puedan originarse debiendo significar a esta Juzgadora a quien designa como depositaria del buque.

Contra esta resolución que no es firme cabe interponer recurso de reposición en término de quinto día siguiente a su notificación.

Así por este Auto que no es firme, lo acuerda, manda y firma, **DOÑA MARIA DOLORES LAGUNAS GÜELL**, Magistrada del Juzgado de Primera Instancia n° 22 de esta ciudad, de lo que doy fe.

Juzgado Primera Instancia 26 Barcelona
Via Laietana, 10 bis.
Barcelona Barcelona

LORENA MORENO RUEDA
PROCURADORA DE LOS TRIBUNALES
Avda. Diagonal, 331, 1º, 2ª 08009 BCN
T. 93 207 11 30   Fax 93 458 71 59
LDO. Domingo gonzalez
REP. Dkili Lofli
NOT. 29.3.01   FINE

Procedimiento Procedimiento ordinario 126/2001 Sección 3ª

Parte demandante   Dkhili Lotfi
Procurador   Lorena Moreno Rueda
Parte demandada   Petrefin Shipping Company- Petreline

DILIGENCIA.- En Barcelona, a 26 de marzo de 2001 .

La extiendo yo, el/la Secretario Judicial, para hacer constar que el día 22 de marzo de 2001 , se ha presentado en el Decanato por el Procurador Sr/a. Lorena Moreno Rueda , en nombre y representación de **Dkhili Lotfi** , escrito de demanda de juicio ordinario, documentos y copias de todo ello. La demanda ha quedado registrada con el número 126/2001 -3ª.

Paso a dar cuenta. Doy fe.

A U T O

Magistrado Juez D/Dª Fernando Carlos De Valdivia Gonzalez, del Juzgado de Primera Instancia nº 26 de Barcelona.

Barcelona, 26 de marzo de 2001

ANTECEDENTES DE HECHO

PRIMERO.- Por el Procurador Sr/a. Lorena Moreno Rueda , actuando en nombre y representación de Dkhili Lotfi , según acredita mediante designa de poder efectuada apud acta en el procedimiento de embargo preventivo de buque se ha presentado demanda de juicio ordinario, señalando como parte/s demandada/s a Petrefin Shipping Company- Petreline, suplicando se dictase en su día sentencia sobre reclamación de cantidad .

SEGUNDO.- Expresa el actor que la cuantia de la demanda es la de 1.362.000 pts..

FUNDAMENTOS DE DERECHO

PRIMERO.- Examinada la anterior demanda, se estima, a la vista de los datos y documentos aportados, que la parte demandante reúne los requisitos de capacidad, representación y postulación procesales, necesarios para comparecer en juicio conforme a lo determinado en los artículos 6, 7, 23 y 31 de la Ley 1/2000, de Enjuiciamiento Civil (LECn).

SEGUNDO.- Así mismo, vistas las pretensiones formuladas en la demanda, este Juzgado tiene jurisdicción y competencia objetiva para conocer de las mismas, según los artículos 37, 38 y 45 de la citada ley procesal.

En cuanto a la competencia territorial, este Juzgado resulta competente por aplicación del art. 50 y 51 de la LECn.

Por último, por lo que respecta a la clase de juicio, la parte actora, cumpliendo lo ordenado en el artículo 253.2 de la LECn ha señalado la cuantía de la demanda en 1.362.000 pts, por lo que procede sustanciar el proceso por los trámites del juicio ordinario, según dispone el artículo 249.

TERCERO.- Por lo expuesto procede la admisión a trámite de la demanda y, como ordena el artículo 404 de la LECn, dar traslado de la misma, con entrega de su copia y de la de los documentos acompañados, a la parte demandada, emplazándola, con los apercibimientos y advertencias legales, para que la conteste en el plazo de veinte días hábiles computados desde el siguiente al emplazamiento. Dado que el emplazamiento de la demandada debe hacerse en Lugano (Suiza), se hace entrega a la parte actora del auto de admisión de la demanda y cédula de emplazamiento así como de la copia de la demanda a fin de que sean traducidos al francés para poder llevar a cabo la diligencia referenciada.

PARTE DISPOSITIVA

SE ADMITE A TRÁMITE LA DEMANDA presentada por el Procurador Sr/a. Lorena Moreno Rueda , en nombre y representación de Dkhili Lotfi , frente a Petrefin Shipping Company- Petreline , sobre reclamación de cantidad , sustanciándose el proceso por las reglas del juicio ordinario.

Dése traslado de la demanda a la/s parte/s demandada/s, haciéndole/s entrega de copia de la misma y de los documentos acompañados, emplazándola/s con entrega de la oportuna cédula para que la conteste/n en el plazo de **VEINTE DÍAS HABILES**, computado desde el siguiente al emplazamiento.

Apercíbase a la/s parte/s demandada/s que si no comparecen dentro de plazo se le/s declarará en situación de rebeldía procesal (artículo 496.1 LECn).

Adviértasele/s asimismo, que la comparecencia en juicio debe realizarse por medio de procurador y con asistencia de abogado (artículo 23 y 31 LECn).

MODO DE IMPUGNACIÓN: mediante recurso de **REPOSICIÓN** ante este Juzgado, no obstante lo cual, se llevará a efecto lo acordado. El recurso deberá interponerse por escrito en el plazo de **CINCO DÍAS** hábiles contados desde el siguiente de la notificación, con expresión de la infracción cometida a juicio del recurrente, sin cuyos requisitos no se admitirá el recurso (artículos 451 y 452 de la LECn).

Lo acuerda y firma S.Sª. Doy fe.

Firma del Juez   Firma del Secretario

7   Venta judicial del buque

- Solicitud de ampliación de la cantidad.
- Providencia judicial estimando la petición.
- Demanda interpuesta por otros acreedores.
- Auto judicial estimando el embargo preventivo del buque.
- Edicto anunciando la subasta del buque.
- Providencia señalando la fecha de subasta.
- Prueba pericial del buque.

Los procedimientos de venta del buque son aquellos que dan lugar a la venta del único bien existente que puede hacer frente a las responsabilidades salariales. En el caso que se ha trascrito se trata de un buque que se encuentra embargado por un astillero, el cual ejercita sus derechos en paralelo al marino abandonado, llegándose a un acuerdo por el importe de los derechos de ambas partes y adquiriendo por su crédito mas elevado el astillero el buque para su patrimonio (se aportan peritaciones del buque, identificación de créditos y todos aquellos elementos procesales habituales, como la fijación de la subasta, la cuantía de la puja, etc.). El resultado en este caso fue la adquisición por otro acreedor (astillero) que abonó la liquidación del marino.

JUZGADO DE PRIMERA INSTANCIA Nº 26 DE BARCELONA
EMBARGO PREVENTIVO DE BUQUE Nº 43/2001-2ª

AL JUZGADO

Dña. LORENA MORENO RUEDA, Procuradora de los Tribunales y de D. **DKHILI LOTFI**, cuyas demás circunstancias personales constan en el procedimiento de referencia, ante este Juzgado comparezco y como mejor proceda en Derecho **D I G O** :

PRIMERO.- Que en fecha febrero de 2.001, se dictó auto por este Juzgado en el cual se decretaba el embargo preventivo del buque "PRINCESS SUZANNE", por un monto de 1.362.000.- pesetas. Interponiéndose y siendo admitida demanda principal mediante auto de fecha 29 de marzo de 2.001, en procedimiento ordinario n °126/2001-3ª.

SEGUNDO.- Que en el embargo preventivo decretado y en la demanda principal se hizo mención a la deuda consistente en el abono de salarios al único tripulante de este buque, (mi representado), que desde ese momento el mismo ha seguido subsistiendo en el buque de referencia que como ya es sabido se encuentra en el Muelle de UNION NAVAL DE BARCELONA. Que desde la fecha los salario se han ido generando alcanzando un monto total desglosado de:

Marzo de 2.001 NOMINA..(1000$ Americanos)............190.000.- pesetas

Abril de 2.001 NOMINA..(1000$ Americanos)............190.000.- pesetas

Mayo de 2.001 NOMINA..(1000$ Americanos)............190.000.- pesetas

Junio de 2.001 NOMINA..(1000$ Americanos)..............190.000.- pesetas

TOTAL PARCIAL ....720.000.- Pesetas

Más 600$ americanos mensuales por estancia, parada, alimentación (por 4 meses)........2.400 $ Americanos ....456.000.- pesetas.

TOTAL ADEUDADO DE 1.176.000.- Pesetas, deuda líquida, vencida y exigible.

TERCERO.- Que al amparo de lo establecido en el artículo 610 y siguientes de la Ley de Enjuiciamiento Civil, esta parte solicita se proceda a la ampliación del embargo o reembargo del buque decretado con anterioridad para hacer frente a la cuantía de la nueva deuda líquida, vencida y exigible.

CUARTO.- Que esta parte respetuosamente entiende que procede la ampliación del embargo decretado por este Juzgado por la cuantía generada desde la fecha en la cual se decreto el mismo, al haber permanecido en su puesto de trabajo mi representado sin que se haya extinguido su contrato de forma alguna.

En virtud de lo expuesto,

AL JUZGADO SUPLICO: Que tenga por presentado este escrito con sus copias y tenga por hechas las manifestaciones en el contenidas procediendo de conformidad con lo solicitado.

En Barcelona a 1 de julio de 2.001

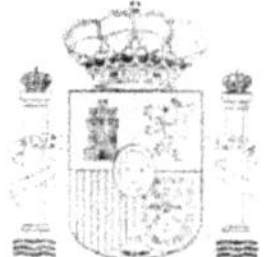

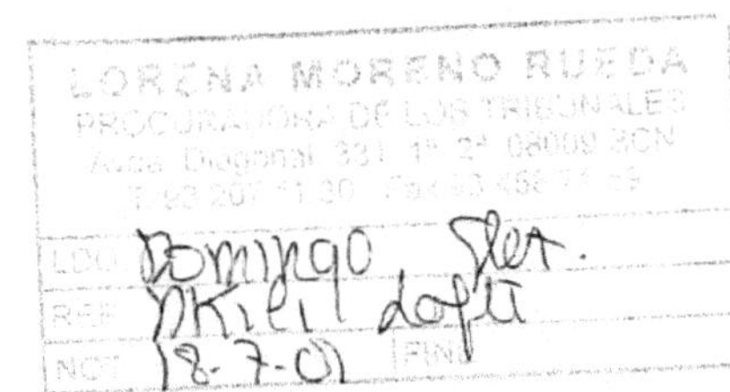

Juzgado Primera Instancia 26 Barcelona
Via Laietana, 10 bis.
Barcelona Barcelona

Procedimiento Embargo preventivo de buque 43/2001 Sección 2ª

Parte demandante   **DKHILI LOTFI**
Procurador   **LORENA MORENO RUEDA**
Parte demandada   **PETREFIN SHIPPING COMPANY-PETRELINE**

PROVIDENCIA
Magistrado Juez Fernando Carlos De Valdivia Gonzalez

En Barcelona, a trece de julio de dos mil uno

Por presentado el anterior escrito por la Procuradora Sra. LORENA MORENO RUEDA, únase a los autos de su razón. Y atendiendo a lo solicitado, se amplía la cuantía del embargo preventivo trabado sobre el buque "PRINCESS SAOUSSAN" en 1.176.000,- pesetas más, además del importe de los salarios que se vayan devengando y no se satisfagan. Líbrese oficio a la Capitanía Marítima de Barcelona comunicando tal circunstancia.

Asi lo acuerda, manda y firma S. S. Doy fe.

DÑA VICTORIA MORA LOMBARTE. secretario del

JUZGADO DE PRIMERA INSTANCIA
NUMERO VEINTIDOS
BARCELONA .... s_ ore *elleburclo Bug*
.... .e ha dictado ....que es
Autos 145/2001 iteral siguiente:

AUTO

En Barcelona a cinco de Marzo de dos mil uno.

 Por repartido a este Juzgado la anterior solicitud de Jurisdicción Voluntaria en negocios de comercio sobre embargo, reconocimiento y venta púlica en relación a buque que formula el Procurador Sr. Martinez Sanchez en representación de UNIÖN NAVAL BARCELONA S.A. con domicilio en Muelle de Catalunya s/n Barcelona , conforme es de ver en la escritura de poder que en debida forma acompaña , entendiendose con dicho causídico esta y las sucesivas actuaciones en la forma que la ley dice; formese con dicha solicitud y documentos acompañados autos que serán registrados en los libros y soporte informático de este Juzgado.

ANTECEDENTES DE HECHO

UNICO.- Ha sido turnado a este Juzgado solicitud de expediente de Jurisdicción Voluntaria en negocios de comercio que formula la promotora Unión Naval Barcelona S.A. representada por el Procurador Sr. Martinez Sanchez contra la demandada la sociedad armadora PETREFIN SHIPPING COMPANY-PETRELINE con domicilio en 2, rue Ibn El Aouam, El Menzah VI, Tunis, Tunisia, si bien se designa para entender las sucesivas actuaciones al Sr. Dkhili Lofti, de profesión Oficial de radio, representante de la demandada en este puerto. Fundamenta su pretensión Unión Naval Barcelona S.A. en el hecho de que en sus astilleros se halla el buque "Princess Saoussan" a fin de ser reparado conforme al presupuesto y contrato que se producen de documento nº 2 , que si bien en principio se pactó entre Unión Naval de Levante S.A. y Petrefin Shipping Company-Petreline, posteriormente se cedió a la ahora promotora Unión Naval Barcelona S.A. consintiendose por la armadora. A fecha de hoy no se han atendido a los costos por el mantenimiento del buque que ascienden a 365.677 dolares Usa hasta el 31-12-2000 según documento nº 4 que se acompañaba. Pasaba a relatar las diferentes incidencias ocurridas (abandono por el armador de sus obligaciones con el buque, la tripulación, el cosignatario, el puerto, renuncia del consignatario Iberica Maritima Barcelona S.A. con fecha 12-mayo 1999, intervención de las autoridades ante el armador, requerimiento de pago de fecha 20-10-2000, promesa de prestación de garantias por 530.000 dólares incumplidos e incluso procedimientos seguidos ante la Jurisdicción Social por impago al Oficial de radio según los documentos que se producian de 5 al 12. Tras alegar los fundamentos de derecho de aplicación al caso, terminaba suplicando que se admitiera a trámite la solicitud de embargo y venta judial del buque Princess Saoussan y con estimación de los fundamentos se acuerde el embargo del buque y se ordene la venta pública del mismo según el procedimiento del artículo 579 del Código de Comercio y normas ordinarias concordantes. Mediante otrosi señalaba al Oficial de radio Sr. Dkhili Lofti, como persona adecuada para emplazar a la deudora por encontrarse a bordo del buque Pricess Saoussan, y por segundo otrosí peticionaba la remoción del buque Pricess Saoussan fuera de las instalaciones del astillero y en lugar oportuno en el que habrá de designarse depositaria del buque. Se está al caso de pronunciarse sobre las pretensiones deducidas.

FUNDAMENTOS JURIDICOS

PRIMERO.- Deviene objetente objetiva y territorialmente este Juzgado porque se insta acción de embargo y venta en pública subasta de buque para responder de créditos marítimos privilegiados ante el Juez de Primera Instancia del lugar donde se halla atracado el buque cuya enagenación se pretende (ex art.52.1.1 de la Lec 1/2000 en relación con el art. 579.4 y disposiciones concordantes sobre ventas judiciales). La legitimación activa de la promotora Unión Naval Barcelona S.A. queda fuera de toda duda al provenir de reparar y equipar el buque (ex art. 580.8 dela LEC) La legitimación pasiva de al demandada Petrefin Shipping Company-Petreline deriva de su reconocida condición según los documentos que se acompañam de armadora del buque Princess Saoussan, condición de empresario marítimo que reconoce en las diversas negociaciones habidas con la promotora. Por ultimo son de aplicar los preceptos del Código de Comercio en relación con las normas de Jurisdicción Voluntaria que han quedado en vigor tras la entrada de la Ley 1/2000 (disposición derogatoria única 1/2000 que declara en vigor el Libro III de la Lec hasta que entre en vigencia la futura ley sobre Jurisdicción Voluntaria).

SEGUNDO.- Acredita la promotora Unión Naval Barcelona S.A. la existencia de crédito marítimo privilegiado que no le ha sido satisfecho pues ha procedido a mantenimiento en el astillero del buque para su reparación lo que ha dejado un saldo deudor de 365.677 dolares USA hasta el 31-12-2000 según relación que se acompaña con el documento nº 4. En tales supuestos se le faculta para que inste el embargo y la ulterior venta judicial en la forma prevenida en la ley (ex. art. 584 en relación con el 579de la Lec,) venta en pública subasta que se decretará con arreglo de las especiales precisiones del Código mercantil a cuyo efecto se tasan previo inventario el casco del buque, aparejos, pertrechos máquinas y demás objetos, facilitandose el conocimiento de tales diligencias a los que deseen interesarse en la subasta, dictándose auto por el que se ordene aquella por plazo no menor de 20 dias, verificandose la subasta el día señalado con las formalidades previstas en el derecho común, lo que remite a la nueva normativa de la Lec. Con el producto obtenido se hace pago de los créditos marítimos conforme con el orden de prelación que la ley establece (ex art. citados en relación al trámite establecido en el 2161 de la ley adjetiva) . Por consiguiente debe acogerse la pretensión de la promotora

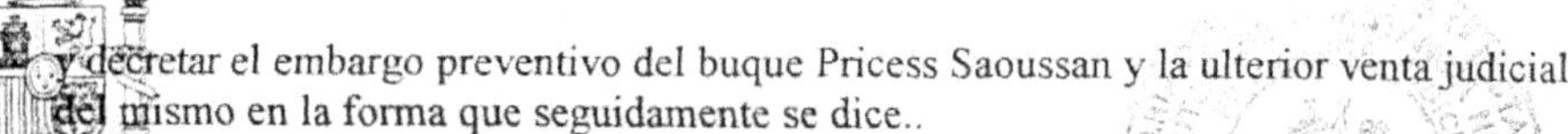

y decretar el embargo preventivo del buque Pricess Saoussan y la ulterior venta judicial del mismo en la forma que seguidamente se dice..

Vistos los artículos citados y demás de general y pertinente aplicación.

PARTE DISPOSITIVA

PRIMERO.- Se admite a trámite el expediente de Jurisdicción Voluntaria, negocio de comercio, que formula el Procurador de los Tribunales Sr. Martinez Sanchez en representación de Unión Naval Barcelona S.A.contra su deudora por créditos marítimos Petrefin Shipping Company-Petreline con domicilio de 2, rue Ibn El Aouam, El Menzah VI, Tunis, Tunisia, entendiendose las diligfencias que con ella deban practicase con la persona del Oficial de radio Sr. Dkhili Lofti que se haya domiciliado en el buque Pricess Saoussan atracado en los astilleros propiedad de Unión Naval Barcelona S.A. Muelle de Catalunya s/n de esta ciudad , entendiendose con dicho Oficial esta y las sucesivas diligencias en la forma que la ley ordena. Como domicilios alternativos se tiene por designado el indicado de Tunisia y el de Lugano que se señala a efecto de sucesivas actuaciones con la armadora Petrefin Shipping Company-Peteline.

SEGUNDO.- Se acuerda el embargo preventivo del buque Pricess Saoussan, atracado en las dependencias de Unión Naval Barcelona S.A. por la suma de 365.677 dolares USA. o su contravalor en pesetas (debe tal cantidad multiplicarse con el valor oficial del dolar) Consecuentemente se acuerda librar mandamiento a los funcionarios del SAC para que con traslado de esta notificación procedan a requerir a la persona del Oficial de radio Sr. Dkhili Lofti en el buque en cuestión a fin de que haga pago de la indicada suma de 365.677 dolares USA, y no haciendolo, procedase al embargo inmediato del buque antes dicho Princess Saoussan para cubrir las responsabilidades económicas perseguidas dandose cuenta del resultado de esa diligencia.

TERCERO- Fallido en su caso el requerimiento de pago, practicado el embargo preventivo a cuyo fin se librarán los oportunos despachos, déseme cuenta para acordar lo oportuno sobre venta en pública subasta del mismo según el procedimiento establecido establecido en el art. 579 del Código de Comercio y normas ordinarias concordantes .

Al otrosí y como ya se recoge en anteriores pronunciamientos, por significada la persona del Sr. Dkhili Lofti , Oficial de radio, para requerir a la deudora de pago a través de dicho representante en los astilleros de la promotora sitos en el Muelle Catalunya s/n de esta ciudad.
Al segundo otrosí se acuerda de conformidad y se ordena la remoción del buque Princess Saoussan fuera de las instalaciones del astillero, si bien y conforme a la nueva normativa de la Lec, deberá facilitar la promotora tras notificarsele esta resolución lugar adecuado para la remoción de dicho buque, compañia naviera que pudiera admitir el depósito o alternativamente organismos públicos que puedan hacerse cargo de él, significandole al

ejecutante que deberá afrontar los gastos que la remoción del buque origine sin perjuicio de la repercusión ulterior en las costas que puedan originarse debiendo significar a esta Juzgadora a quien designa como depositaria del buque.

Contra esta resolución que no es firme cabe interponer recurso de reposición en término de quinto día siguiente a su notificación.

Así por este Auto que no es firme, lo acuerda, manda y firma, **DOÑA MARIA DOLORES LAGUNAS GÜELL**, Magistrada del Juzgado de Primera Instancia nº 22 de esta ciudad, de lo que doy fe.

CONCUERDA bien y fielmente con su original al que me remito, para que conste expido el presente ....
....
....

En Barcelona, a 6/3/01

JUTJAE DE PRIMERA INSTANCIA
   NÚM: 22 DE BARCELONA

EMBARGO Y VENTA JUDICIAL DE BUQUE
145/01-4ª
UNIÓN NAVAL BARCELONA PROCURADOR ALFREDO MARTÍNEZ SÁNCHEZ
BUQUE DE BANDERA TUNECINA "PRINCESS SAOUSSAN"

PROVIDENCIA.-

MAGISTRADA JUEZ MARIA DOLORS LAGUNAS GÜELL
Barcelona, treinta de marzo de 2001

El anterior escrito de la Procuradora Sra. Moreno Rueda que lo es del Sr. Dkhili Lotfi a los autos de su razón y por vertidas las manifestaciones que en el mismo se contiene. Por manifestado la existencia del embargo cautelar decretado con anteioridad por el Juzgado de Primera Instancia n° 26 en fecha 20-2-2.001 en aseguramiento de crédito marítimosalarial por importe de 1.362.000.- ptas.; impulsando el procedimiento se acuerda: en primer lugar, requerir al promotor la mercantil Unión Naval Barcelona S.A. para que se pronuncie sobre la posible falta de representación del Sr. Lotfi en relación a la deudora Petrefin Shipping Company-Petreline , puesto que tambien es acreedor de la misma con lo que en principio puede producirse una contradicción de intereses lo que se salvaria comunicando el embargo decretado a la principal Petrefin Shipping Company Petreline ; en segundo lugar se requiere igualmente a Unión Naval Barcelona S.A. para que como se ordenó en el punto tercero de la parte dispositiva del fallo (2° otrosi), facilite lugar adecuado para la remoción del buque o alternativamente manifieste a este Jugado que seguirá anclado en las dependencias de Unión Naval Barcelona S.A.; en tercer y último lugar deberá inpetrar las diligencias conducentes para la venta del buque a cuyo efecto deberá designar el correspondiente perito para que evalúe el casco, aparejos, pertrechos, máquinas y demás objetos.

Nofiquese a los Procuradores Srs. Martinez Sanchez y Moreno Rueda enterándoles que contra la misma cabe recurso de reposición a interponer ante este Juzgado en término de quinto dia a su notificación.

Juzgado Primera Instancia 22 Barcelona
Via Laietana, 8-10
Barcelona Barcelona

Procedimiento Embargo preventivo 145/2001 Sección 4

Parte demandante   UNION NAVAL BARCELONA, S.A.
Procurador   Alfredo Martinez Sanchez
Parte demandada   BUQUE "PRINCESS SAOUSSAN"

LORENA MORENO RUEDA
PROCURADORA DE LOS TRIBUNALES
Avda. Diagonal, 331, 1º, 2ª 08009 BCN
T. 93 207 11 30 Fax 93 458 71 59
LDO. Domingo Gonzalez
lopti
NOT. 12-4-01   FINE

PROVIDENCIA
Magistrada Jueza Maria Dolors Lagunas Güell

En Barcelona, a siete de abril de dos mil uno

A la vista de la comparecencia que antecede se tiene por personado al procurador Moreno Rueda en nombre y representación de la demandada con el que se entenderán la presente y sucesivas actuaciones en la forma determinada legalmente. Dése traslado del escrito de fecha 20 de marzo de dicha representación a la parte actora. Una vez evacuados los requerimientos solicitados en resolución de fecha 30 de marzo se acordará lo procedente.

Así lo acuerda, manda y firma S. S. Doy fe.

Juzgado Primera Instancia 22 Barcelona
Via Laietana, 8-10
Barcelona Barcelona

Procedimiento Embargo preventivo 145/2001 Sección 4   a

Parte demandante   UNION NAVAL BARCELONA, S.A.
Procurador   Alfredo Martinez Sanchez
Parte demandada   BUQUE "PRINCESS SAOUSSAN"

CÉDULA DE NOTIFICACIÓN

En los autos de referencia, se ha dictado la resolución que por copia se acompaña.

Y para que sirva de notificación en forma a quien abajo se indica, extiendo y firmo la presente en Barcelona, a seis de marzo de dos mil uno.

La Secretaria

SE NOTIFICA A: Oficial de Radio Sr. Dkhili Lofti en el Buque "PRINCESS SAOUSSAN"   sito en las instalaciones de reparación del Muelle de Catalunya

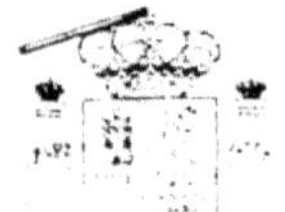

--Juzgado Primera Instancia 22 Barcelona
Via Laietana, 8-10
Barcelona Barcelona

Procedimiento: Embargo preventivo 145/2001. Sección 4

Parte demandante   UNION NAVAL BARCELONA, S.A.
Procurador   Alfredo Martinez Sanchez
Parte demandada   BUQUE "PRINCESS SAOUSSAN"
Procurador   Mª Dolores Moreno Rueda

EDICTO

Secretaria Victoria Pilar Mora Lombarte

HACE SABER:

Que en dicho Juzgado y con el núm. 145/2001 se tramita procedimiento de Embargo preventivo a instancia de UNION NAVAL BARCELONA, S.A. contra BUQUE "PRINCESS SAOUSSAN". sobre Embargo preventivo en el que por resolución de esta fecha conforme a lo prevenido en las disposiciones transitorias y derogatorias de la LEC 1/2000 en relación al artículo 2166 y concordantes de la LEC de 1881 vigente en materia de jurisdicción voluntaria y de acuerdo por remisión de la anterior norma procesal con los artículos 579 y concordantes del Código de Comercio se ha acordado sacar a pública subasta por primera vez y por el término de veinte días. el buque denominado "Princess Saoussan" que fue depositado en el negocio de la promotora del expediente Unión Naval Barcelona, S.A. por la armadora del mismo Petrefin Shipping Company-Petreline con domicilio en 2, rue Ibn El Aouam, El Menzah VI. Tunis, Tunisia, señalándose para que el acto del remate tenga lugar en la sala de audiencia de este Juzgado sita en Via Laietana núm. 8. segunda planta, el día **8 de octubre de 2001 a las 10 horas**, con las **siguientes condiciones**:

a) la **documentación sobre titularidad del buque** existente se halla a disposición de los licitadores en las oficinas de la promotora donde igualmente podrá ser examinado el indicado buque, sitas en el muelle de Catalunya sin número de Barcelona, don de se ubica Unión Naval Barcelona, S.A.

b) Las **cargas anteriores y preferentes** sobre el indicado buque **continuarán subsistentes** entendiéndose que el adjudicatario se subroga en ello y sin que pueda aplicarse a su extinción el precio que se obtenga. Significándose especialmente que por auto de fecha 20/2/2001 el Juzgado de Primera Instancia Núm. 26 de Barcelona acordó el embargo preventivo del buque por importe de 1.362.000 pesetas en interés de Dkhili Lofti.

c) Para tomar parte en la subasta los posibles licitadores deberán **depositar en la cuenta de depósitos y consignaciones** de este Juzgado abierta en el Banco de Bilbao Vizcaya S.A.

núm. 0555 0000 10 145 01 4, una cantidad igual al **20%** de la cantidad en que se ha justipreciado el buque;

d) Las posturas no podrán hacerse en calidad de ceder el remate a un tercero, salvo la que ofrezca la propia promotora Unión Naval Barcelonesa, S.A.

e) El buque ha sido **justipreciado** a efectos de subasta en la suma de **58 millones de pesetas** que sirve de tipo de salida, no admitiéndose posturas que no cubran las dos terceras partes de dicho avalúo.

f) Para el caso que resulte desierta la primera subasta la **segunda con rebaja de un 20% en el tipo** de salida del mismo buque para la que se señala el próximo **6 de noviembre de 2001** a la misma hora y en el mismo lugar, sin perjuicio de reiterar ulteriores subastas.

g) Para en su caso y si resultare desierta la segunda se señala la **tercera con rebaja del 20% del tipo** anteriormente señalado y se fija para el día **30 de noviembre 2001** a la misma hora y en el mismo lugar.

En Barcelona, a veinticinco de julio de 2001.

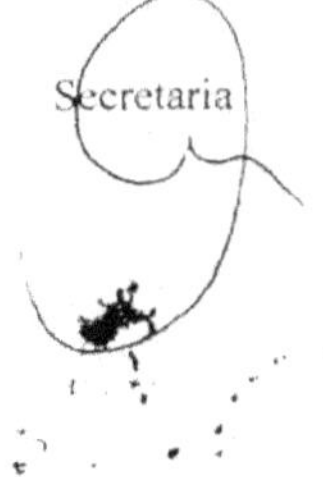

Juzgado Primera Instancia 22 Barcelona
Via Laietana, 8-10
Barcelona Barcelona

Procedimiento Embargo preventivo 145/2001 Sección 4

Parte demandante   UNION NAVAL BARCELONA, S.A.
Procurador   Alfredo Martinez Sanchez
Parte demandada   BUQUE "PRINCESS SAOUSSAN"
Procurador   Mª Dolores Moreno Rueda

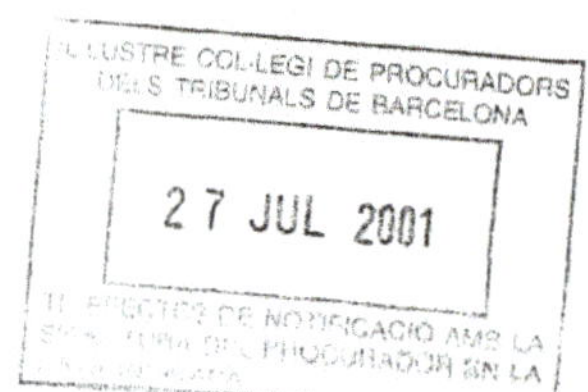

PROVIDENCIA
Magistrada Jueza Maria Dolors Lagunas Güell

En Barcelona, a veinticinco de julio de dos mil uno

El anterior escrito del procurador Maartínez Sánchez únase. Ordenando lo menesterel presente procedimiento de jurisdicción voluntaria de embargo y venta judicial de buque instado por el Procurador Sr.martínez Sánchez en representación de Unión Naval Barcelona, S.A., conforme a lo prevenido en las disposiciones transitorias y derogatorias de la LEC 1/2000 en relación al artículo 2166 y concordantes de la LEC de 1881 vigente en materia de jurisdicción voluntaria y de acuerdo por remisión de la anterior norma procesal con los artículos 579 y concordantes del Código de Comercio se acuerda:

1º.- Se saca a pública subasta el buque denominado "Princess Saoussan" que fue depositado en el negocio de la promotora del expediente Unión Naval Barcelona, S.A. por la armadora del mismo Petrefin Shipping Company-Petreline con domicilio en 2, rue Ibn El Aouam, El Menzah VI, Tunis, Tunisia, señalándose para la primera subasta el próximo día 8 de octubre de 2001 a las 10 horas de su mañana en la sala de audiencas de este Juzgado sita en Via Laietana núm.8, segunda planta, en que se celebrará la primera subasta con las siguientes condiciones: a) la documentación sobre titularidad del buque existente se halla a disposición de los licitadores en las oficinas de la promotora donde igualmente podrá ser examinado el indicado buque, sitas en el muellede Catalunya sin número de Barcelona, don de se ubica Unión Naval Barcelona, S.A.; b) Las acargas anteriores y preferentes sobre el indicado buque continuarán subsistentes entendiéndose que el adjudicatario se subroga en ello y sin que pueda aplicarse a su extinción el precio que se obtenga. Significándose especialmente que por auto de fecha 20/2/2001 el Juzgado de Primera Instancia Núm. 26 de Barcelona acordó el embargo preventivo del buque por importe de 1.362.000 pesetas en interés de Dkhili Lofti; c) Para tomar parte en la subasta los posibles licitadores deberán depositar en la cuenta de depósitos y consignaciones de este Juzgado una cantidad igual al 20% de la cantidad en que se ha justipreciado el buque; d) Las posturas no podrán hacerse en calidad de ceder el remate a un tercero, salvo la que ofrezca la propia promotora Unión Naval Barcelonesa, S.A. ; e) El buque ha sido justipreciado a efectos de subasta en la suma de 58 millones de pesetas que sirve de tipo de salida, no admitiéndose posturas que no cubran las dos terceras partes de dicho avalúo; f) Para el caso que resulte desierta la primera subasta la segunda con rebaja de un 20% en el tipo de salida del mismo buque para la que se señala el próximo 6 de noviembre de 2001 a la misma hora y en el mismo lugar. sin perjuicio de reiterar ulteriores subastas; g) Para en su caso y si resultare desierta la segunda se señala la tercera con rebaja del 20% del tipo anteriormente señalado y se fija para el día 30 de noviembre a la misma hora y en el mismo lugar. Publíquense edictos que se insertarán en el tablón de anuncios del Juzgado y se publicarán en el BOP a costa de la promotora sin perjuicio de repercutirlo ulteriormente en la tasación de costas que se efectúe. Dése la adecuada publicidad a la subasta mediante la exposición del edicto anunciándola en el tablón de la Comandancia Marítima librándose el oportuno oficio.

Notifíquese esta resolución a los procuradores comparecidos y trasládese al Juzgado de primera Instancia núm. 26 que tiene acordado el embargo preventivo sobre el indicado buque a los efectos oportunos.

Contra esta resolución cabe interponer recurso de reposición en el término del quinto día a su notificación.

Así lo acuerda, manda y firma S.Sª; doy fe.

Así lo acuerda, manda y firma S. S. Doy fe.

JDO. INST. 22 BCN
Autos nº 145/2001-4ª

AL JUZGADO DE PRIMERA INSTANCIA NUM. 22 DE BARCELONA

D. Alfredo Martinez Sanchez, Procurador de los Tribunales, en nombre y representación de la mercantil **UNION NAVAL BARCELONA S.A**, según tengo acreditado en los autos arriba mencionados, ante el Juzgado comparezco y como mejor proceda en Derecho, **DIGO**:

1.- Que por medio de Acta de Ratificación de fecha veintinueve de junio de dos mil uno se ha procedido a la ratificación pericial de PRONAME S.L afirmándose y ratificándose dicha empresa íntegramente en el contenido del informe presentado

2.- Que esta parte ha procedido al cumplimiento de lo ordenado tanto en Providencia de fecha 13 de Mayo de 2001 como de fecha 30 de Marzo de 2001.

3.- Que acompañamos como Doc. 1, los gastos ocasionados desde 1.01.2001 hasta la fecha de 30.6.01 que el buque "Princess Suzan" por su inmovilización ha producido en el puerto mas los correspondientes gastos legales.

4.- Que en estos momentos, tenemos constancia de cierto postor interesado en la subasta del buque y por ello solicitamos la convocación de dicha subasta sin mas dilaciones.

En virtud de lo cual

AL JUZGADO SUPLICO que tenga por presentado este escrito y su documento con las manifestaciones que señalo y admitiéndolo se acuerde otorgar al procedimiento el impulso que corresponda para efectos de la venta del buque en pública subasta según las reglas del Artículo 579 del Código de Comercio.

Por ser de Justicia que pido en Barcelona a 11 de Julio de 2001.

Ministerio de Fomento

Subsecretaria

CTRA. CIRCUNVALACION TRAMO
08040 BARCELONA
Tel.: 2235394
Fax : 2234612

Dirección General de la Marina Mercante

CAPITANIA MARITIMA - REGISTRO DE BUQUES
BARCELONA

Referencia.....: SIN-8055

                              JUZGADO DE 1ª INSTANCIA Nº 27
                              Via Laietana nº 8-10
                              08071 BARCELONA

ASUNTO   :   PROCEDIMIENTO EMBARGO PREVENTIVO Nº 145/2001 SECCION 4
             PARTE DEMANDANTE UNION NAVAL BARCELONA, S.A.
             PARTE DEMANDADA BUQUE "PRINCESS SAOUSSAN"

        En relación a su escrito de fecha 25.07.01 sobre el
"asunto" les informamos que, con esta misma fecha, se ha
procedido a su exposición en el tablón de anuncios de esta
Capitanía.

        Lo que les comunicamos para constancia en el expediente.

                        Barcelona a 3 de Agosto de 2001
                            EL CAPITAN MARITIMO

                        - Juan Aguilar Ponce de León -

Juzgado Primera Instancia 22 Barcelona
Via Laietana, 8-10
Barcelona

Procedimiento Embargo preventivo 145/2001 Sección 4

Parte demandante   **UNION NAVAL BARCELONA, S.A.**
Procurador   Alfredo Martinez Sanchez
Parte demandada   **BUQUE "PRINCESS SAOUSSAN"**
Procurador   Mª Dolores Moreno Rueda

PROVIDENCIA
Magistrada Jueza Maria Dolors Lagunas Güell

En Barcelona, a veinte de junio de dos mil uno

    Dada cuenta; y el anterior escrito presentado por el Procurador Sr. Martínez Sánchez, junto copia del escrito de fecha 28/5/2001, únase a los autos de su razón, y se tiene por cumplimentado el requerimiento efectuado, y dése traslado de la copia aportada y referida anteriormente a la parte contraria.

    Asimismo, se tiene por presentado informe de valoración aportado en fecha 28/5/2001 en este Juzgado, y se procede al nombramiento como perito tasador a PRONAME, S.L, citando a dicha empresa a fin de que se afirme y ratifique en el informe por ella emitido, señalándose para tal fin el próximo día 29 de junio de 2001 y hora 11.00 de su mañana. Líbrense los correspondientes despachos al SAC a fin de citar a dicha empresa.

    Así lo acuerda, manda y firma S. S. Doy fe.

Notificacion : 29.6.01
perito   11:00h.

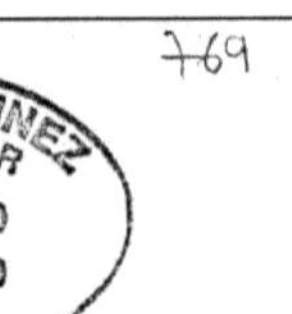

769

DTO . INST · 22
Autos nº 145/2001-4ª

28 MAY 2001

ES COPIA

AL JUZGADO DE PRIMERA INSTANCIA NUM. 22 DE BARCELONA

D. Alfredo Martínez Sánchez, Procurador de los Tribunales, en nombre y representación de la entidad mercantil **UNIÓN NAVAL BARCELONA, S.A.,** con domicilio en Muelle de Cataluña, s/n, Barcelona, según escritura de poder que en debida forma acompaño (Doc. 1) ante el Juzgado comparezco y como mejor en Derecho proceda, **D I G O:**

1. Que con fecha 24 de Mayo me fue notificada Providencia de 18 de Mayo, y que correspondiendo a lo ordenado en la misma procedo a proponer para perito tasador la persona jurídica siguiente:

   PRONAME, S.L.
   Oficina Técnica de Ingeniería Naval
   Passeig de Joan de Borbó, 80-84 Bajos,
   08039 – Barcelona
   Tel.: 93 221 79 54
   Fax: 93 221 63 17
   (atn.: D. Miguel Pardo Gil-Alberdi)

2. Que en cumplimiento con lo ordenado en tercer lugar por Providencia de 30 de Marzo, y según lo anunciado por escrito de mi representada de 19 de Abril, conviene a su derecho aportar al Juzgado el informe de valoración del buque realizado por PRONAME, S.L., a los efectos oportunos.

3. Que interesa al derecho de mi representada sea citada la empresa tasadora, PRONAME, S.L., a fin de que su ingeniero naval D. Miguel Pardo Gil-Alberdi se ratifique en el informe de valoración emitido y aportado.

En su virtud,

AL JUZGADO SUPLICO que teniendo por presentado este escrito con el documento anexo y sus copias en tiempo y forma, y con él por designado perito

1

tasador, acuerde nombrar perito tasador a la persona jurídica PRONAME, S.L., incorporar su informe de valoración a los autos, y citarle para aceptación del cargo y ratificación y, en su caso, aclaración de dicho informe, todo éllo con los pronunciamientos y por los trámites oportunos.

En Barcelona, a 25 de Mayo de 2001.

PRONAME, S.L.

OFICINA TECNICA DE INGENIERIA NAVAL
Passeig de Joan de Borbó, 80-84 Bajos.
Teléfono: 93-2217954
FAX: 93-2216317
08039 BARCELONA.

Informe y valoración del buque
"SAOUSSAN" ex. HANNIBAL.

Características:

IMO 733846

Tipo: ....Carguero.

Año de construcción:......1980

Bandera:........................Tunez

Constructor: .... SCHIFFSWERFT NEPTUN, ROSTOCK, GERMANY.

Dimensiones:

Eslora total:................................. 120,38 m.

Eslora entre perpendiculares:................ 113,11 m.

Manga:........ .... 17,69 m.

Puntal:........ .... 9,91 m.

Calado máx mo:................................. 7,85 m.

Reforzado para hielo

Peso muerto: Dead weight................. 7250 Toneladas.

Registro bruto :...............................5955 GT

4 Bodegas con 7 escotillas.

TEU 248 unidades.

Maquinaria propulsora 1 Motor diesel S.K.L.

de 5222 KW., 12 cilindros,

1 generador de 480 KW., 1 generador de 380 KW.,

Hélice de Paso controlable.

Hélice de maniobra a Proa.

PRONAME,S.L.

OFICINA TECNICA DE INGENIERIA NAVAL
Passeig de Joan de Borbó, 80-8 Bajos.
Teléfono: 93-2217954
FAX: 93-2216317
08039 BARCELONA.

Reconocimiento:

El buque se encuentra a flote en el Muelle de Catalunya del Puerto de Barcelona.

El 26.04.01 se procedió a efectuar visita de inspección, que se realizó acompañados por el único tripulante del buque.

Se recorrió la habitación, cubierta, cámara de motores y puente de gobierno.

El buque presenta un estado general de abandono.

Las bodegas están abiertas, las tapas de escotilla de la cubierta superior depositadas en el muelle.

Todo el equipo de cubierta (cabrestantes, grúas y molinete) presentan fuertes muestras de oxidación.

La habilitación: camarotes, salones y cocina así como su correspondiente mobiliario no presentan síntomas de especial deterioro, salvo producido por el abandono de más de dos años.

El motor propulsor de 12 cilindros tiene 3 trenes alternativos, camisas y culatas desmontadas, lo que supone que cuando se produjo el abandono se estaba trabajando en ellos. Por el aspecto que presenta tanto el equipo propulsor como el resto de equipos, motores auxiliares, compresores, bombas, etc. no se está efectuando ningún mantenimiento de los mismos, por lo que los efectos de corrosión y agarrotamiento debido a una larga inmovilización pueden ser importantes.

La estructura del casco y cubierta presentan importantes oxidaciones, sin embargo es muy posible que los espesores de las planchas y perfiles que forman la estructura se mantengan en límites aceptables. Pero requerirían un tratamiento a fondo de chorreado con arena y pintado.

La edad del buque es de 21 años, dado que la edad media probable de este tipo de buques se considera de 24 años lo que unido a la procedencia de los equipos, Alemania oriental, que supone una grave dificultad a la hora de encontrar recambios, así como el tipo de buque de concepción multipropósito (bodegas subdivididas horizontal y verticalmente, capacidad de carga de contenedores únicamente sobre cubierta principal, bodega frigorífica totalmente abandonada hacen que el buque pueda considerarse obsoleto.

PRONAME, S.L.

OFICINA TECNICA DE INGENIERIA NAVAL
Passeig de Joan de Borbó, 80-84 Bajos.
Teléfono: 93-2217954
FAX: 93-2216317
08039 BARCELONA.

Por otra parte por las circunstancias expuestas la reparación y puesta a punto del buque supondría un coste muy elevado y con evidente riesgo de complicaciones.

Consideramos pues que el valor del buque tal como está es el que corresponde a su desguace.

El desplazamiento ligero del buque (peso del buque vacío) es de 3900 toneladas.

En este momento y dada la situación del buque en el Mediterráneo occidental entendemos que podría obtenerse un precio situado en el Puerto de Barcelona de 58 millones de pesetas como máximo.

Este Perito manifiesta bajo promesa de decir, que en la elaboración de este dictamen ha actuado con la mayor objetividad posible, y se ha tomado en consideración tanto lo que pueda favorecer como lo que sea susceptible de causar perjuicio a cualquiera de las partes, conociendo las sanciones penales en las que puede incurrir si incumpliere su deber de Perito.

Miguel Pardo Gil-Alberdi

Ingeniero Naval

Colegiado N° 2193

Ref. Procurador: 01/0769

INSTANCIA N°. 22 BARCELONA
EMBARGO BUQUE (Secc.4ª) N. 145/01

A L   J U Z G A D O

        ALFREDO MARTINEZ SANCHEZ, Procurador de los Tribunales
y de UNION NAVAL BARCELONA S.A., según tengo acreditado en los
autos indicados, siendo contrario PRINCESS SAOUSSAN, ante el
Juzgado comparezco, y como mejor en Derecho proceda, D I G O:

        Que evacuando el requerimiento efectuado por ese
Juzgado, por providencia de fecha 28-5-2001, acompaño con el
presente COPIA del escrito presentado de fecha 25-5-2001, para
su traslado a la parte demandada, solicitando se tenga por
evacuado el requerimiento efectuado.

        Es por lo que,

        SUPLICO AL JUZGADO que, por presentado este escrito,
se digne admitirlo y, por hechas las anteriores
manifestaciones, acuerde de conformidad a lo solicitado en el
mismo.

        31 de Mayo de 2001.

8   Levantamiento del embargo

- Escrito manifestando haber llegado a un acuerdo judicial.
- Auto levantando el embargo del buque.
- Auto autorizando el remate del buque.

JUZGADO DE PRIMERA INSTANCIA Nº 26 DE BARCELONA

AUTOS Nº 126/2001-3ª

AL JUZGADO

Dña. LORENA MORENO RUEDA, Procuradora de los Tribunales y de D. DKHILI LOTFI, cuyas demás circunstancias personales constan en el procedimiento de referencia, ante este Juzgado comparezco y como mejor proceda en Derecho **D I G O :**

PRIMERO.- Que en fecha 9 de Octubre de 2.001, ha sido abonada a este por parte de UNION NAVAL BARCELONA S.A., la cantidad de 1.650.000.- pesetas, además de las minutas correspondientes a la representación y defensa letrada, por lo que por la presente cede su crédito frente a PETREFIN SHIPPING COMPANY PETRELINE a UNION NAVAL DE BARCELONA S.A..

SEGUNDA.- Por la presente manifiesto encontrarme totalmente saldado y finiquitado, dando por extinguida mi relación laboral con PETREFIN SHIPPING COMPANY PETRELINE, procediendo al abandono del buque. Por lo que desisto del presente procedimiento a los efectos legales oportunos.

En virtud de lo expuesto,

AL JUZGADO SUPLICO: Que tenga por presentado este escrito con sus copias y tenga por hechas las manifestaciones en el contenidas procediendo de conformidad con lo solicitado.

En Barcelona a 9 de Octubre de 2.001

1

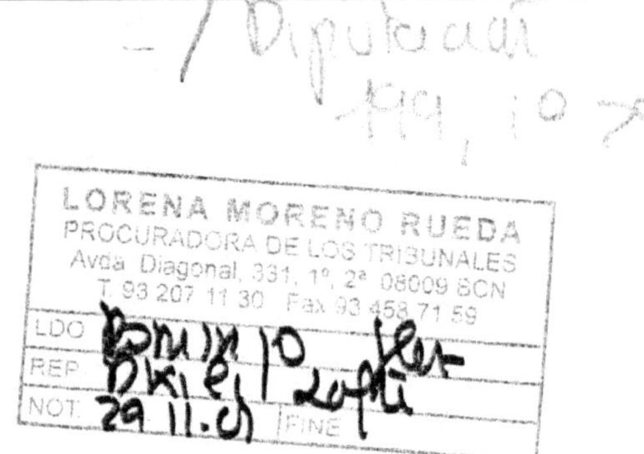

Juzgado Primera Instancia 26 Barcelona
Via Laietana, 10 bis, principal
Barcelona Barcelona

Procedimiento Embargo preventivo de buque 43/2001 Sección 2ª

Parte demandante   **DKHILI LOTFI**
Procurador   **LORENA MORENO RUEDA**
Parte demandada   **PETREFIN SHIPPING COMPANY-PETRELINE**

DILIGENCIA DE CONSTANCIA. Del Secretario Don ANTONIO CIDRAQUE ARIAS

En Barcelona, a veintitres de noviembre de dos mil uno.

Acredito por la presente que en virtud de los autos nº. 43/01 2ª, sobre embargo preventivo de buque, se presentó demanda de procedimiento ordinario que quedó registrada con el nº. 126/01 Secc. 3ª. Por la parte actora en el procedimiento ordinario se presentó escrito de desistimiento, dictándose el correspondiente auto de sobreseimiento y archivo, que por copia ha quedado unido a las presentes actuaciones. Doy fe.

PROVIDENCIA
Magistrada Juez Anna Mª. Pascual Vega

En Barcelona, a veintitres de noviembre de dos mil uno

Visto el contenido de la anterior diligencia, se alza el embargo trabado en su dia sobre el buque PRINCESS SAOUSSAN, lo que se participará a Capitanía Maritima de Barcelona, por medio de oficio.

Contra esta resolución cabe recurso de reposición en el plazo de cinco dias que se interpondrá por escrito ante este Juzgado.

Asi lo mando y firmo. Doy fe

La Magistrada Jueza   El Secretario Judicial

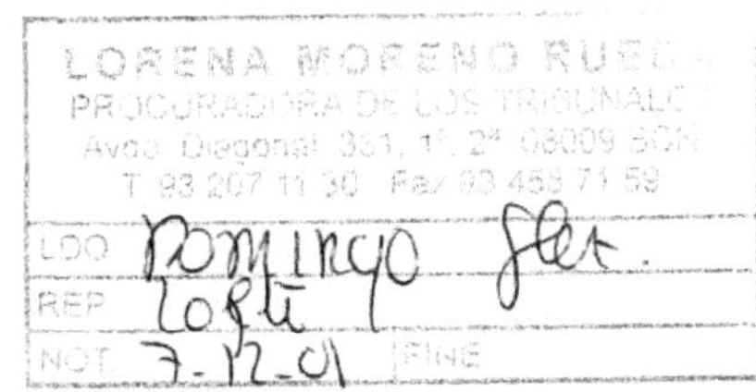

Juzgado Primera Instancia 22 Barcelona
Via Laietana, 8-10, 2a. planta

Procedimiento Embargo preventivo 145/2001 Sección 4

Parte demandante   UNION NAVAL BARCELONA, S.A.
Procurador   Alfredo Martinez Sanchez
Parte demandada   BUQUE "PRINCESS SAOUSSAN"
Procurador   Mª Dolores Moreno Rueda

AUTO

En Barcelona, a tres de diciembre de dos mil uno

HECHOS

PRIMERO.-   En este Juzgado se siguen autos nº 145/01-4ª de Jurisdicción Voluntaria, en negocios de comercio sobre embargo, reconocimiento y venta pública del buque de bandera tunezina " PRINCESS SAOUSSAN" instados por la promotora Unión Naval Barcelona, S.A., representada por el Procurador D. Alfredo Martínez Sánchez, contra la sociedad armadora PETREFIN SHIPPING COMPANY-PETRELINE con domicilio en 2, rue Ibn El Aouam, El Menzah VI, Tunis, Tunisia, por impago de créditos marítimos privilegiados que ascienden a la suma de 365.677 dólares USA o su contravalor en pesetas.

SEGUNDO.- Por Auto de fecha 5/03/01, se acordó tramitar el expediente conforme a lo previsto en el art. 2.161 LEC de 1.881, que quedava en vigor tras la entrada de la LEC 1/2000, en relación con el 579 del Código de Comercio y concordantes, procediendo al embargo y avalúo del buque, a efectos de subasta, en 58.000.000 de pesetas.

TERCERO.- Por resolución de 25/07/01, se acordó sacar el buque " PRINCESS SAOUSSAN " a subasta, señalándose los días 8 de octubre de 2001 por el precio de tasación de 58.000.000 ptas, para el caso de resultar desierta se señaló segunda subasta con rebaja del 20% del tipo de salida, y para el caso de resultar desierta esta segunda, se señaló tercera subasta con rebaja del 20% del tipo anteriormente señalado, para el día 30 de noviembre de 2001, con las demás condiciones fijadas, insertándose edictos en el tablón de anuncios del Juzgado, en el BOP y en la Comandancia Marítima.

CUARTO.- Declaradas desiertas, la primera y segunda subastas, el día señalado para tercera subasta, la promotora UNIÓN NAVAL BARCELONA, S.A. ofreció la postura de 25.000.000 ptas, con facultad de ceder el remate a tercero.

RAZONAMIENTOS JURÍDICOS

ÚNICO.-   Habiéndose celebrado las subastas con las formalidades fijadas y condiciones exigidas en los arts. 2.161 LEC, 579 C.Comercio y concordantes, y siendo la postura ofrecida, superior a las dos terceras partes del tipo de la tercera subasta, procede aprobar el remate, a favor de UNIÓN NAVAL BARCELONA, S.A., por la cuantía de 25.000.000 pesetas, a cuenta de su mayor crédito

Vistos los artículos citados y demás de pertienente aplicación.

PARTE DISPOSITIVA

SE APRUEBA a favor de *UNIÓN NAVAL BARCELONA, S.A.* el remate del buque " *PRINCESS SAOUSSAN* " por el precio de veinticinco millones de pesetas (25.000.000 ptas), a cuenta de su mayor crédito, con la facultad de ceder el remate a tercero, que deberá efectuar en el plazo de ocho días.

Así lo acuerda, manda y firma la *Ilma. Dña. Mª. ROCIO MONTES ROSADO/MAGISTRADA/JUEZ DEL JUZGADO DE PRIMERA INSTANCIA Nº 22 de Barcelona.* Doy fe.

9 Otros procedimientos

- Demanda de embargo preventivo del buque por salarios de tripulación.
- Auto estimando el embargo y decretando la fianza.
- Recurso de reposición para reducir o eliminar la fianza.
- Auto decretando negativamente.
- Sentencia de la Audiencia Provincial denegando la reducción.

En esta ocasión se da traslado de un caso que, a diferencia del primero, plantea una serie de dificultades que no pudieron ser salvadas:

1. Planteada la demanda de embargo preventivo de buque, se admite por el juez que fija una fianza del mismo importe que la cuantía reclamada por deuda salarial, cantidad inasequible para la obtención del resultado (el cobro de los salarios adeudados).

2. Ese criterio es mantenido por el juez de instancia y posteriormente por la Audiencia Provincial.

3. Los criterios en cuanto a los daños que puede provocar la adopción de la medida sin una garantía, que a entender del juzgador sea lo suficientemente amplia y que pueda cubrir las responsabilidades que se pudieran producir.

4. Demuestra de la misma forma que existe una colisión de derechos que debe ser valorada en función del texto legal pero que, a diferencia del caso anterior, se deben matizar y valorar derechos fundamentales.

AL JUZGADO

Dña. MARIA DEL CARMEN MARTINEZ DE SAS, Procuradora de los Tribunales, en nombre y representación de MUSTAFA KORKMAZ , MUSTAFA YILMAZ, ALI ALTAN, SAMET KOKTURK, MEHMET DEMIRBAS, RECEP KABAK, HAMZA ELBIR y HUSEYIN TUNCA, mayores de edad y tripulantes del barco BORA CILLIOGLU, de bandera TURCA, y de la misma nacionalidad, según acredito mediante copia auténtica de la escritura de poderes que debidamente bastanteados acompaño con el presente escrito, a fin de que se inserte en las actuaciones con devolución de aquélla, ante el Juzgado comparezco y como mejor en derecho proceda, DIGO:

Que por medio del presente escrito, interpongo DEMANDA DE EMBARGO PREVENTIVO DEL BUQUE BORA CILLIOGLU, de bandera Turca, que se halla atracado en el Muelle Adosado, 1.400 metros, del puerto de BARCELONA, dada la urgencia del caso, naturaleza de la deuda y especiales características del deudor, al amparo de lo previsto en la Ley 2/1967, de 8 abril, y el Convenio de Bruselas de mayo de 1.952, todo ello en base a los siguientes:

HECHOS

PRIMERO.- Mis representados son parte de la tripulación del buque BORA CILLIOGLU, de bandera Turca, que presuntamente y según declaración de los tripulantes pertenece al armador CILLIOGLU DENIZCILIK, cuyo domicilio social está sito en Estambul (Turquia), y no tiene domicilio conocido ni oficina abierta en territorio español.

SEGUNDO.- Mis poderdantes comenzaron a prestar servicios por cuenta y bajo la dependencia de la naviera ya referenciada en el buque BORA CILLIOGLU, desde las fechas y con las categorias que a continuación se señalan:

NOMBRE	CATEGORIA	ANTIGÜEDAD
MUSTAFA KORKMAZ	Marinero	25 meses
MUSTAFA YILMAZ	Engrasador	3 meses
ALI ALTAN	Engrasador	17 meses
SAMET KOKTURK	Engrasador	3 meses
MEHMET DEMIRBAS	Electricista	4 meses
RECEP KABAK	Cocinero	6 meses
HAMZA ELBIR	Camarero	6 meses
HUSEYIN TUNCA	Camerero	4 meses

TERCERO.- Que desde la expresada fecha de contratación se les adeuda las cantidades en dólares USA que a continuación se relacionan:

NOMBRE	SALARIO BASE	MESES ADEUDADOS	TOTAL	HORAS EXTRAS
MUSTAFA KORKMAZ	508.29	3 meses	1525	96X3.7= 355
MUSTAFA YILMAZ	568.26	3 meses	1705	96X4.2= 403
ALI ALTAN	508.29	4 meses	2033	128X3.7= 473
SAMET KOKTURK	508.29	3 meses	1525	96X3.7= 355
MEHMET DEMIRBAS	752.4	4 meses	3009	128X5.6= 716
RECEP KABAK	568.26	5 meses	2841	160X4.2= 672
HAMZA ELBIR	508.29	5 meses	2541	160X3.7= 592
HUSEYIN TUNCA	508.29	4 meses	2033	128X3.7= 473

TOTAL...(DOLARES USA).....................17.212.............4.039

TOTAL...(PESETAS)..................1.979.380.........464.485

Las cantidades adeudadas se han calculado atendiendo a la tabla de salarios mínimos homologada por la FEDERACION INTERNACIONAL DE TRANSPORTES (I.T.F.).

CUARTO.- Mis representados se encuentran en el puerto de Barcelona desde el 3 de marzo del presente año.
El carácter urgente de la presente demanda estriba en que el buque BORA CILLIOGLU puede efectuar su salida en cualquier momento, máxime cuando no se tienen noticias de que efectúe escala en otro puerto nacional.

A los anteriores hechos les son de aplicación los siguientes

FUNDAMENTOS DE DERECHO

I.- Competencia: a) Territorial.- Es competente ese Juzgado por entender del presente procedimiento de conformidad con lo establecido en el artículo 63, párrafo 12 de la Ley de Enjuiciamiento Civil.
b) Objetiva.- Según lo establecido en el artículo 1.397 y ss. de la precitada Ley.

II.- Procedimiento:- Habrá de seguirse lo dispuesto en los artículos 1.397 y ss. de la Ley de Enjuiciamiento Civil con referencia al embargo preventivo.

III.- Cuantía Litigiosa.- Las cantidades adeudadas a los trabajadores ascienden a la suma de 21.251 dólares Usa que al cambio en pesetas asciende a la cantidad de 2.443.865.- pts. (calculo estimado sobre 115 pesetas/dolar USA)

VI.- Legitimación.- Están legitimados activamente mis representados como acreedores de la suma reclamada y, pasivamente el buque BORA CILLIOGLU, según lo previsto en el artículo 1.400 de la Ley de Enjuiciamiento Civil.

V.- Fundamento de la acción ejercitada.- Tiene su base en el artículo primero de la Ley 2/67, de 8 de Abril (B.O.E. del día 11 del mismo mes), dictada en desarrollo del Convenio Internacional de Bruselas, de 10 de Mayo de 1.952, ratificado por Instrumento de la Jefatura del Estado de 11 de Septiembre de 1.953 (B.O.E. de 5 de Enero de 1.954):
a) Artículo 1º.- En el presente Convenio, las expresiones siguientes se emplean con las significaciones que a continuación se indican: 1.m) "Crédito marítimo" significa alegación de un derecho o de un crédito que tenga las causas siguientes: salarios del capitán, oficialidad o tripulación.
b) Artículo 2º.- Un buque que navegue bajo pabellón de uno de los Estados contratantes no podrá ser embargado dentro de la jurisdicción de un Estado contratante más que en virtud de un crédito marítimo.

VI.- Garantías.- Esta parte se comprometé a depositar la fianza que ese Juzgado exija de conformidad con el párrafo segundo del artículo primero de la Ley 2/67, de 8 de Abril.

VII.- Costas.- Deberán ser impuestas al demandado por aplicación del artículo 1.902 del Código Civil y concordantes de la Ley de Enjuiciamiento Civil.

VIII.- Ratificación.- En virtud de lo dispuesto en el artículo 1.411 de la Ley de Enjuiciamiento Civil, esta parte pedirá la ratificación del embargo preventivo en el Juicio declarativo que en su día se plantee.

Por todo lo expuesto,

SUPLICO AL JUZGADO: que teniendo por presentado este escrito, su copia y documentos que al mismo se acompañan, se sirva admitirlo, tenerme por parte en la representación que ostento, y por interpuesta DEMANDA DE EMBARGO PREVENTIVO contra el Buque BORA CILLIOGLU, seguir el procedimiento en todos sus trámites hasta acordar por Auto el embargo del citado buque por la cantidad de 2.443.865.- PESETAS, cuantía de la deuda, a la que habrá de añadir los intereses legales, más las costas.

OTROSI DIGO: Que a tenor del artículo 1.545, párrafo 4º, de la Ley de Enjuiciamiento Civil y puesto que el capitán no ha dado a la tripulación, tras habérselo pedido reiteradamente una copia firmada por él, de la contrata y de la liquidación de sus haberes tal como preceptúa el artículo 634 del Código de Comercio, interesa a esta parte que se obligue a ALAATTIN YILDIRIM, Capitán del Buque BORA CILLIOGLU o, en su defecto, a quien le sustituya en el mando del buque, o a cualquier otra persona facultada, a exhibir el Libro de Cuentas y se extraigan testimonio a su presencia de lo que resulte de sus asientos con respecto al crédito reclamado, equivaliendo ese a la certificación que el Capitán hubiere debido dar.

SEGUNDO OTROSI DIGO: Que se oficie a la Comandancia Militar de Marina u otra autoridad militar con competencia en el puerto de atraque, a fin de que teniendo conocimiento del embargo trabado, retenga la documentación del buque y tome las medidas oportunas para la efectiva paralización del mismo.

NUEVAMENTE SUPLICO AL' JUZGADO, que teniendo por hechas las anteriores manifestaciones provea conforme se interesa.

Barcelona, a 3 de mayo de 1993.

JDO. PRIMERA INSTANCIA Nº 49 BARCELONA

AUTOS EMBARGO BUQUE 376/93

A U T O.- En la ciudad de Barcelona a tres de Mayo de mil novecientos noven
ta y tres.

Dada cuenta de la anterior solicitud de embargo preventivo
con la copia auténtica de la escritura de poder y documentos acompañados; fórmense autos, en los que en la representación que acredita de -
Mustafa Korkmaz, Mustafa Yilmaz, Ali Altan, Samet Kokturk, Mehmet Demi
bas, Recep Kabak, Hamza Elbir y Huseyin Tunca, se tiene por comparecic
y parte a la Procurador Dª. María del Carmen Martínez Sas, con la que
se entenderán las sucesivas actuaciones, devolviéndole dicha copia auténtica una vez testimoniada en autos.

H E C H O S

ÚNICO.- Mediante el mencionado escrito, se solicita por
la Procurador Dª. María del Carmen Martínez Bas, en la mencionada re--
presentación, el despacho de embargo preventivo del buque " BORA CI---
LLIOGLU", de bandera turca propiedad de Cillioglu Denizcilik, en base
a que le fueron prestados por los actores determinados servicios, de -
los que existía un saldo de cuatro mil treinta y nueve (4.039) dólares USA correspondientes a la cantidad de cuatrocientas sesenta y cuatro mil cuatrocientas ochenta y cinco pesetas (464.485) pesetas, no
abonado por el propietario, y estando el citado buque atracado en el ·
muelle adosado de esta ciudad, después de alegal los fundamentos de d
recho que estimó aplicables, suplicó se dictara auto decretando el embargo preventivo de dicho buque para responder de la suma de dos mill
nes cuatrocientas cuarenta y tres mil ochocientas sesenta y cinco pes
tas (2.443.865 pesetas), más los intereses legales y costas derivado
del presente procedimiento y conceder el término de dos meses para ra
tificar dicho embargo preventivo, previa prestación del aval bancario
que en concepto de fianza estimara necesario el Juzgado.

R A Z O N A M I E N T O S   J U R Í D I C O S

ÚNICO.- Conforme determina la Ley de 8 de Abril de 1.96
sobre embargo preventivo de buques extranjeros por créditos marítimos

ctada para la efectividad en territorio español del Convenio de Bruselas -
10 de Mayo de 1.952, ratificado por España por Instrumento de 11 de Sep--
embre de 1.953, sobre unificación de reglas internacionales en aquella maria, y según su artículo 1º, para dictar tal medida precaucional de garan-
a bastará que se alegue el derecho o créditos reclamados y la causa que --
3 motiva, exigiendo en tal caso fianza en cantidad suficiente para respon-
r de los daños, perjuicios y costas que puedan ocasionarse; y como sea que
petición que se deduce se basa en el crédito marítimo a que se refiere el
tado Convenio de Bruselas, en su artículo 1º, apartado 1), letra m), que ca
fica de crédito marítimo los salarios del capitán, oficialidad o tripula--
ón; es vista la procedencia de decretar el embargo preventivo del buque --
BORA CILLIOGLU" perteneciente a " CILLIOGLU DENIZCILIK ", con el alcance y
nsecuencias determinadas en el artículo 1º, número 2) y artículo 3º, nú-
o 1) del expresado Convenio y la inmovilización del buque embargado, aun-
e esté dispuesto a hacerse a la mar, previa prestación de fianza para res-
nder de los daños, perjuicios y costas que puedan ocasionarse.

VISTOS, los artículos legales citados y demás de general y perti
nte aplicación.

P A R T E   D I S P O S I T I V A

A   C U E R D O: Decretar el embargo preventivo, con el --
cto y alcance señalados, del buque "BORA CILLIOGLU" , de bandera turca, en
idad suficiente a cubrir la suma de DOS MILLONES CUATROCIENTAS CUARENTA Y
S MIL OCHOCIENTAS SESENTA Y CINCO PESETAS (2.443.865 h.) en concepto de -
ncipal con más los intereses legales y costas que derive el procedimiento,
via prestación de fianza en la cuantía de QUINIENTAS MIL PESETAS (500.000
, en cualquiera de las formas establecidas en la Ley, excepto la personal,
una vez prestada y admitida, practíquese dicho embargo, sirviendo este pro-
do de mandamiento en forma al Agente Judicial del S.A.C. para que asistido
Secretario u Oficial de dicho Servicio se verifique y ello por hallarse -
ho buque surto en el puerto de esta Ciudad, notificándose la presente reso
ión al Capitán del expresado buque, con entrega de cédula y copias de la -
icitud y documentos acompañados y la prevención de que podrá levantarse --
embargo preventivo si paga o presta fianza o caución por la referida can-
ad de DOS MILLONES CUATROCIENTAS CUARENTA Y TRES MIL OCHOCIENTAS SESENTA Y
CO PESETAS (2.443.865 h.); asimismo diríjase oficio a la Comandancia Mili
de Marina de esta ciudad, para que inmovilice el buque mediante guardia -
cuada o por el medio que dicha Autoridad estime idóneo para impedir que el

3K1048896

.../...

buque se haga a la mar.

Al **PRIMER OTROSÍ**, se tienen por hechas las manifestaciones con
tenidas en el mismo y a tal fín requiérase al capitán del buque o persona
que le sustituya o persona facultada para la exhibición del libro de cuentas y en su presencia se extraiga testimonio de lo que resulte de sus ----
asientos con respecto al crédito reclamado para la equivalencia de dicho
testimonio a la certificación que el capitán hubiere debido dar.

Al **SEGUNDO OTROSÍ**, conforme viene acordado.

Contra esta resolución cabe interponer recurso de reposición
dentro del tercer día a partir de su notificación por escrito y ante este
Juzgado.

Así lo manda y firma el Iltmo. Sr. D. RICARDO GONZALO CONDE --
DÍEZ, Magistrado-Juez del Juzgado de Primera Instancia nº 49 de los de Bar
celona, de lo que, doy fe.

Jdo.1ª Instancia nº 49
de Barcelona
Autos embargo buque 376/93

AL JUZGADO

Dª Mª del CARMEN MARTINEZ DE SAS, Procuradora de los Tribunales
y de MUSTAFA KORKMAZ, MUSTAFA YILMAZ, ALI ALTAN, SAMET KOKTURK,
MEHMET DEMIRBAS, RECEP KABAK, HAMZA ELBIR y HUSEYIN TUNCA, en los
Autos arriba indicados, como mejor en derecho proceda, digo:

Que con fecha 7 de mayo de los corrientes esta parte ha sido
notificada del auto de fecha 3 de mayo, en el que se da lugar al
embargo preventivo del buque BORA CILLIOGLU previa prestación de
fianza en la cuantía de QUINIENTAS MIL PESETAS.

Esta parte, en plazo hábil y con arreglo a lo dispuesto en el
art. 380 de la Ley de Enjuiciamiento Civil, se ve obligada a
interponer RECURSO DE REPOSICION contra el referido auto, por
entender, dicho sea con todo respeto y en términos de defensa,
que se lesionan los derechos de mis representados.

Es ineludible acudir al cauce procesal del recurso, pues de este
modo el Juzgado tendrá los elementos de juicio precisos para
decidir si hay o no lugar al levantamiento de la fianza impuesta,
puesto que la misma es prohibitiva para sus recursos económicos,
lo que les coloca en situación de manifiesta indefensión.

Como disposición infringida y a los fines de este recurso, ha de
citarse el art. 1.402 de la Ley de Enjuiciamiento Civil, en
relación con los principios supralegales de igualdad ante la ley
y de tutela judicial efectiva, recogidos respectivamente en los
arts. 14 y 24.1 de la Constitución.

En el presente supuesto, esta parte no sólo muestra su
disconformidad con la cuantía de la fianza, sino también su misma
exigencia como condición para llevar a cabo el embargo preventivo
del buque. Mis representados se han visto obligados a solicitar
el embargo preventivo del buque por cuanto llevan meses sin
percibir su salario, careciendo en la actualidad de recursos
económicos, hasta el punto de haber requerido los demandantes
ayuda alimenticia de la Delegación Diocesana del Apostolado del
Mar, en adelante Stella Maris, dependiente del Arzobispado de
Barcelona. Llegados a este punto, hay que señalar que tanto esta
representación, como los letrados Domingo González y Christian
Morrón, actúan en el presente procedimiento de forma altruista
y desinteresada, dada su condición de colaboradores de Stella
Maris.

Dª. DEL CARMEN MARTÍNEZ DE SAS
Procuradora de los Tribunales
Muntaner,

3T9147514 5

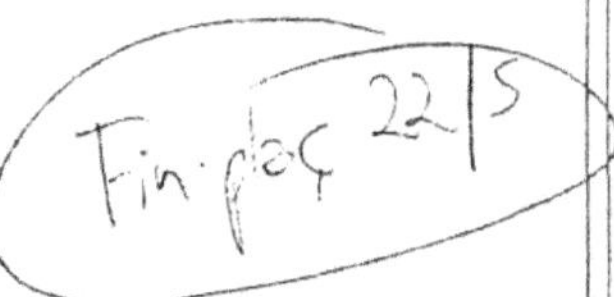

JUZGADO DE PRIMERA INSTANCIA Nº 49 DE BARCELONA

AUTOS 376/93

SECCIÓN CUARTA

A U T O.- En la ciudad de Barcelona a trece de Mayo de mil novecien
tos noventa y tres.

ANTECEDENTES DE HECHO

ÚNICO.- Que por el Procurador Dª. María del Carmen Martínez de Sas, se formula recurso de reposición contra el auto de fecha ---
tres de los corrientes notificado a la misma el pasado siete de los corrientes y por no encontrarla ajustada a derecho, quedando acto seguido
las actuaciones para resolver.

IL.TRE. COL. LEGI DE PROCURADORS
DELS TRIBUNALS DE BARCELONA

17 MAYO 1993

RAZONAMIENTOS JURÍDICOS

ÚNICO.- Habiéndose interpuesto en el presente expediente -
recurso de reposición conforme a lo dispuesto en el artículo 377 de la -
Ley de Enjuiciamiento Civil, contra el auto de fecha tres de los corrien
tes notificado a su vez en fecha siete de los corrientes, no ha lugar a
la reposición del auto recurrido pues la fianza es exigible por el Juez
cuando el actor careciere de solvencia conocida, tal y como ocurre en el
caso de autos; así siendo su finalidad el cubrir posibles daños y perjui
cios que se ocasionasen con tal medida cautelar, no procede su supresión,
habiéndose tenido en cuenta, en su día al fijarse el " cuantum " de la -
misma, las circunstancias personales y patrimoniales de los actores.

VISTOS ' los artículos legales citados y demás de general y
pertinente aplicación.

PARTE DISPOSITIVA

ACUERDO: Tener por interpuesto en tiempo y forma por la Pro
curador Dª. María del Carmen MArtínez de Sas, recurso de reposición contra el auto de fecha tres de los corrientes y en consecuencia desestimar

dicho recurso en atención al contenido en el razonamiento jurídico de la presente resolución y confirmando íntegramente en todas sus partes el auto dictado el pasdo día tres de los corrientes.

Contra esta resolución cabe interponer recurso de apelación dentro del término de cinco días a partir de la notificación de la misma y ante
este Juzgado.

Así lo acuerda y firma el Iltmo. Sr. D. RICARDO GONZALO CONDE --
DÍEZ, Magistrado-Juez del Jzugado de Primera Instancia nº 49 de los de Barce-
lona, de lo que, doy fe.
E/.-

                                                        Ante mí.-

Rollo 535/93-3ª

Audiencia Provincial
de Barcelona

SECCION QUINCE

A U T O

Ilmos. Sres. Magistrados: En Barcelona, a veintinueve de julio
D. JOSE R. FERRANDIZ GABRIEL   de mil novecientos noventa y tres.
D. RAFAEL GIMENO-BAYON COBOS
D. FCO. JAVIER BEJAR GARCIA   /

HECHOS

PRIMERO: Visto el recurso de apelación interpuesto por MEHMET
DEMIRBAS, ALI ALTAN, MUSTAFA KORMAZ, MUSTAFA YILMAZ, SAMET KORTURK, RECEP
KABAK, HAMZA ELBIR y HUSEYIN TUNCA contra el auto dictado el 13 de mayo de
1.993 por el Juzgado de 1ª Instancia nº 49 de esta ciudad en los autos de
Embargo Preventivo del Buque Bora Cillioglu seguidos ante el mismo con el
nº 376/93 a instancias de los mencionados demandantes, cuya parte dispositi
va dice: "Acuerdo: Tener por interpuesto en tiempo y forma por la Procuradora Dª María del Cármen Martínez de Sas, recurso de reposición contra el au
to de fecha tres de los corrientes y en consecuencia desestimar dicho recurso en atención al contenido en el razonamiento jurídico de la presente resolución y confirmando íntegramente en todas sus partes el auto dictado el pa
sado día tres de los corrientes.", siendo la parte dispositiva de éste del
tenor literal siguiente: "Acuerdo: Decretar el embargo preventivo, con el
efecto y alcance señalados, del buque "BORA CILLIOGLU", de bandera turca,
en cantidad suficiente, a cubrir la suma de DOS MILLONES CUATROCIENTAS CUAREN
TA Y TRES MIL OCHOCIENTAS SESENTA Y CINCO PESETAS (2.443.865,- Pt) en concepto de principal con más los intereses legales y costas que derive el procedimiento, previa prestación de fianza en la cuantía de QUINIENTAS MIL PESE-
TAS (500.000,- Pt), en cualquiera de las formas establecidas en la Ley, excep
to la personal, y una vez prestada y admitida, practíquese dicho embargo,
sirviendo este proveido de mandamiento en vorma al Agente Judicial del S.A.C.

para que asistido del Secretario u Oficial de dicho Servicio se verifique y
ello por hallarse dicho buque sito en el puerto de esta Ciudad, notificándose la presente resolución al Capitán del expresado buque, con entrega de cédula y copias de la solicitud y documentos acompañados y la prevención de que
podrá levantarse tal embargo preventivo si paga o presta fianza o caución por
la referida cantidad de DOS MILLONES CUATROCIENTAS CUARENTA Y TRES MIL OCHO-
CIENTAS SESENTA Y CINCO PESETAS. (2.443.865,- ₧.); asimismo diríjase oficio a la
Comandancia Militar de Marina de esta ciudad, para que inmovilice el buque mediante guardia adecuada o por el medio que dicha Autoridad estime idóneo para
impedir que el buque se haga a la mar.- Al PRIMER OTROSI, se tienen por hechas las manifestaciones contenidas en el mismo y a tal fín requiérase al capitán del buque o persona que le sustituya o persona facultada para la exhibición del libro de cuentas y en su presencia se extraiga testimonio de lo que
resulte de sus asientos con respecto al crédito reclamado para la equivalencia
de dicho testimonio a la certificación que el capitán hubiere debido dar.- Al
SEGUDO OTROSÍ, conforme viene acordado.".

     SEGUNDO: Comparecida en esta alzada la referida parte demandante
apelante, representada por la Procuradora Dª MARIA DEL CARMEN MARTINEZ DE
SAS y asistida del Letrado D. CHRISTIAN MORRON LINDL, se celebró la correspondiente vista el pasado día 22 de julio.

     Vistos, siendo Ponente el Ilmo. Sr. Magistrado D. FRANCISCO JA-
VIER BEJAR GARCIA.

RAZONAMIENTOS JURIDICOS

     PRIMERO: A instancias de ocho miembros de la tripulación de
que Bora Cillioglu, de bandera turca, que alegan ser titulares de créditos
salariales por importe total de 21.251 dólares U.S.A., aproximadamente equivalentes a 2.443.865,- ₧, el Juzgado de Primera Instancia número cuarenta y
nueve de Barcelona acordó por auto de tres de mayo pasado, confirmado en vía
de reposición por otro de trece del mismo mes, el embargo preventivo del referido buque previa prestación de fianza en la cuantía de quinientas mil pesetas en cualquiera de las formas establecidas en la Ley, excepto la personal, pronunciamiento contra el que se alzan en apelación los instantes de
la medida cautelar con fundamento en que, habida cuenta de su situación de
absoluta penuria económica, derivada precisamente de la falta de pago de
sus salarios, se encuentran imposibilitados de constituir fianza, por lo que,
de mantenerse en sus propios términos la resolución apelada, se vulnerarían
sus derechos constitucionales a la igualdad y a la tutela judicial efectiva,

recogidos en los artículos 14 y 24.1 de la Constitución.

SEGUNDO: La Ley 2/67, de ocho de abril, sobre embargo preventivo de buques extranjeros por créditos marítimos, establece en su artículo primero, párrafo segundo, que "el Juez exigirá en todo caso fianza en cantidad suficiente para responder de los daños, perjuicios y costas que puedan ocasionarse. Esta fianza podrá ser de cualquiera de las clases que reconoce el derecho, incluso el aval bancario"; la referida norma, de mayor rigor que la general contenida en el artículo 1.402 de la Ley de Enjuiciamiento Civil, no configura la fijación de contracautela como facultad del Juez, sino que impone con carácter necesario su exigencia y prestación como condición para la efectividad o mantenimiento del embargo preventivo; en el caso presente la cuantía de la fianza señalada es correcta, puesto que, si bien no cubre los daños que puede ocasionar la detención del buque embargado, asegura, conforme al criterio doctrinal más extendido, la indemnización de los que se produzcan, si los hubiere, hasta el momento en que el naviero tenga ocasión de obtener el levantamiento de la medida cautelar mediante la prestación de garantía o caución suficiente; incluso dicha cuantía es susceptible de ser calificada como baja o moderada, en cuanto equivale aproximadamente al veinte por ciento del importe del crédito reclamado, no habiendose dejado de ponderar en su determinación, según expresa el Sr. Juez a quo en el auto desestimatorio de la reposición, las circunstancias personales y patrimoniales alegadas por los demandantes de embargo.

TERCERO: Como ya se ha adelantado, alegan los recurrentes la vulneración por el auto apelado de los principios constitucionales de reconocimiento de los derechos a la igualdad y a la tutela judicial efectiva, contenidos en los artículos 14 y 24.1 de la Constituición; con la mejor doctrina entendemos que la aducida infracción no se ha producido, pues el artículo 14 de la Constitución no reconoce un incondicionado derecho a la igualdad, sino a no ser discriminado por razón de las propias circunstancias personales o sociales, entre las que ciertamente se halla la capacidad económica, entendiéndose que existe discriminación, según ha declarado el Tribunal Constitucional en Sentencias cuyo número excusa su cita, cuando la desigualdad de tratamiento legal sea injustificada por no ser razonable, ya que el artículo 14 no prohibe que el legislador contemple la necesidad o conveniencia de diferenciar situaciones distintas y de darles un tratamiento diverso cuando ello sea necesario para la efectividad de los valores que la Constitución consagra con el carácter de superiores del Ordenamiento; es cierto

que el artículo 24.1 de la Constitución reconoce el derecho a la tutela judicial efectiva, pero no sólo al demandante, sino también al demandado, y tal
principio encuentra adecuado reflejo en la regulación legal de las medidas
cautelares: con fundamento en un mero juicio de probabilidad sobre la procedencia de la acción ejercitada o ejercitable se priva al demandado, en determinada medida, de la libre disposición de sus bienes, para garantizar la
ejecución de la Sentencia definitiva, mas, a fin de que éste pueda resarcirse
de los perjuicios que le ocasionaría la cautela, de revelarse al fin infun-
dada la acción principal, se asegura la indemnización de éstos mediante la fijación de contracautela a cargo del instante de la medida cautelar; romper
este equilibrio y permitir que quien carece de capacidad económica suficiente
no preste contracautela, no teniendo, además, por hipótesis, la responsabilidad conocida a que se refiere el artículo 1402 de la Ley de Enjuiciamiento
Civil, vulneraría ciertamente el derecho a la tutela judicial efectiva del
demandado y se alejaría, por otra parte, de los principios propios del procedimiento civil, aproximándolo al penal sin justificación suficiente; es
así que se llega a la conclusión de que, dicho sea con la necesaria claridad,
no todos podrán ejercitar el derecho a la cautela, sino unicamente aquellos
que se hallen en condiciones de prestar la adecuada contracautela, desigualdad de trato que no infringe el principio de igualdad por tener justificación
razonable, según se ha expuesto; así lo ha declarado el Tribunal Constitucional en su Sentencia de 17 de diciembre de 1.987, referida a un supuesto en
que el instante de una medida de anotación preventiva de embargo tenía reconocido el beneficio de justicia gratuita, pese a lo que el Tribunal declaró
que no vulneraba los artículos 14 y 24 de la Constitución la resolución judicial que imponía una fianza de veinticinco millones de pesetas como contracautela; en virtud de lo expuesto procede desestimar el recurso en exámen
confirmar el auto apelado.

CUARTO: No ha lugar a especial pronunciamiento sobre costas.

PARTE DISPOSITIVA

LA SALA DIJO: Que, con desestimación del recurso de apelación interpuesto por la representación de MUSTAFA KORMAZ, MUSTAFA YILMAZ, ALI ALTAN,
SAMET KOKTURK, MEHMET DEMIRBAS, RECEP KABAK, HAMZA ELBIR y HUSEYIN TUNCA, debía confirmar y confirmaba el auto dictado en el procedimiento de embargo preventivo de que dimana el presente rollo por el Juzgado de Primera Instancia
número cuarenta y nueve de Barcelona el día trece de mayo del presente año,
denegatorio de la reposición del de tres del mismo mes, cuya parte dispositiva se ha transcrito anteriormente.

Asi por este auto lo acuerdan, mandan y firman los Ilmos. Sres.

Capítulo 4
Abandono de buques y tripulaciones

El abandono de un buque por la ruptura de las obligaciones de su propietario hacia el mismo y su consecuente repercusión para la gente de mar que se halle a bordo, representa hoy en día un grave problema para la comunidad marítima. Por ello, los organismos y las instituciones públicas y privadas estudian esta situación para prevenirla o, en todo caso, paliar al máximo sus efectos.

Según un estudio de la Bimco (Baltic International Maritime Council):

1. En el año 2005 había un total de 1.462.000 marinos mercantes en todo el mundo: 376.000 oficiales y más de un millón de subalternos (datos estimativos de la OIT).

2. La distribución de los marinos, según las regiones de procedencia, era ésta:

   - 40 % Extremo oriente (excepto Japón).
   - 25 % Países desarrollados (Norteamérica, Europa occidental, Japón y Australia).
   - 18 % Europa oriental y norte de Asia.
   - 9 % Oriente medio.
   - 15 % América Latina y África.

   Hoy en día, los países europeos palian la escasez de marinos con tripulantes no comunitarios. El porcentaje medio de marinos extranjeros en buques de pabellón de la UE es de un 40 %. En España, los obstáculos administrativos existentes para el enrolamiento de tripulantes no comunitarios dificultan a las empresas navieras esta solución, y tampoco representan ninguna ventaja para los marinos españoles. Mientras que en otros países europeos se utiliza con frecuencia el inglés como idioma de trabajo, en la mayoría de los buques españoles se emplea el castellano. Esto dificulta el enrole de tripulantes de otros países de la UE con mano de obra disponible (Polonia, Letonia, etc.). Esta situación ha propiciado en los últimos dos o tres años anteriores a 2008 la salida de buques del pabellón español hacia otros registros europeos como Madeira, Chipre o Malta, lo que supone una pérdida neta de empleos.[1]

3. Las previsiones para un plazo de cinco a diez años son las siguientes:

   – La mayor parte de los oficiales serán asiáticos.
   – La mayor parte de los subalternos procederán de países en vías de desarrollo.
   – Los sueldos entre tripulantes de distintas nacionalidades seguirán siendo muy distintos.
   – Se reducirán los períodos de embarque para los oficiales de todas las nacionalidades, pero no para los subalternos. Aumentarán los períodos de vacaciones para los oficiales de distintas nacionalidades, pero no para los subalternos. No se espera un incremento sustancial del número de mujeres como tripulantes.
   – Deberán mejorar las condiciones generales de embarque para poder reclutar el número de profesionales necesarios.
   – Aumentará el dinero destinado por las navieras para reclutar y formar a sus tripulaciones.

   Por otra parte, según datos de la ITF, en 2005, el coste salarial según los países seleccionados era el que se detalla en la tabla 4.1.[2]

4. En la actualidad, el 83 % de los marinos de todo el mundo provienen de países en vías de desarrollo y se prevé que este porcentaje aumentará en los próximos años.
5. Es previsible una mejora en las condiciones de contrato (sueldos y vacaciones) para los oficiales, pero no así para los subalternos, que representan un 67 % del total.
6. A igualdad de categoría profesional, hay una diferencia abismal entre los sueldos, en función del país de procedencia del marino. En los próximos años se espera que los sueldos sean equiparables entre los oficiales, pero no sucederá igual con los subalternos, de manera que una buena parte de los marinos seguirán cobrando sueldos miserables.

---

[1] *Problemática, consecuencias y posibles soluciones a la actual escasez de jóvenes profesionales,* Manuel Carlier, director general de la Asociación de Navieros Españoles (Anave).

[2] Fuente: *Precious Associates, from Drewry report,* «Ship Operating Costs Annual Review and Forecast, 2004-2005». Los salarios anteriores no tienen en cuenta las mejoras salariales de conformidad con los convenios de la ITF.

Según los convenios de la ITF, el sueldo más alto de un primer oficial fue de 12.800 dólares al mes, mientras que el sueldo más bajo fue de 2.150 dólares. El sueldo más alto de un marinero fue de 4.900 dólares al mes y el más bajo, de 370 dólares.

	Capitán		Marinero preferente	
	Graneleros	*Petroleros*	*Graneleros*	*Petroleros*
Reino Unido	9.300 - 11.000	11.000 - 5.800	3.500 - 4.200	4.200 - 4.900
Dinamarca	8.760 - 10.820	9.790 - 11.850	3.810 - 4.120	4.330 - 4.640
España	7.300 - 7.500	8.300 - 8.500	2.100 - 2.300	2.200 - 2.400
Paquistán	4.800 - 5.200	5.300 - 5.600	1.300 - 1.400	1.300 - 1.400
India	4.700 - 4.900	5.500 - 5.900	1.160 - 1.400	1.215 - 1.400
Croacia	5.000	6.000 - 8.000	1.300 - 1.400	1.300 - 1.400
Corea del Sur	4.500 - 5.000	5.500 - 6.500	1.400 - 1.700	1.700 - 2.300
Letonia	4.500 - 5.000	5.500 - 5.800	1.300 - 1.400	1.300 - 1.400
Rusia	4.500 - 4.800	5.000 - 5.500	1.300 - 1.400	1.350 - 1.450
Polonia	4.500 - 4.700	5.900 - 6.300	1.200 - 1.400	1.350 - 1.550
México	4.330 - 4.530	4.750 - 4.950	1.150 - 1.400	1.200 - 1.450
Montenegro	4.100 - 4.300	6.150 - 6.350	1.300 - 1.400	1.390 - 1.490
Egipto	3.880 - 4.080	4.490 - 4.690	1.400 - 1.450	1.400 - 1.450
Rumania	3.800 - 4.000	5.050 - 5.250	1.150 - 1.400	1.350 - 1.550
Filipinas	3.600 - 4.000	3.800 - 4.300	1.050 - 1.400	1.100 - 1.400
Ucrania	3.460 - 3.660	3.980 - 4.190	870 - 970	970 - 1.070
China	2.700 - 3.300	3.550 - 4.150	820 - 1.000	970 - 1.200
Birmania/Myanmar	2.150 - 2.350	2.550 - 2.750	370 - 420	450 - 500

Tabla 4.1. Coste de los salarios en 2005 (en dólares USA por mes de servicio) en diferentes países según datos de la ITF.

REGISTROS MÁS IMPORTANTES A 1 DE ENERO DE 2006, POR TONELAJE

	País	*Número de buques*
1	Panamá*	6.838
2	Liberia*	1.653
3	Bahamas*	1.631
4	Singapur	1.977
5	Grecia	1.491
6	Malta	1.220
7	Chipre*	992
8	Hong Kong	1.128
9	Islas Marshall*	853
	España (Registro especial de Canarias)	310

* Bandera de conveniencia.

Tabla 4.2. Registros de pabellón más importantes en el mundo, por tonelaje, según datos del año 2006. En ese año España no se encontraba entre las veinte principales flotas del mundo.

7. Las campañas continuarán siendo prolongadas y, por lo tanto, el marino permanecerá largo tiempo fuera del hogar. Esto, unido al fenómeno creciente de las tripulaciones multinacionales, supondrá un elevado índice de soledad para estos profesionales del mar.

8. De los 340 millones de toneladas que suman las diez banderas con más tonelaje mundial, 240 millones (un 70,5 %) corresponden a las llamadas *banderas de conveniencia*. Entre éstas, encontramos el mayor número de barcos con irregularidades, pese a que también hay compañías muy serias que enarbolan estas banderas.

1   Banderas de conveniencia

La expresión *bandera de conveniencia* o *pabellón de conveniencia* proviene de la traducción original anglosajona *flags of convenience ships,* que no siempre ha sido traducida a otros idiomas de la misma manera. Así, mientras que los franceses hablan de *pavillons de complaisence,* los alemanes se refieren a las banderas baratas, *billige flaggen,* y los italianos a *bandiera ombra.*

Esta denominación se refiere a los países que abren sus registros a buques que, o bien son propiedad de extranjeros, o bien están bajo su control, en condiciones tales que, cualquiera que sean los motivos, son convenientes y oportunas para quienes registran esos buques. De ahí que también se aluda al fenómeno utilizando otras expresiones: *sistemas* o *registros abiertos,* o *buques de libre matrícula.* Se entiende que se trata de países cuyos nacionales tienen poco o nulo interés y tradición en el tráfico naval y que los buques así registrados rara vez están sujetos a la jurisdicción del Estado de registro o atracan en sus puertos. Esto último, entre otros factores, hace dudar de la existencia de una relación auténtica. Generalmente, son registros de países en desarrollo, cuya capacidad para controlar o verificar la navegabilidad y la legalidad de su flota es muy limitada o inexistente. En ocasiones, se trata de Estados sin litoral (es el caso de Bolivia o Luxemburgo) e incluso sin ningún historial marítimo. Sus registros pueden ser administrados a miles de kilómetros de su propio territorio (como Liberia o Vanuatu), a veces en situaciones convulsas de descomposición interna. Cada nueva bandera de conveniencia, para promocionarse, debe ofertar tarifas lo más bajas posible que, por lo general, permiten obviar las normas de sanidad, seguridad y protección del medio ambiente, siendo precisamente esta libertad una de las principales ventajas ofrecidas por las banderas de conveniencia.

Se dice también que las banderas de conveniencia han experimentado una evolución que ha terminado imprimiéndoles una significación más específica: el registro de un buque, por razones fundamentalmente económicas, en un país con un registro abierto. En la actualidad, esta expresión se suele utilizar con un sentido peyorativo e indica que el propietario de un buque, por uno u otro motivo, no quiere establecer obligaciones mutuas con un Estado donde rigen condiciones estrictas de registro.

1.1 *Historia*

Por lo que respecta a su origen remoto, parece ser que los buques mercantes ingleses fueron los primeros en utilizar otro pabellón (el español) con la finalidad de eludir las restricciones impuestas por los españoles en el comercio con las Indias occidentales. Más tarde, en el siglo XVII, de nuevo los marineros ingleses adoptaron el pabellón francés para escapar a las limitaciones pesqueras impuestas por su país. Un uso semejante hicieron del pabellón noruego en el siglo XIX. Los marineros griegos, años después de haberse librado la guerra de independencia frente al Imperio otomano, también recurrieron a poner sus embarcaciones bajo el paraguas del pabellón de alguna potencia europea.

Sin embargo, la generalización de la figura de la bandera de conveniencia tiene lugar en el siglo XX, a principios de los años veinte, como lo ilustra en particular el episodio protagonizado en 1922 por dos cruceros de línea norteamericanos (el *Resolute* y el *Reliance*), que adoptaron el pabellón panameño para evitar la aplicación de las leyes de su país, que prohibían la venta de alcohol a bordo de los buques norteamericanos. Semejante prohibición proporcionó a Panamá en esa década un estímulo importante que abocó a la promulgación de una legislación marítima sumamente flexible y liberal, ideada precisamente para atraer y conceder la patente panameña de navegación a la flota de otros países. Resulta curioso observar como esto fue posible incluso con la ayuda del servicio consular norteamericano, que representaba los intereses panameños en los puertos donde Panamá no disponía de representación consular. Además, en la misma época, la compañía bananera United Fruit puso su flota mercante bajo el pabellón de Honduras.

Mientras tanto, la situación que se vivía en Europa entre las dos guerras mundiales llevó también a flotas registradas en países del continente europeo a cambiar de bandera y adoptar una más conveniente por diversos motivos. En 1935, los veinticinco buques que formaban la flota báltica *Esso*, que hasta entonces enarbolaban la bandera de la ciudad libre de Danzig, hicieron suya la bandera panameña. Durante la Guerra Civil Española, numerosos buques recurrieron de igual modo a la bandera del país centroamericano. Propietarios griegos colocaron también su flota bajo la bandera de Panamá a fin de ahorrarse los elevados costes de tripulación. Tras el estallido de la Segunda Guerra Mundial, el deseo de evitar la ley norteamericana en materia de neutralidad de 1939 (la *Neutrality Act*), que prohibía a los cargueros nacionales el comercio con cualquiera de los Estados beligerantes, hizo que el pabellón panameño experimentase un nuevo impulso, en muchos casos con la connivencia del gobierno del país, que de esa forma conseguía la protección de la flota norteamericana del pabellón panameño en caso de participación norteamericana en las hostilidades. Parece ser que los alemanes también recurrieron a buques de bandera panameña para aprovisionarse de combustible.

En los años de posguerra, hubo un creciente descontento con la bandera panameña debido a la preocupación por la estabilidad del gobierno y a las elevadas tasas consulares. En 1948, el gobierno de Liberia promulgó diversas leyes marítimas y empresariales que son en realidad una amalgama legislativa inspirada en la legislación norteamericana. Ello se debe a un antiguo secretario de Estado norteamericano, quien tras haber realizado negocios con el país africano vislumbró la posibilidad de desarrollar un registro de buques como complemento a sus actividades empresariales. Finalmente, la firma Stettinius Associates concertó un acuerdo con el gobierno liberiano para emplazar el registro de buques en Nueva York, ofreciendo un nivel de eficiencia y organización superior al panameño. Con posterioridad, otros países han decidido poner en pie legislaciones igualmente liberales para atraer hacia sus registros la flota de otros países, ofreciendo costes sensiblemente inferiores a los de sus países de origen y ventajas de diversa índole. Así, Vanuatu tiene establecido su registro en Nueva York y su legislación posee grandes similitudes con la liberiana.

Los ejemplos históricos antes mencionados ilustran algunas de las causas por las que se recurre a las banderas de conveniencia. En general, se aprecia en todos los casos la voluntad de propietarios o navieros de eludir las restricciones de diverso signo y las consecuencias desfavorables que para los buques derivan de lo que debería ser su conexión auténtica con un Estado determinado. Por otro lado, siempre sucede que sustraerse al pabellón de este Estado proporciona ventajas apreciables.

1.2   *Actualidad*

En esencia, cabe destacar que la inscripción de un buque en un registro de conveniencia es sumamente fácil de obtener, sin que sea obligatorio constituir una empresa en el país de registro, ni siquiera designar un representante. Y sirve, entre otros fines, para evitar las leyes y reglamentaciones que se aplican en los países desarrollados a la seguridad de la navegación y a la marina mercante; recurrir íntegramente a capitanes, oficiales y tripulación extranjeros en número inferior al que exigiría el tipo de buque, reduciendo así los costes salariales y de seguridad social respecto a la mano de obra necesaria para explotar los buques; obtener un ahorro considerable por no estar obligado el explotador del buque a soportar un gravamen sobre los fletes o beneficios obtenidos, quedando sujeto tan sólo al pago de derechos de registro y de tasas anuales en función del tonelaje del buque. Un informe del gobierno británico, el denominado *Informe Rochdale,* se ocupó de las banderas de conveniencia, y destacó como características principales, comunes a todas ellas, las siguientes:

a) El país de registro permite la propiedad y el control de sus buques mercantes por extranjeros.

b) El acceso al registro se lleva a cabo de manera sencilla. Un buque puede habitualmente ser registrado en cualquier oficina consular situada en el extranjero y, además, el posterior cambio de registro tampoco encuentra restricciones.

c) No se establecen impuestos locales sobre el ingreso proveniente de los buques o, si los hay, son bajos. Entre los cargos existentes están los de tarifa de registro y los de tarifa anual en función del tonelaje.

d) El Estado de registro es un país pequeño que no tiene exigencias nacionales para los buques registrados ni previsiblemente las tendrá, pero los ingresos procedentes o generados por el registro pueden tener un impacto sustancial en la renta nacional y en la balanza de pagos.

e) El manejo de los buques por los no nacionales se permite con toda libertad.

f) Finalmente, el Estado de registro abierto no dispone ni del poder ni de la estructura administrativa necesarios para imponer de forma efectiva cualquier reglamento o normativa internacional, ni tampoco tiene el deseo ni la capacidad para ejercer control alguno sobre las compañías navieras.

No obstante, en ocasiones se manejan otros criterios para calificar como bandera de conveniencia los pabellones otorgados por determinados Estados o en determinados territorios. Es lo que sucede, por ejemplo, con el Comité de Prácticas Aceptables de la ITF, que lucha contra aquellos armadores que, recurriendo a las banderas de conveniencia, tratan de obtener mayores beneficios económicos al cabo del año, reduciendo costes en detrimento de los salarios de la tripulación y del mantenimiento del buque. Dicho comité, en sus campañas contra este tipo de abanderamiento, ha identificado como países o territorios con banderas de conveniencia los veintinueve siguientes, teniendo en cuenta circunstancias tales como la ratificación de los convenios de la OIT, estadísticas de seguridad, el respeto de los derechos humanos y sindicales: Antigua y Barbuda, Aruba, Bahamas, Barbados, Belice, Bermuda, Bolivia, Birmania, Camboya, Guinea Ecuatorial, Islas Canarias, Islas Caimán, Islas Cook, Chipre, GIS (Registro internacional de Alemania), Gibraltar, Honduras, Líbano, Liberia, Luxemburgo, Malta, Islas Marshall, Mauricio, Antillas Holandesas, Panamá, San Vicente y las Granadinas, Sri Lanka, Tuvalu y Vanuatu.

La Comisión Internacional sobre la Navegación de la ITF (Icons), organización independiente de expertos establecida para investigar la seguridad de los buques, se ha ocupado de los problemas laborales en un informe titulado *Buques, esclavos y competencia.* La Icons sostiene que miles de marinos están en la práctica sujetos a una situación de esclavitud y viven con el temor de ser tirados por la borda si se quejan. En efecto, dicho informe revela que las tripulaciones de entre el 10 y 15 % de los buques del mundo trabajan en condiciones inseguras, con salarios escasos y aun inexistentes y sometidos a dietas de hambre, violaciones y malos tratos físicos. Tras un año de investigación, la comisión manifestó que la navegación deficiente sigue siendo el resultado de lo que se denomina el «velo de secreto sobre la propiedad de los buques y el apoyo que recibe de los propietarios de las cargas, que tratan de reducir sus gastos a costa de la mayor parte de las navieras de calidad».

La existencia de las banderas de conveniencia origina una situación extrajudicial de la navegación a escala mundial. Si el sometimiento de la navegación a reglas jurídicas es producto del principio de que la comunidad humana navegante en un buque está sometida a la ley del pabellón, incluso si el buque navega por alta mar, las banderas de conveniencia mantienen formalmente ese principio, pero lo vacían de contenido real, pues no existe control real y efectivo de los buques. Ello explica que las banderas de conveniencia constituyan un instrumento ideal para la empresa multinacional que trata de eludir la reglamentación estatal coercitiva y regular con entera libertad sus métodos de funcionamiento.

Sin embargo, el deficiente o inexistente control que el Estado de libre registro puede ejercer sobre los buques de su nacionalidad puede verse corregido por los controles que lleva a cabo el Estado del puerto. En efecto, ya vimos que la Convención de las Naciones Unidas sobre el Derecho del Mar (CNUDMar) exige a los Estados verificar que los buques que enarbolen su pabellón cumplan en todo lugar donde naveguen las reglas y estándares internacionales aplicables sobre protección y preservación del medio marino y que ello se materializa en una serie de obligaciones específicas para el Estado del pabellón. Sin embargo, la CNUDMar amplía las modalidades de control al imponer también algunas obligaciones al Estado del puerto y a los Estados ribereños.

En el primer caso, como manifestó el secretario general de la ONU, «sin dejar a un lado en ningún momento la obligación principal de los Estados del pabellón de asegurar el cumplimiento de las normas, el control por el Estado del puerto es una parte importante del mecanismo de seguridad y un arma eficaz que puede utilizarse contra los explotadores que no cumplan las normas. Una de las ventajas del control por el Estado del puerto es que las normas aplicables son las mismas en todo el mundo. El objetivo es asegurar un alto nivel de calidad con carácter universal y eliminar a aquellos que no cumplan con las normas». En efecto, el Estado del puerto –definido como aquel en cuyas instalaciones portuarias o instalaciones terminales costa afuera se encuentra voluntariamente un buque extranjero– está autorizado por la CNUDMar para emprender investigaciones respecto a dicho buque y a incoar procedimientos relativos a descargas realizadas en cualquier lugar no sometido a su jurisdicción, cuando esa descarga vulnere las reglas y los estándares internacionales y si se cumplen determinadas condiciones. El Estado del puerto puede, además, tomar medidas administrativas para impedir que zarpe un buque extranjero si comprueba que viola las reglas y los estándares internacionales sobre navegabilidad de los buques, amenazando con ocasionar daños al medio marino.

En segundo lugar, cualquier Estado ribereño puede iniciar procedimientos respecto a los buques extranjeros que se encuentren en sus puertos o instalaciones terminales costa afuera, o que incluso naveguen por su mar territorial o su zona económica exclusiva, cuando tales buques incumplan las leyes y los reglamentos de dicho Estado sobre protección del medio marino. La CNUDMar les autoriza a realizar inspecciones físicas, reclamar información sobre su identidad, su registro y las escalas realizadas, pudiendo incluso retener el buque. Desde un punto de vista espacial (el espacio físico por el que discurre la navegación), es indudable que el control ejercido por el Estado del puerto sobre los buques que pretenden acceder a puerto (derecho de paso inocente vertical o perpendicular) supone una limitación al principio de jurisdicción exclusiva del Estado del pabellón, admisible si se tiene en cuenta que los puertos forman parte de las aguas interiores y que, en éstas, la soberanía del Estado ribereño es plena y asimilable a la que ejerce en la superficie terrestre sujeta a sus competencias soberanas. Ello conlleva además el establecimiento de una diferenciación entre, por un lado, el derecho de paso inocente meramente lateral (o si se quiere, paralelo a las costas, sin pretensión del buque extranjero de penetrar en las aguas portuarias de otro Estado), que seguiría gobernado por los principios tradicionales del Derecho internacional público, y por otro, el derecho de paso inocente vertical (perpendicular por relación a la costa y ejercido por el buque extranjero para acceder a puerto de otro Estado o abandonarlo), cuyo régimen difiere del anterior al aceptarse esas potestades de control del Estado del puerto.

2 El mercado global de trabajadores del mar

El mayor costo operacional que existe para un armador es la tripulación, ya que no sólo debe pagar su salario, sino que también tiene que cubrir el costo de su alimentación, uniforme, transporte a su lugar de destino, alojamiento en hoteles mientras están en tránsito, visados para entrar en los diferentes países e impuestos de salida, dietas, traslados, consultas médicas… Sobre todo, en caso de accidente, debe correr con los gastos de repatriación, intervenciones médicas, medicamentos…; llegado el caso, también debe pagar los gastos del funeral, las indemnizaciones a la familia, los costos legales y de cualquier investigación oficial que se lleve a cabo.

Es también acertado pensar que la gente de mar, que permanece embarcada durante semanas sin divisar tierra, debe de sentirse sola, pero éste no es el peor fantasma con el que se enfrentan los marinos; la enfermedad en medio del océano es su mayor enemigo. Existen centros de diagnóstico telefónico, por radio o satélite, desde donde un galeno al otro lado del mundo trata junto al capitán o primer oficial de estudiar los síntomas y diagnosticar la enfermedad de algún miembro de la tripulación. Se han dado casos extremos, entre ellos el de un marino al que se diagnosticó malaria estando a bordo de una nave. El informe del capitán describía de una forma detallada todas las etapas de la enfermedad, y como los miembros de la tripulación trataban de hacer frente a la situación, e incluso de levantar la moral a su compañero. El diagnóstico se había comunicado por radio, y los síntomas que el personal médico de tierra describía se iban presentando acompañados de dolor, hasta el punto que el marino falleció.

Siguiendo con el informe que la Icons publicó en su libro *Ships, Slaves and Competition*, vemos como uno de los factores esenciales para reducir los costes operacionales se centra en extremar el ahorro de costes de la tripulación en todos los sentidos. Se cae en el error de no aceptar que una tripulación competente, descansada y motivada es la mejor baza para reducir los costos operacionales, ya que incrementarán la eficiencia y la seguridad de la nave, mientras se protege la inversión del armador en buques y equipos de mucho valor. Los líderes de la industria conocen este «secreto» y han tomado medidas en el asunto. No escatiman en costos.

Los operadores subestándares de la industria, por el contrario, destacan por su irresponsabilidad al no ofrecer a sus tripulaciones un trato, un salario y unas condiciones adecuadas. Lo cierto es que la calidad de la industria depende de la calidad y profesionalidad de las personas que operan y trabajan en ella. Es necesario, pues, proyectar una imagen de «carrera marítima», en vez de restar importancia al trabajo de los marinos y de tratarlos como si pertenecieran a una «casta» inferior.

2.1 Evolución

Hasta la década de los setenta, las principales naciones marítimas por excelencia eran Reino Unido, Noruega, Japón, Alemania, Grecia y EEUU. Los armadores vivían en esos países, abanderaban sus naves bajo las banderas de sus países, y contrataban a sus marinos y oficiales en el país de origen. Las condiciones, los salarios, la seguridad social, etc., eran aceptables y equiparables entre marinos de igual rango. Esto producía un gran número de tripulantes bien formados, lo que a su vez suponía una atracción hacia la carrera marítima, donde se auguraba un buen porvenir.

Sin embargo, la crisis del petróleo junto con la caída del mercado provocó una erosión en la industria. Los gobiernos de las distintas naciones no cooperaron con el clima económico y dejaron abandonado al armador, al cual, para hacer frente a las funestas condiciones económicas del momento, no le quedó otra alternativa que reducir costes.

Los abanderamientos bajo banderas de conveniencia aumentaron y un gran número de armadores encontraron en esto una solución que les permitía mantenerse económicamente «a flote». El segundo ahorro operacional consistió en contratar a tripulaciones que resultasen menos costosas, o negociar nuevos acuerdos con la tripulación existente, la cual no estaba amparada por los acuerdos, convenios y derechos que tenían en los otros registros. Esta estrategia logró una recuperación momentánea de la economía; sin embargo, de acuerdo con el informe de la Icons, el precio de esta recuperación fue la dislocación de los sistemas de reglamento, empleo y entrenamiento que habían dado a la industria una fuerza laboral que poco a poco incrementaba su calidad. El objetivo de alcanzar altos estándares a toda costa se abandonó. Ya no existía la necesidad ni la obligación de contratar a marinos nacionales para sus naves, por lo que la forma de contratar a la fuerza laboral cambió totalmente.

Hoy por hoy, casi dos tercios de la flota mundial están abanderados en países con registros abiertos, como Panamá. El mencionado informe declara que los armadores prefieren tripulación de determinadas nacionalidades para puestos concretos. Los principales países que aportan tripulación a escala global son: Filipinas, Indonesia, Turquía, China, India, Rusia, Japón, Grecia. Ucrania e Italia. Y en los últimos años, también Polonia y Estonia.

Las principales razones por las cuales la carrera marítima ya no resulta tan atractiva como antes son:

- La gran distancia existente desde los puertos modernos y las terminales de carga hasta las zonas urbanas, los lugares de ocio, comercio e interacción social.
- El aislamiento de la tripulación de su familia durante largos períodos de tiempo, incluyendo la falta de un acceso adecuado a las facilidades modernas de comunicación para muchos marinos.
- El aislamiento y sensación de soledad de la tripulación, debido al mayor número de nacionales con diferente cultura, lenguaje, comida e intereses sociales.
- La estancia cada vez menor de un buque en puerto, lo que sólo proporciona un tiempo mínimo para el descanso y el ocio.
- La fatiga por la reducción de la tripulación y de su competencia, que debe llevar a cabo un gran número de tareas, deberes e inspecciones, particularmente en el puerto.
- Endurecimiento de las condiciones de vida y trabajo a bordo.

Reducción de la autonomía y de la decisión de los capitanes y oficiales de a bordo debido al incremento de la dirección desde las oficinas centrales de los armadores u operadores de la nave. Y en el peor de los casos, a lo anterior se le unen los malos tratos que reciben los tripulantes. Todos estos factores han contribuido a que en los países desarrollados se tenga una imagen negativa de la industria marítima.

3 Problemas que se derivan de las condiciones de vida y trabajo a bordo de los buques mercantes

3.1 *La soledad*

El marino acusa la distancia del hogar, la ausencia de la familia, y echa en falta el afecto de aquellos a los que quiere, la relación de pareja con la esposa, el cariño de sus hijos…

Por eso la comunicación con la familia seguirá siendo un tema prioritario. Es cierto que la gran expansión de los teléfonos móviles hace esto más fácil aunque, por razones de precio, cobran un gran protagonismo las tarjetas telefónicas con tarifas reducidas. A la luz de las previsiones antes mencionadas, las largas separaciones de la familia seguirán siendo en los próximos años uno de los principales problemas para la mayor parte de los marinos y sus familias. Aparte del aislamiento a bordo, las causas principales por las que la soledad aumenta son las siguientes:

a) Tripulaciones reducidas, especialmente en barcos de cabotaje (seis o siete tripulantes).

b) Tripulaciones multinacionales. Los problemas de entendimiento lingüístico y cultural pueden ser causa de un aislamiento adicional.

c) La brevedad de las estancias en puerto que, a veces, impide al marino el acceso a tierra.

3.2   *La inseguridad laboral*

Muchos de los barcos que navegan son considerados «subestándar». Cumplen sólo con los mínimos exigidos por la normativa de las sociedades de clasificación y, tal vez, pasan inspecciones locales en los puertos, pero éstas no suelen ser rigurosas. Consecuencia de ello son los barcos que se parten en dos porque las planchas del fondo habían perdido su espesor original, o los puntales que caen sobre la cubierta y provocan accidentes porque su base estaba carcomida por el óxido. En otros casos, las cocinas y los sanitarios carecen de un mínimo de higiene, los frigoríficos no funcionan adecuadamente y los alimentos se estropean antes de tiempo.

Algunos barcos que presentan deficiencias en sus condiciones de seguridad son despachados de salida con el compromiso de hacer reparaciones en el próximo puerto. Otras veces, los certificados caducados son prolongados por los consulados de algunos países, sin someter al barco a la inspección necesaria.

El número de tripulantes es insuficiente, sobre todo cuando un barco entra y sale continuamente de puerto; al sumar las maniobras a las horas de trabajo normal, se sobrecarga de fatiga a la tripulación y ello se traduce en una merma de la seguridad.

En ocasiones, un tripulante enferma y requiere una intervención quirúrgica o bien un tiempo de reposo en tierra. Si su contrato es eventual, y sobre todo si proviene de países del Tercer Mundo, este incidente puede significar el fin del contrato y la vuelta a casa definitiva; ello significa que dejará de percibir su salario durante la enfermedad o convalecencia y además deberá costearse los servicios médicos.

Por otra parte, la mayoría de los países del mundo carecen de servicios de salvamento eficientes que, en caso de peligro, permitan un rescate rápido y seguro.

3.2.1   *La eventualidad*

La mayor parte de los marinos no tiene un contrato indefinido que asegure su puesto de trabajo, sino que, aunque vuelvan repetidas veces a la misma compañía e incluso al mismo barco, su contrato es siempre por una campaña. Cualquier reivindicación puede volverse contra ellos y significar no ser aceptados de nuevo en la compañía donde estaban o incluso en ninguna otra; ello se debe a la existencia de «listas negras».

3.2.2   *Las agencias intermediarias*

Las compañías suelen contratar a sus tripulantes (especialmente a los del Tercer Mundo) por medio de agencias intermediarias. Los contratos firmados ante estas agencias muchas veces no se corresponden con las condiciones que se dan a bordo del barco. También suelen hacerse acuerdos de palabra, y cuando se quiere reclamar algo no hay documentos en los que apoyarse.

Además, se pierde la relación entre empresa y trabajador.

4   El abandono de tripulantes

En el período comprendido entre 2001 y 2005, según datos de la ITF, de los 1.036 buques que fueron embargados en todo el mundo, 152 fueron abandonados:[3]

2001	*2002*	*2003*	*2004*	*2005*
38	44	30	21	19

Estos datos son objetivamente limitados, pues en ellos no se contemplan los casos que no entraran en la definición acordada de «... ruptura del vínculo entre el armador y la gente de mar». Destaca que las cifras de dos breves estudios en el mismo período en España superaran los cincuenta y dos casos y el mismo número en Francia (aunque en un período más amplio, 1995-2005).

---

[3] «Out of sight, out of mind», *Seafarers, fishers & human rights*, ITF, Londres, junio de 2006.

Las banderas que registraron más embargos fueron:

Banderas de los barcos a 1 de enero de 2005

	País	*Número de buques*
2	Panamá*	157
1	Malta*	167
4	Chipre*	145
3	Turquía	163
5	St. Vicente*	119

* Bandera de conveniencia.

Este fenómeno, muy frecuente en nuestros días, afecta a la seguridad personal: un armador, con problemas de solvencia, empieza por retrasar el pago de los sueldos de los tripulantes, después extiende sus deudas a provisionistas, consignatarios, organismos portuarios, etc., hasta que finalmente la autoridad pertinente le embarga el barco. Si no puede saldar sus deudas, lo abandona y, con él, a la tripulación, que a partir de ese instante queda a merced de la caridad de la gente del puerto en que se encuentre. La tripulación se aferra al barco, pues es su única garantía de poder cobrar todo o parte de lo que se le debe, pero no tiene dinero para alimentos ni combustible. El intento de repatriar a los tripulantes es una odisea que puede durar más de un año. La tripulación necesita un abogado que la represente y que interponga una demanda adicional de embargo en defensa de los sueldos que se le debe. En ocasiones, el juez pide una fianza que los tripulantes no pueden pagar y un sindicato, como la ITF, o una organización de acogida de marinos, como el Apostolado del Mar, asumen los gastos.

5   La contratación y las condiciones laborales

Existen formas fraudulentas de emplear a las tripulaciones a bordo de las naves. La Icons especifica en su informe del año 2000 que hay una tendencia a contratar fuerza laboral barata, lo que se conoce con el término inglés *passport holders*. Estos marinos y oficiales son contratados para servicios a bordo de naves y de pesqueros por medio de fuentes ilegítimas en vez de utilizar los canales marítimos usuales. Es decir, los tripulantes abandonan sus países «disfrazados» de turistas, no tienen ningún entrenamiento y «burlan» las barreras de los mecanismos normales de empleo. No se someten a una inspección médica ni reciben el entrenamiento adecuado para trabajar a bordo. Este *modus operandi* provoca en muchos casos la «compra» ilegal de certificados de competencia y propicia la explotación y el abuso de poder de los altos cargos, además de generar una competencia desleal que reduce las oportunidades genuinas de empleo para quienes están adecuadamente preparados y han obtenido sus documentos y diplomas de una forma oficial y legítima.

Otra queja que llegó a conocimiento de la Icons es la clara evidencia de la violación de la convención número 179 de la OIT. Es decir, la práctica que obliga a los marinos y oficiales contratados a pagar comisiones a determinados agentes de la tripulación para obtener un empleo a bordo. El salario de un mes, o a veces más, suele ser el precio estipulado para tal fin. La Icons especifica que estas comisiones se aplican a la gente de mar que proviene de remotos lugares del planeta, que posee escasos recursos y poca educación; son ellos quienes sufren los abusos, debido a la vulnerabilidad en la que se encuentran.

Otra preocupación que existe entre la gente de mar es la práctica, principalmente en Asia, de inscribir en «listas negras» a aquellos marinos que contactan con los sindicatos para denunciar los malos tratos que reciben por parte de un armador o empleador. Los nombres de los «culpables» son conocidos por todos los que trabajan en el sector, de forma que les resulta imposible encontrar de nuevo un empleo a bordo de cualquier nave.

Algunas de las principales formas de abuso son las siguientes:

— Largas horas de trabajo.
— Abuso de los derechos humanos: vejaciones físicas, sexuales y otros atentados contra la integridad personal.
— Choques culturales.
— Ausencia de tratamiento médico adecuado.
— Acomodación subestándar.
— Alimentación deficiente e inaceptable.
— Abuso mental producido por el aislamiento, la insensibilidad cultural y la falta de lugares comunes para la interacción social.
— Condiciones de trabajo opresivas e inseguras.

El incumplimiento de pago de los salarios, las demoras en la entrega de dinero a las familias, y las situaciones en que la tripulación se encuentra abandonada engrosan la lista de abusos cometidos contra estos trabajadores del mar. En algunos casos, las tripulaciones son abandonadas durante meses e incluso años, y son las naves que arriban a puerto, las asociaciones de caridad y los sindicatos quienes acuden en su auxilio. La industria de los cruceros también es criticada en el informe de la Icons; se pone de manifiesto las largas jornadas laborales, los pésimos salarios y la discriminación racial. Sin embargo, debido a la naturaleza del mercado, la tripulación suele tener un estándar superior de entrenamiento, sobre todo si se trata de cruceros que visitan los puertos de EEUU y los pasajeros son ciudadanos norteamericanos.

PROPUESTA DE PROTOCOLO DE ACTUACIÓN EN EL CASO DE ABANDONO DE BUQUES

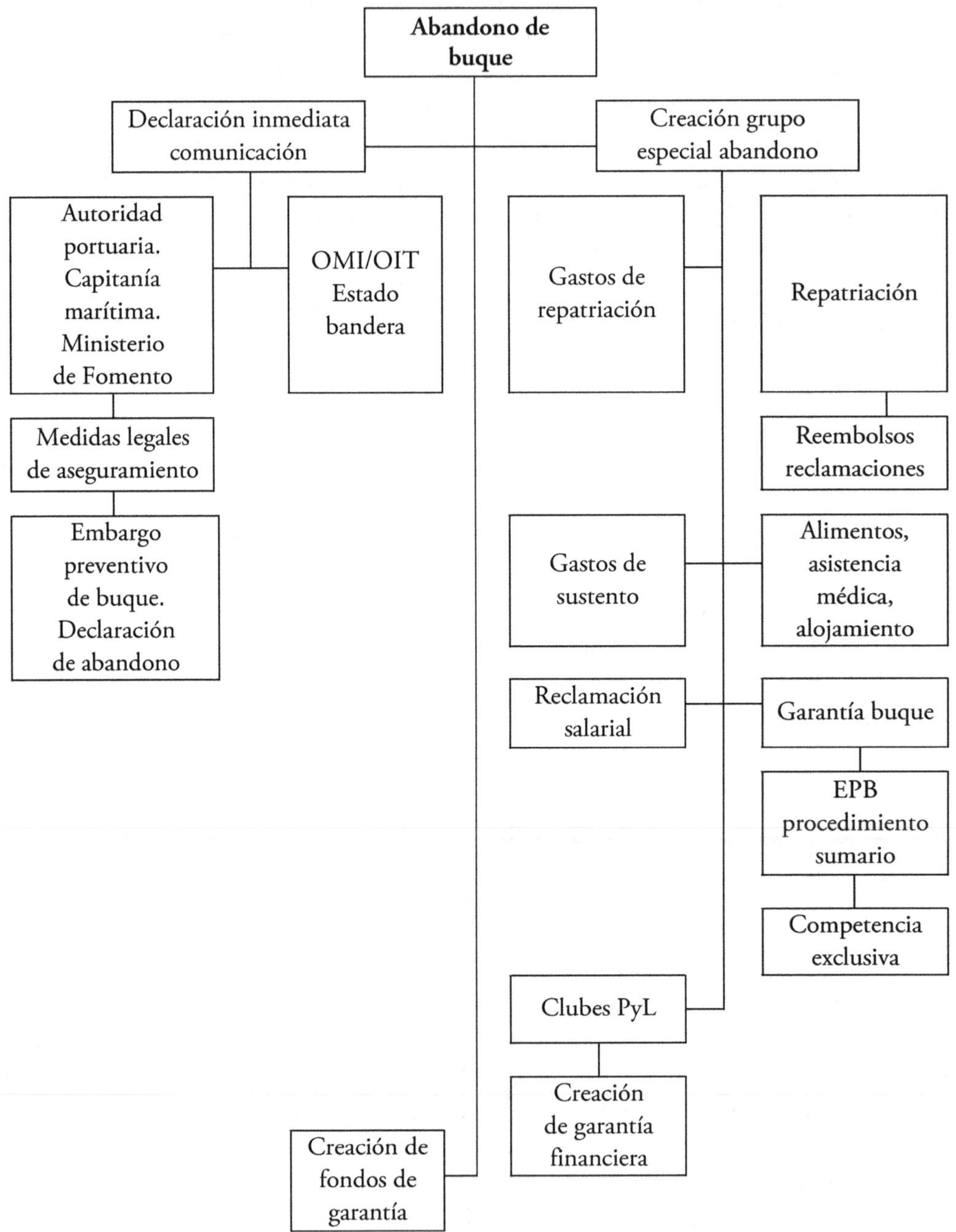

Tabla 4.3. Propuesta elaborada desde las organizaciones no gubernamentales asociadas a la ICMA (Asociación Internacional Marítimo Cristiana, International Christian Maritime Association), que fue debatida como documento de trabajo en las discusiones del Convenio de Marina Mercante de 2006, en la sede de la OIT.

Quizá los que reciben las peores críticas sean los pesqueros. Esta industria no se halla regulada como los cargueros, petroleros, cruceros, etc., por lo que los pesqueros representan un problema en cuanto a la seguridad de la vida a bordo, la contaminación del medio ambiente, el abuso a la tripulación, etc. El informe señala como práctica común el cambio continuo de banderas y registro de los pesqueros, que se escudan en banderas de registros abiertos y «de poca reputación» para llevar a cabo pesca no regulada y a veces incluso ilegal. El informe de la Icons denuncia la ausencia de convenciones globales sobre la seguridad y los requisitos de la tripulación de los pesqueros, así como la falta de ejecución de instrumentos de la OIT en condiciones laborales. En parte, el informe señala que la industria pesquera no está bien representada ni en la OMI ni en la OIT.

Se calcula que un total de quince millones de personas trabajan a bordo de barcos pesqueros, de los cuales el 90 % trabajan en naves de menos de 24 metros de eslora. La mayoría están empleados sin contrato, de una forma casual, y no tienen derecho a protección legislativa. El contenido del informe denuncia una larga serie de irregularidades que se viven actualmente a bordo de estos pesqueros; con él se pretende llamar la atención de las autoridades pertinentes para que pongan en marcha un mecanismo legal que garantice la mejora de las condiciones laborales y de seguridad de esta gente de mar. No obstante lo dicho, quizá los pesqueros sean las embarcaciones más «protegidas», ya que la mayoría tiene un tonelaje por debajo de los parámetros que cubren las convenciones internacionales; por lo tanto, sus tripulaciones no pueden exigir mucho, ya que no tienen base alguna para hacerlo.

6   Principales casos en puertos españoles

La incidencia en España de la problemática de abandono de buques se fundamenta en tres características que ahondan en lo ya reseñado:

a) Problemática en todos los puertos del Estado, con especial incidencia en las zonas con mayor tráfico marítimo.

b) Afectación a tripulaciones multinacionales de países del Tercer Mundo.

c) En comparación con el país vecino, Francia, se aprecia una similitud en la problemática y tipología.

BUQUES ABANDONADOS EN PUERTOS ESPAÑOLES (2000-2005)

Puerto/buque	T/A	B/A	Proceso judicial	Año/Bandera	Armador
A coruña					
Agios Dimitrios VII	Sí	Sí	Se hundió posteriormente en Turquía	2000-Panamá	
Sunny Jean (13)	Sí	Sí	Reclamación salarial-lista negra (marinos rusos)	2005-Belice IMO 7347407	
Algeciras					
Nikolaos	Sí	No	Abandono temporal	2003-Panamá	Republic House Fuels, Ltd.
Ella-l	Sí	Sí	Abandono en zona portuaria	2003-Panamá	Republic House Fuels, Ltd.
Concel pride	Sí	Sí	Abandonado	2005-Nigeria	Concel Enginneering, Ltd. (Lagos), antes Curenye/ Giray/Fujitsuki Maru
Avilés					
Greenland	Sí	Sí	Abandono, repatriación	2005/06-Antigua y Barbuda IMO 7015286	SA, Shipping (Rusia)
Barcelona					
Seawind Crown	Sí	Sí	Abandono-embargo-quiebra-adjudicación (1.º INS. 42 BCN)	2000-Panamá	Maritime Europenne SA, - Premier Cruises Line – Aut. Portuaria de Barcelona
Eurolink	Sí	Sí	Abandono-embargo y subasta	2001-Panamá IMO 7405091	Sigma Maritime, Inc. Eurolink - Night Flare Navigation, SA
Princess Sosussanne	Sí	Sí	Abandono-embargo-quiebra-adjudicación	2001-Túnez	
Ira	Sí	Sí	Abandono-embargo y subasta J. 1º INS. 55 BCN	2002-Nigeria IMO 7027241	Continental Maritime CO SA Pireus - Autoridad Portuaria de Barcelona
European Stars	No	No	Paralización causas comerciales	2002-Italia IMO 9210153	Festival Shipping & Tourist Enterprises, Ltd.
Claudia Tarder	Sí	Sí	Abandono	2004-Antigua y Barbuda IMO 8223098	Arpa Shipping BU (Holanda)
Bilbao					
Kenay	Sí (13)	Sí	Embargo y subasta Juzgado social n.º 6 Bilbao	2000-Panamá	
Dreamy	Sí (8)	Sí	Suspensión pagos y quiebra	2000	Naviera Peninsular, SA
Biga	Sí (10)	Sí	Suspensión de pagos y quiebra	2000-España	Naviera Peninsular, SA

Cádiz					
Feeder V	Sí (12)	No	Asistencia sanitaria y suministros	2000	
Mati	Sí (10)	No	Asistencia laboral y sanitaria	2001	
Cartagena					
Abdelkader	Sí (6)	Sí	Accidente. Atención sanitaria y suministros	2001	
Castellón					
Jazin I	No	Sí	Abandonado por intervención en contrabando	2003-St Vicente y las GR. IMO 7030987	Jazin Services, SRL
Ceuta					
Orion 1	Sí	Sí	Abandono	2004-Nigeria	
Huelva					
Nevada (P)	No	Sí	Abandono	2000-España	
Lirios do mar	No	Sí	Abandono	2000-Portugal	
Mar de Groenlandia	No	Sí	Abandono	2001-España	
Carman I	No	Sí	Abandono	2003-España	
Aranzu	No	Sí	Abandono	2004-España	
Gudmundur	No	Sí	Abandono	2005-España	
Playa de Coroso	No	Sí	Abandono	2005-Inglaterra	
Las Palmas de Gran Canaria					
Alexandra	Sí	Sí	Abandono	2002-St Vicente y las GR.	
Noe	No	Sí	Interceptado/Buque negro	2003-Honduras	
Conakry	No	Sí	Interceptado/Buque negro	2003-St Vicente y las GR.	
Sherbat	Sí	Sí	Reclamación de salarios	2003-Belice	
Marín					
Sea Venturer	No	Sí	Inmovilización y embargo J. 1.º INS. 1 Marín	2000	
Espadeiro	No	Sí	Embargos impago J. 1º INS. 1 y 2 Marín	2002	
Masai (Ex Jara)	Sí	No	Embargo de buque precinto de máquina J. 1.º INS. 1 y 2 Marín	2004-Togo	
Río Congo	Sí	No	Retención e inmovilización de buque por juicio cambiario	2004	
Vladimir Sharanda	Sí (20)	Sí	Imposibilidad de navegar	2005-Rusia	

Hinlopen	No	Sí	Declaración de abandono	2005	Ardtick Marin, A/S
Playas de Areas	No	Sí	Declaración de abandono	2005	Pescados Ultramar, SL
Pasajes					
Mv foxe	Sí (10)	Sí	Embargo y subasta J. 1.º INS. 6 San Sebastián	2000-Panamá	Foxe Shipping Corporation, Ltd.
Calabria	Sí (6)	Sí	Embargo y subasta Reclamación salarial	2000-Madeira	
Unity	Sí (7)	Sí	Abandono-desguace	2000	
Melanda	Sí (12)	Sí	Abandono, asistencia sanitaria y suministros	2002-Camboya	
Virgen de Aragón	No	Sí	Abandono de buque	2005-España	
Virgen de la Laguna	No	Sí	Abandono de buque	2005-España	
Santander					
Caribean exp.	Sí(15)	Sí	Abandono de buque	2000	
Norland	Sí	Sí	Abandono	2005-St. Vicente GR.	SA, Shipping San Petersburgo
Santa Cruz de Tenerife					
Novorossiykiy	Sí (9)	Sí	Abandono. Atención sanitaria y repatriación	2001	
City of tema	Sí	Sí	Paralización, embargo J. 1.º INS. Tenerife	2005/2006-Panamá	
Valencia					
Crimen	Sí (10)	Sí	Inmovilización y embargo J. 1.º INS. Valencia	2000	
Vigo					
Novocherskask	Sí (27)	Sí	Abandono por accidente (buque recomprado por armador)	2001-Ucrania	
Martino	Sí (5)	Sí	Buque intervenido por tráfico de drogas (anteriormente pesquero)	2004	
Riomar I	No	Sí	Abandono de buque pesquero	2004-España	
O montealegre	No	Sí	Abandono de buque pesquero	2004-España	
Vilagarcía					
Egalabur	Sí	Sí	Abandono	2004-España IMO 8127244	

T/A: Tripulación abandonada.
B/A: Buque abandonado.

Tabla 4.4. Buques abandonados en puertos españoles durante el período 2000-2005.

BUQUES ABANDONADOS EN PUERTOS FRANCESES (1994-2004)

Puerto y buque	Bandera	Núm. IMO	Marinos afectados	Nacionalidad	Año
Arles					
Kapitan Popova	Rusia	8876522	8	Rusos, ucranianos, georgianos	1999
Bayona					
Taganroga	Liberia	8129606	8	Letones	1994
Razna	Liberia	8129632	8	Letones	1994
Juliya	Lituania			Lituanos	1994
Boulognne sm					
Zurbagans	Lituania	7319541	12	Estonios, letones, rusos, ucranianos	2004
Bourdeaux					
Ligovo	Rusia	8948014	28	Rusos	1996
Brest					
Vacy ASH	Panamá		16	Indios	1996
Gorlovka	Rusia	7395234	29	Rusos	1996
Junior M	Egipto	7218096	27	Egipcios, marroquíes, palestinos	1999
Victor	Letonia	6814843	16	Letones, rusos, lituanos	2000
Han	Bol	7310644	11	Paquistaníes	2000
Winner	Khm	7031577		Ucranianos, rumanos	2002
Caen					
Magic Star	Vct.	7519751	18	Indios	2002
Gurmaster	Bahamas	7519751	18	Indios	2002
Dunkerque					
Samarkand	Rusia	8620155	24	Rusos	2006
Ponderosa	Liberia	7374369	23	Griegos, ucranianos	1996
Obo Basak	Turquía	7329259	23	Turcos	1997
Ponderosa	Liberia	7374369	23	Griegos, ucranianos	1999
Sea Beirut	Liberia	7388229	9	Búlgaros	1999
Sani	Líbano	6912891		Libaneses, egipcios	2000
Fort de France					
Macadam	Vct.	7118777	4	Ucranianos	2002
Fos/Mer					
Thunder I	Panamá		9	Rusos, paquistaníes	1995
La Ciotat					
Christina O	Panamá	8963818	34	Griegos, croatas, indios, filipinos	2002
Le Havre					
Kifagondo	Ago	7610086	5	Angoleños	1994
Able Director	Mys	8002004	28		2001
Le Treport					
Alda K	Tonga	5276965			2002

Lorient					
Millenium alek	Cym	8624644	20	Rusos	2002
Marsella					
África	Honduras	6904583	14	Rumanos, sierraleoneses, tavaluneses	1995
Hassel	Panamá	7810466	19	Birmanos, coreanos	1995
Beloostrov	Rusia	8902307	26	Rusos	1996
City of London	Belice	7108150	12	Rusos, letones, lituanos, ceilandeses	1999
Thunder I	Panamá	8014045	9	Rusos, paquistaníes	1999
Nantes –s. naz					
Koporye	Rusia	6800995	27	Rusos	1996
United Victory	Mta	6827436	21	Rusos	1996
Oscar Jupiter	Rumania	7646968	23	Rumanos	1996
Elena X	Mlt	7716309			2000
Alliance	Chipre	7727126	6	Ucranianos, caboverdianos	2001
Arca	Panamá	7727126	4	Indonesios, filipinos	2004
Papeete-Tahiti					
R Four	Liberia	9187899	370	50 nacionalidades	2001
R Three	Gibraltar	9187887	370	50 nacionalidades	2001
Port la Nouvelle					
Roses	Honduras	7120782	1	Sirio	1999
Simba	Georgia	6813124		Sirios	1999
Elpida	Vct.	7224241	3	Paquistaníes	2000
Anemos	Honduras	7702322	5	Ucranianos	2002
Rouen					
Stainless Glory	Panamá	7383607	10	Coreanos, chinos, rusos, birmanos	1996
Stainless Lord	Panamá	7616066	10	Diversas nacionalidades	1996
New Empress	Liberia	7052129	6		1996
Sete					
Stainless Lord	Panamá	7616066	9	Ucranianos	1995
Justice I	Panamá	7209411	8		2000
Florenz	Panamá	7614965	22	Griegos, ghanianos, croatas, congoleños	2001
Vasiliy Belokonenko	Ucrania	7431260	29	Ucranianos	2001
Star One	Vct.	6921373	14	Griegos, egipcios, indonesios, tunecinos	2002
Edoil	Tonga	7501429	8	Paquistaníes	2003
Treguier					
Baltiyiskiy 22	Rusia	6703642	12	Rusos	1998

Tabla 4.5. Buques abandonados en puertos franceses durante el período 1994-2004.

7   Principales efectos del abandono de buques

Destacan dos grandes grupos de afectaciones:

- Personales: sociales y culturales, laborales y económicos.
- Efectos ambientales.

7.1   Sociales y culturales

- Alejamiento de las familias:
  - separaciones conyugales;
  - distanciamiento de los menores;
  - dificultad o imposibilidad de comunicación con las familias: tarifas telefónicas muy caras;
  - dificultades de comunicación idiomáticas internas y externas;
  - soledad, aislamiento.

7.2   Laborales

- Generación de mano de obra barata provocada por la crisis económica mundial.
- Deficiente preparación profesional.
- Explotación.
- Hacinamiento.
- Mayor número de enfermedades.
- Mayor número de accidentes laborales.
- Problemas psicológicos.
- Problemas de disciplina.
- Alcoholismo y drogas.
- Falta de pago de salarios.
- Problemas de comunicación familiar.

7.3   Económicos

- Falta de cobro.
- Endeudamiento.
- Crisis de la economía familiar.
- Prestamistas.

- Graves dificultades en la alimentación y la sanidad.
- Falta de higiene en el buque.
- Falta de suministros para el mantenimiento del buque: luz, agua...
- Falta de mantenimiento.
- Venta de elementos del buque como alternativa de subsistencia.

7.4 *Efectos ambientales*

7.4.1 *En relación con el buque*

- Pérdida de valor del buque.
- Falta de mantenimiento de motores e instalaciones.
- Ausencia de renovación de certificados.
- Riesgos de navegabilidad.
- Suciedad.
- Envejecimiento.

7.4.2 *En relación con el puerto*

- Aumento de la deuda del buque en tasas y derechos portuarios.
- Deuda por suministros imprescindibles.
- Problemas de imagen.
- Problemas de contaminación de aguas del puerto.
- Vertidos de elementos químicos, desechos tóxicos.

Capítulo 5
Situación social a bordo de buques de crucero

1   Conflictos sociales a bordo

La industria de buques de crucero ha incrementado en las últimas décadas su número de buques, la capacidad y el tamaño de los mismos, el número de pasajeros y la diversidad de nacionalidades de éstos. También ha ampliado la búsqueda de nuevos mercados que la hagan más rentable. Por otro lado, ha aumentado el número de marinos que forman las tripulaciones.

En 1996, había unos 80.000 marinos que formaban las tripulaciones de los buques de crucero; en 1999, se experimentó un incremento neto del 23 % y la cifra ascendió a 99.000, en tanto que en 2004, se experimentó un incremento neto del 70 %, y la cifra ascendió a 168.000 tripulantes.

Para la ITF, que uno de sus sectores esté en auge y demande cada día más puestos de trabajo es, sin duda, una buena noticia. Sin embargo, ésta se convierte en mala cuando se consideran las condiciones sociales, laborales y económicas de los tripulantes contratados.

Estos trabajadores carecen de las coberturas habituales de las que gozan las tripulaciones de los buques mercantes del Primer Mundo, sus derechos y obligaciones no son los comunes a los de cualquier otro marino; así, no disponen de un servicio de atención médica para sus familiares, ni tampoco se les garantiza una jubilación, unas prestaciones por desempleo o una formación profesional adecuada. Sus cónyuges no recibirán ningún tipo de ayuda por viudedad, y cuando la fatalidad de una larga enfermedad o un accidente les obligue a permanecer en casa durante meses, años o quizás el resto de sus vidas, será una auténtica tragedia para sus familias perder a la única persona que con su trabajo duro, y separado largos meses de sus seres queridos, aportaba los medios económicos necesarios para sobrevivir, educar a sus descendientes y, en muchas ocasiones, cuidar de sus ascendentes.

Las condiciones laborales de estos marinos dejan mucho que desear. Generalmente, están sometidos a largas jornadas de trabajo, que oscilan entre las diez y las catorce horas diarias durante siete días a la semana. El cansancio, el estrés y la falta de formación, entre otras causas, hacen que estos tripulantes sean susceptibles de sufrir numerosos, e incluso a veces graves, accidentes laborales. A esto se suma la incomodidad de sus ajustados alojamientos, la falta de privacidad, los limitadísimos espacios de recreo y la presión a la que están sometidos por las duras disciplinas aplicadas de forma aleatoria y la inestabilidad general durante todo el tiempo que permanecen a bordo. Quienes durante esas largas jornadas de trabajo y por su profesión deben permanecer bajo cubierta, pasan días enteros o semanas sin ver el sol, sin respirar aire puro, sin ver nada de lo que les rodea, pese a estar visitando los lugares más paradisíacos del mundo en los más lujosos cruceros.

Respecto a las condiciones económicas, se establecen dos niveles en función del trabajo que desempeñan los tripulantes: los que conducen el buque de un puerto a otro, considerados la tripulación náutica, suelen estar razonablemente bien remunerados, pero los que atienden a los pasajeros, la tripulación del hotel o, como tradicionalmente la conocemos en España, la fonda, carecen de un salario en condiciones.

Según datos de la ITF, en el año 2002, los marinos con una remuneración de segundo nivel percibían unos cuatrocientos dólares americanos al mes y las categorías superiores, como cocineros o contramaestres, unos setecientos. Pero la mayor parte de los tripulantes de servicios reciben en la actualidad cincuenta dólares al mes, más las propinas que los pasajeros tengan a bien darles.

Si bien algunos pasajeros cumplen con la sugerencia de dar tres dólares de propina diarios a los camareros o al personal que les limpia los camarotes, otros prefieren gastarse ese dinero en el bar, el casino o las tiendas de a bordo. Lo verdaderamente indignante es que si algún tripulante les recuerda la sugerencia puede recibir una airada respuesta y una rigurosa sanción por parte del personal superior, o incluso enfrentarse al despido.

Aparte de que los salarios sean bajos y muchos tripulantes dependan de la generosidad de los pasajeros para subsistir, no pocos tripulantes deben pagar una comisión a las agencias de embarque que les contratan (por ejemplo, en Filipinas les piden hasta mil quinientos dólares por embarque).

Esta situación obliga al tripulante a permanecer largos meses a bordo, primero para recuperar la cuota abonada y después para garantizar la manutención de sus familias. Esto se agrava cuando se les exige una "fianza" de setecientos cincuenta dólares para evitar su deserción o para que, si se da el caso, la compañía pueda hacer frente a la multa que le impongan las autoridades de emigración norteamericanas.

Cuando se produce el embarque el billete es abonado por el tripulante. Transcurrido el tiempo de contratación, y si los informes son magníficos, la empresa le abonará el de regreso; de modo que tras tres años de servicio inmaculado, la generosidad del empleador es un billete de ida y vuelta a cuenta de la compañía.

Por supuesto, no hay puestos de trabajo con responsabilidad para las mujeres, las cuales sufren una doble discriminación, por razón de sexo y de nacionalidad. Las que proceden de países occidentales desarrollados llegan a obtener pequeños cargos en puestos de administración o dirección. También se las emplea como recepcionistas, profesoras de gimnasia o especialistas en estética. Las que proceden de Asia o países subdesarrollados son contratadas para labores de hotel. También se da el caso de mujeres de países occidentales que, con una mejor formación, embarcan por períodos reducidos con la intención de «ver mundo» y regresar después a su ocupación profesional en tierra.

Por otro lado, cada vez hay más casos de acoso sexual en el mar. En un procedimiento judicial contra Carnaval Cruises, se reveló que durante el período 1993-1998 se habían producido a bordo de los buques de crucero más de cien casos de acoso y ataques sexuales. Los miembros de la tripulación que dirigían el buque abusaban de sus subordinados y los pasajeros abusaban de quienes trataban de convertir para ellos el crucero en algo inolvidable. Acoso sexual sin discriminación de sexo, hombres contra hombres y mujeres, y mujeres contra mujeres y hombres.

Por desgracia, no hay muchos casos denunciados, y cuando la denuncia se produce, pocos se pueden llevar hasta los tribunales, porque aparece el fantasma de la intimidación y los presuntos testigos se esfuman.

La ITF intensificó su actividad con la apertura en Puerto Cañaveral, en Florida (EEUU), de una oficina para buques de crucero. Los tripulantes disponían de un número gratuito al que llamar donde se les facilitaba informaciones precisas sobre el día a día y se intentaba paliar su situación e incluso mejorarla.

A continuación, se recoge el testimonio de Marta Contreras, gerente del bar del *M/V Seawind Crown,* que fue personalmente emitido en la Jornada Internacional sobre el Bienestar de Marinos del año 2000, presidida y convocada por el Comité de Solidaridad del Puerto de Barcelona. Donde manifestó:

«Soy colombiana, y llevo siete años embarcada. Cuando me embarqué tenía ya una profesión: administradora hotelera. A diferencia de otras personas, he disfrutado de algunas ventajas y he podido crecer en la empresa. Empecé como mesera de bar, después fui ascendida a camarera de vino, después a jefa de camareras de vino, ayudante y, finalmente, gerente de bar.

Ascender así no es muy común en los barcos... Primero, porque soy mujer y, segundo, porque soy latina. Hay mucha discriminación a bordo y es muy difícil abrirse camino. Cuando empecé, las condiciones eran aún más penosas si cabe. No conocía el idioma que prevalecía en el barco, sufría mareos, trabajaba cada día más de doce o catorce horas, sin descansar sábados ni domingos, era una vida totalmente diferente a la de ahora. Si el primer mes lo asumes y te gusta, continuarás con esta vida, a pesar de lo dura que es. A mí me gustó y por eso sigo y he ascendido, pero en absoluto es una vida fácil.

Después, está la cuestión del acoso sexual. De lo primero que una mujer se percata cuando llega a bordo de un barco es de que hay menos mujeres que hombres. Y cuando llega una mujer nueva, la pregunta es: "¿Quién se va a quedar con ella?", sin importar si hay una familia detrás de esa persona: si está casada y tiene hijos de los que ha tenido que desprenderse, dejándolos a cargo de los abuelos u otros familiares. Creo que es especialmente difícil para una mujer asumir el trabajo en los cruceros y pocas se quedan por largo tiempo: prueban durante una temporada y después deciden volver a tierra.

La mayoría de los tripulantes de los barcos somos de países del Tercer Mundo. Muchos no tienen educación, así que son fáciles de manipular por los mandos, sus sueldos básicos en el hotel son de cincuenta dólares al mes, más propinas o porcentajes sobre la venta en el bar.

Hay que trabajar demasiado duro y vivir en constante competencia para ser el mejor en lo tuyo y conseguir que se den cuenta. Algunas personas no tienen escrúpulos y son capaces de hacer cualquier cosa para sobresalir por encima de los otros y lograr una posición mejor. Por ser mujer no tengo ninguna ventaja. Poseo los mismos derechos y las mismas obligaciones que los demás, la única diferencia es que disponemos de una sección solo para mujeres, tenemos nuestros propios baños, nuestros propios enseres, pero todo lo demás se comparte, incluidos los comedores.

Algo especialmente importante en un barco es hablar la lengua oficial de a bordo, el inglés. En el crucero donde me embarqué muchos tripulantes lo desconocían, independientemente de su procedencia, y tampoco tenían ninguna idea de seguridad. Esto se puede trasladar a la mayoría de buques. De manera que si un día hay un incendio, la mayoría de tripulantes no sabrá dónde están las salidas, pues ni siquiera en un ejercicio de emergencia demuestra saber en qué lado se encuentran los botes ni qué es un chaleco salvavidas; y dado que todas las instrucciones están en inglés y también en inglés se dictan las órdenes, muchos no sabrán lo que está pasando… quizás hasta que sea tarde».

Destaca el testimonio prestado por Amadeo Alburquerque, capitán del mismo barco, el *M/V Seawind Crown*:

«Soy capitán de barco desde hace dieciocho años y llevo un total de treinta años en el mar. Del tiempo que llevo como capitán, catorce años he dirigido barcos de crucero, los cuales han sido siempre barcos de categoría intermedia, sin lujos, pero no exentos de calidad.

En un barco con tales características, que cuenta con unos cuatrocientos tripulantes, es muy habitual que coincidan cincuenta nacionalidades diferentes. Es algo normal porque muchas compañías no quieren tener *lobbies* a bordo, sino que prefieren formar pequeños grupos heterogéneos para evitar que un grupo nacional tenga más poder que los demás.

No todas las navieras desatienden sus obligaciones con respecto a sus empleados. Hoy en día, muchas de las navieras de crucero han entendido que un tripulante feliz trabaja mejor y genera más beneficios. Por esto, las grandes navieras disponen de buenas instalaciones para la tripulación y ofrecen distintas opciones según su procedencia, por ejemplo, comidas diferentes e instalaciones diferentes: piscina, gimnasio, posibilidad de llevar a sus familias en camarotes especiales para ese fin (con una limitación del número de personas por crucero). Estos tripulantes disfrutan de una vida bastante mejor que sus compañeros de los buques de carga.

En cuanto al tema de las propinas, funciona de dos maneras. Los barcos que trabajan en el mercado norteamericano utilizan el sistema de las propinas prepagadas, es decir, el pasajero cuando compra un crucero por quinientos dólares paga, además, setenta dólares para propinas por una semana, es decir, diez dólares por día y persona. En Europa, los tripulantes dependen de lo que el pasajero quiera dar. Por supuesto, en Norteamérica, aparte de los setenta dólares, un pasajero puede añadir lo que quiera. El sistema que se emplee tiene mucha importancia: en un barco con capacidad para ochocientos pasajeros, como el *Seawind*, los tripulantes que les atienden reciben propinas de tres dólares o tres dólares y medio, cantidad que se reparte a partes iguales para el camarero y el botones, un dólar y medio para el ayudante del botones y otro dólar y medio para el jefe del restaurante. No todos los otros tripulantes tienen derecho a propina. El sueldo estipulado para quienes sí tienen ese derecho es de cincuenta dólares al mes. Así, con las propinas, estos tripulantes obtienen entre 1.500 y 3.000 dólares al mes por un trabajo normal de unas diez horas diarias. En algunos barcos hay camareros que ganan más que el capitán.

En los barcos en los que existe este sistema de propinas prepagadas, los tripulantes deben luchar por la propina, empleando para ello todos los trucos posibles. Si es preciso, se cuenta historias al pasajero o se hace lo necesario para que la propina sea importante; esto es un drama porque el tripulante queda a merced de las decisiones de su jefe. Para ofrecer un ejemplo práctico: yo trabajé en barcos donde los pasajeros eran de distintas nacionalidades. Los que daban mejor propina eran los brasileños, mientras que los portugueses y los españoles daban poca cosa, los ingleses y alemanes no daban nada y los norteamericanos tampoco daban nada porque estaban habituados al sistema de prepago. De modo que el comedor se hallaba dividido por lenguas: los pasajeros alemanes en una zona, los de habla inglesa en otra, etc., y el jefe de restaurante tenía el poder para decidir qué camareros iban para cada sección. La diferencia estaba en que los que servían a los alemanes ganaban mil dólares al mes, y los que servían a los brasileños, tres mil; de manera que el tripulante tenía que ir al jefe de restaurante y decirle: "Mira, te doy tanta propina si me pones en una buena sección", lo cual representa una lucha feroz a bordo de un barco. Por otro lado, los que no reciben propina, como los de la lavandería, porque nadie los ve, también quieren su parte; de modo que cuando llega un camarero a buscar la ropa de un pasajero la respuesta es: "Puede ser que no esté…", y entonces el camarero de los tres dólares y medio le ofrecerá una comisión a cambio de agilizar su servicio y su ropa estará siempre perfecta y puntual. Lo mismo ocurre con el personal de cocina que prepara los platos. Cuando llega el camarero de la mesa 21 y pide sus platos, le responden que todavía no están. Entonces el camarero ofrece algo de propina y los platos salen enseguida. Es toda una mafia, y la presión que se ejerce sobre los tripulantes es muy grande.

El estrés que se experimenta a bordo de un barco de crucero es muy superior al que se da en un barco de carga por este motivo: en uno de carga todos los tripulantes son marinos profesionales, pero en uno de pasajeros no. En este último hay músicos, cantantes… y ¿cómo enseñarles a apagar un fuego?

En cuanto al tiempo que pasamos lejos de nuestra familia, cuando yo decidí ir al mar ya sabía lo que me esperaba. Es una situación parecida a la de un militar, que no puede decir "quiero ser militar, pero no ir a la guerra". Así, un marino ya sabe que pasará su vida en la mar. Yo paso en la mar, desde los últimos treinta años, una media de diez meses por año. Todo el mundo sabe que esto es así, pero yo elegí esta vida, pues para estar en tierra en una oficina, no hacía falta que me enrolara en la marina mercante.

Por otro lado, en los cruceros vives anécdotas curiosas, como la reclamación que tuve de un pasajero porque yo tenía un oficial de seguridad que era de raza negra y este señor, un norteamericano, se mostró muy enojado porque "no tenía ninguna intención de recibir instrucciones de un negro"... Con las mujeres no es diferente. Conozco a algunas que son capitán de barco. En una ocasión, una señorita muy competente se quedó a bordo por una semana, pero tuvo que desembarcar porque los pasajeros no aceptaban ser mandados por una primera oficial que fuera mujer. Los barcos de crucero reflejan la sociedad en la que vivimos y tienen todo un mundo alrededor. En algunos barcos de crucero sólo se permite el embarque de personas muy ricas. Los barcos de gran lujo tienen capacidad para 250 ó 200 pasajeros, en ellos cada "crucerista" paga mil dólares al día y exige ser atendido por tripulantes noruegos, suecos, alemanes, norteamericanos, no del Tercer Mundo ni de color. Yo no digo que sea justo, sino que ésa es la realidad; la sociedad debe cambiar y con ella los pasajeros. Yo tuve pasajeros que se quejaban de que el camarero, que tenía el pelo muy negro, dejaba pelos por la cabina y cosas así. En realidad, quienes viajan en barcos de crucero son el reflejo de nuestra propia sociedad y muchos de los problemas que tenemos residen en nosotros. Recuerdo miles de anécdotas de señores y señoras que me hicieron reclamaciones por las cosas más absurdas».

Este apartado es importante en el desarrollo de la problemática que se estudia. El abandono de tripulaciones es frecuente y así lo recogen numerosas organizaciones con datos no publicados, a pesar de ello. Algunas de las situaciones denigrantes bien conocidas son:

- *El abandono de trabajadores enfermos en puerto,* sin billete de vuelta y en muchos casos sin haber percibido siquiera su salario del mes en curso.
- *La contratación nacional-sectorial.* Es bien conocido, y se ha plasmado en numerosos estudios o tesis doctorales, el fenómeno de asociar profesiones y nacionalidades; así, personal de limpieza se asocia con centroamericanos, personal de lencería con filipinos y personal de cocina con asiáticos.
- *El trabajo desarrollado por «pisos»* donde el salario aumenta a medida que se asciende de nivel. Los niveles más bajos (es decir, bajo el nivel del agua) ascienden a medida que van subiendo sobre el nivel del agua.
- *El abandono en los buques de crucero afecta a muchos más marinos* debido a que las tripulaciones son más numerosas que en otro tipo de buques (algunos buques de crucero han desembarcado-abandonado a más de 250 marinos).

Debe matizarse que en este capítulo se han recogido experiencias de marinos embarcados en buques de crucero con la finalidad de ofrecer una visión de una problemática que afecta a este tipo de buques, aunque con el tiempo lo hace en menor medida, siendo necesario reseñar que:

- Las propinas se incluyen por parte de la mayoría de las compañías en los precios de los billetes.
- La problemática de las agencias de contratación no es exclusiva de los buques de crucero, sino que afecta todos los sectores marítimos.

Capítulo 6
Asociaciones de acogida de marinos y otras entidades que intervienen en el abandono de buques

1   El Stella Maris

El Apostolado del Mar de Barcelona, que había centrado su actividad en el servicio de residencia, vio la necesidad de dar protagonismo a las visitas a los barcos y activar al máximo su presencia en los muelles.

Se organizó un equipo de visitadores de barcos. Sin embargo, la situación del Stella Maris, en el barrio de la Barceloneta, lejos de los muelles comerciales y las precarias condiciones del edificio, limitaba mucho la oferta de servicios que los marinos necesitaban.

Con este motivo, se iniciaron conversaciones con la Autoridad Portuaria de Barcelona, buscando una nueva ubicación con mejores instalaciones. Finalmente, en mayo de 1992 se inauguró un nuevo Stella Maris en un edificio propiedad de la autoridad portuaria, situado junto al muelle de San Beltrán. El edificio está compuesto por tres plantas, con una superficie total de 900 m², y las dos plantas superiores están destinadas a residencia, con veinte habitaciones individuales y seis dobles. El índice de ocupación anual oscila entre el 80 y el 90 %. En la planta baja se encuentra el bar, la sala de juegos, el cibercafé con dos ordenadores, un pequeño bazar, una librería con libros en distintos idiomas y revistas españolas e internacionales del ámbito marítimo, la capilla, despachos de asistencia social y jurídica y la administración. El centro posee, asimismo, una pequeña pista de baloncesto.

Todas las mañanas, de lunes a sábado, un equipo de voluntarios visita a los tripulantes de los barcos amarrados en los muelles. Su labor consiste principalmente en darles la bienvenida a Barcelona y ofrecerles la amistad y el apoyo que deben caracterizar al Apostolado del Mar. Estos voluntarios charlan con los marinos, se interesan por sus problemas y les ofrecen los servicios del Stella Maris, así como la posibilidad de ser recogidos por la tarde por una furgoneta y conducidos al centro de acogida. También les entregan publicaciones en distintos idiomas, información y planos de la ciudad, etc.

Durante el año 2006 acudieron a este centro 2.453 marinos de 473 barcos distintos y se visitaron 754 buques.

Estos marinos han adquirido en el Stella Maris asesoramiento jurídico e incluso algunas intervenciones para la defensa de sus derechos y otras ayudas de carácter religioso.

En el año 2000, gracias a la cesión de un local por parte de la autoridad portuaria, se inauguró una oficina en la Estación Marítima para atender a los tripulantes de los barcos de crucero. Los marinos disponen allí de un ordenador con conexión a internet, libros, revistas, venta de sellos, tarjetas de teléfono y un pequeño bazar. También aquí, lo más importante es la atención humana a unos tripulantes que suelen trabajar en condiciones muy duras y, una vez en puerto, apenas disponen de tiempo para ausentarse del barco.

El Stella Maris, en su afán de crear un eco en pro de la defensa de la gente de mar, participa en numerosas conferencias de ámbito nacional e internacional,[1] así como en proyectos internacionales.[2]

---

[1] El Apostolado del Mar de Barcelona ha organizado en las últimas décadas numerosos foros internacionales, en los cuales se han estudiado distintos problemas de la gente de mar. Entre ellos, destacan:

1991
Seminario internacional sobre los derechos del marino.
1995
La problemática jurídica del marino mercante (Barcelona).
X Jornadas de la gente de mar. Ley de Extranjería, permisos de trabajo y residencia.
1996
XI Jornadas de la gente de mar. Coloquio sobre la 84 Reunión Marítima de la Conferencia Internacional de Trabajo.
1998
Conferencia europea del Apostolado del Mar.
1999
Jornada sobre perspectivas sociolaborales en el sector pesquero. Palamós (Girona).
2000
Jornada internacional sobre el bienestar de los marinos. Comité de solidaridad con la gente de mar del puerto de Barcelona.
2001
VII Encuentro internacional de mujeres de marinos y pescadores. La conciliación de la vida familiar y laboral en el mar. Caleta de Vélez (Málaga).
Curso sobre la normativa internacional (OIT) en materia de bienestar de los marinos. Universidad de la Laguna (Tenerife).
2002
Curso sobre la Ley 3/2001 de Pesca marítima del Estado. Caleta de Vélez (Málaga).
Congreso nacional sobre protección laboral y social de la familia marinera. Vigo.
2003
Congreso nacional del Apostolado del Mar. Roquetas de Mar (Almería).
Asamblea nacional del Apostolado del Mar. Tarragona. Conferencia sobre los convenios de la OIT.
2004
Encuentros del Observatoire des Droits des Marins. Nantes (Francia).
Conferencia sobre la formación de la Federación Nacional de Asociaciones de Familias del Mar. Caleta de Vélez (Málaga).
Congreso europeo «Mujeres en la pesca». Málaga.

2   El Comité de Solidaridad con la Gente de Mar del puerto de Barcelona

El Apostolado del Mar, convencido de la importancia de un foro en el que representantes de los organismos públicos y privados pudieran debatir y buscar soluciones ante los posibles problemas de índole humana que se pudieran plantear, propuso a la Autoridad Portuaria de Barcelona, a la asociación de consignatarios, al Instituto Social de la Marina y a la capitanía marítima, crear un Comité de Solidaridad con la Gente de Mar, que fue formalmente constituido en 1997.

Este comité ha impulsado numerosas actividades, entre las que destacan mesas redondas sobre los problemas más significativos que afectan a los trabajadores del mar.

V Jornadas sobre «El impacto de la ampliación europea en los diferentes sectores económicos de Andalucía». Vélez (Málaga).

2005

Encuentros del Observatoire des Droits des Marins. Nantes (Francia). Conferencia sobre «La ampliación de la Unión Europea y las consecuencias en la pesca: libre circulación en Europa».

2006

Famar, 1.ª Feria Andaluza del Mar. Conferencia sobre «El asociacionismo de mujeres en el mundo de la mar». Isla Cristina.

Jornadas del Observatorio de Derechos de los Marinos. Conferencia sobre «Aspectos jurídicos, técnicos, sociales y legales del abandono de buques y marinos en España, 2000-2005».

2007

Curso sobre el Fondo Europeo de Pesca 2007-2013. Vélez (Málaga).

Curso sobre el Plan Estratégico Nacional de Pesca. Vélez (Málaga).

Seminario de diversificación pesquera. Madrid. Conferencias impartidas sobre la importancia social de la pesca y la seguridad en el desarrollo de la pesca turismo.

Conferencia en la Universidad de la Laguna. Escuela de Técnicos Navales. El Memorándum de París y su aplicación en puertos españoles.

Asamblea nacional del Apostolado del Mar. Stella Maris-Las Palmas. Defensa y derechos de los marinos: buques abandonados. Novedades del convenio de la OIT refundido.

---

[2] El Apostolado del Mar de Barcelona ha participado en diversos proyectos internacionales, entre los que destacan:

- Proyecto europeo de elaboración de material pedagógico sobre el sida para la gente de mar.
- Proyecto «Labour Market» del Seafarer's International Research Centre of Cardiff.
- Proyecto Internacional Seafarer's Assistance Network (ISAN), liderado por la Internacional Transport Federation, de Londres.
- Miembro del Observatoire des Droits des Marins de la Universidad de Nantes (Francia).
- Participación como miembro de la ICMA, ante la OIT (Agencia de la Organización de Naciones Unidas).
- Convenio relativo a las Normas de Trabajo Marítimo. Ginebra, 2001-2002-2004-2006.
- Participación como miembro de la ICMA, ante la OIT (Agencia de la Organización de Naciones Unidas). Convenio sobre la seguridad de la documentación de identidad de la gente de mar. Ginebra, 2003-2004.

De la misma forma, se planteó su desarrollo y expansión a otros puertos del Estado, como Santa Cruz de Tenerife. Se han llevado a cabo trabajos en la sede de la propia OIT en Ginebra, incluidos en el Convenio Refundido sobre Marina Mercante de 2006.

3   Centro de los derechos del marino

La iniciativa del Centro de los Derechos del Marino de Barcelona (CDMB) surgió de la conversaciones mantenidas en 1987 entre Paul Chapman y el hermano Pedro, respectivamente director y colaborador del Center for Seafarer's Rights de Nueva York y el delegado diocesano del Apostolado del Mar, Ricardo Rodríguez Martos. Los continuos problemas de carácter legal entre la gente de mar y el trabajo especializado realizado en Nueva York animaron al Apostolado del Mar de Barcelona a crear en enero de 1998 un centro similar. Con esta finalidad, se contactó con los abogados Emilio Blanch, primer director del centro, y Alejandro Sáez.

La oficina del CDMB se instaló inicialmente en los locales del antiguo Stella Maris, en pleno barrio de la Barceloneta. Estos inicios fueron difíciles, se contó con escasos medios, aunque con una gran dosis de voluntad por parte de quienes prestaban sus servicios en ellos. Allí se atendieron las primeras consultas, tanto del sector mercante como del de la pesca, y se intervino directamente en conflictos colectivos a bordo de varios barcos.

En 1991, el CDMB organizó el primer Seminario Internacional sobre los Derechos del Marino. Participaron cuarenta y ocho delegados de diez países (España, Reino Unido, EEUU, Países Bajos, Alemania, Francia, Italia, Filipinas, Chipre y Panamá) y se trataron aspectos como el papel de los gobiernos y armadores en la aplicación del Memorando Of. Understanding Port State Control, el uso de las banderas de conveniencia y los países suministradores de mano de obra.

En 1992, el CDMB pasó a disponer de una oficina en los nuevos locales del Apostolado del Mar. En esas fechas estaba formado por Christian Morrón, Alejandro Sáez y Domingo González Joyanes, y en 1995 se incorporó Rafael de Muller. Todos los componentes del centro son abogados y ejercen su actividad en el mismo mediante un sistema de guardias.

El CDMB ha desarrollado desde su creación una actividad de ayuda a la gente de mar: asesoramiento a marinos extranjeros con problemas en buques amarrados en el puerto de Barcelona, casos relacionados con la Ley de Extranjería, consultas sobre problemas laborales y de jubilación, etc.

En diversas ocasiones, se ha llegado a la actuación judicial. Estas acciones han estado siempre presididas por los principios de no interferir en las gestiones de otros organismos u entidades, como los sindicatos, buscando siempre el diálogo y la colaboración entre todas las partes. También destaca la relación con la capitanía del puerto (denuncias de tripulaciones cuyos barcos no cumplían con los requisitos de seguridad e higiene requeridos), con la autoridad portuaria (buques embargados y tripulaciones abandonadas), etc. Hay que hacer una mención especial del excelente trabajo en común con la ITF, básicamente por medio de su inspector en Barcelona, Joan Mas. Por otro lado, se ha prestado también atención a los medios de comunicación, los cuales han respondido siempre de manera eficiente.

El CDMB mantiene una relación regular con el Center for Seafarer's Rights de Nueva York, y actúa con un amplio radio de acción, en España y en el ámbito internacional. Así, cabe destacar:

– La iniciativa de crear una red de defensa de los derechos del marino, al amparo de los distintos Apostolados del Mar de España. A tal fin, se organizan seminarios específicos dirigidos a abogados y agentes de pastoral marítima y se publica el boletín *Mar adentro.* Ocasionalmente, se ha desplazado un abogado de Barcelona a algún otro puerto español para ayudar en problemas graves a bordo de un barco.

– La colaboración asidua con la Asociación Rosa Dos Ventos de Galicia, que agrupa a esposas de pescadores en reivindicación por las condiciones de trabajo de sus maridos. Su fundadora y motor principal, Cristina de Castro, es también quien, a escala europea, coordina el Proyecto FEM. También la colaboración con las actividades jurídicas desarrolladas por el Apostolado del Mar de Málaga y, en especial, el grupo de trabajo de Caleta de Eles.

– En el ámbito internacional, más allá de las relaciones con Nueva York, se mantiene contacto regular con *Les amis des marins,* asociación fundada por la Universidad de Nantes, el Ministerio de Trabajo de la República Francesa, sindicatos y diversas organizaciones no gubernamentales.

– El CDMB forma parte de la delegación de la ICMA, acreditada ante la OIT, para su participación en las conferencias internacionales de esta organización en Ginebra, para la modificación de convenios relativos al trabajo en la mar.

– El CDMB interviene también anualmente en las jornadas de la gente de mar, sobre todo en las que se tratan temas jurídicos candentes.

– Ofrece también asesoramiento al Comité de Solidaridad con la Gente de Mar, con el cual trabajó estrechamente en la organización del Seminario Internacional sobre Bienestar de la Gente de Mar (Barcelona, 2000).

El desarrollo de todas estas actividades del CDMB se recoge en el marco de la actuación general del Apostolado del Mar, cuya actividad modesta pero necesaria se lleva a cabo con un enorme interés por solucionar los problemas de la gente de mar.

ENTIDADES QUE INTERVIENEN EN EL PROCESO DE ABANDONO DE BUQUES

Tabla 6.1. Esquema relacional de las entidades que intervienen cuando se da un proceso de abandono de un buque.

NIVELES DE ACTUACIÓN DE LAS DISTINTAS ENTIDADES

Niveles de actuación	*1.º Inicio*	*2.º Secundario*	*3.º Crisis*	*4.º Conclusión*
Autoridad portuaria	Acomodación del buque en zona adecuada	Suministro de luz, agua, combustibles	Interposición de medidas legales cautelares	Declaración administrativa de abandono de buque (permite venderlo, hundirlo por seguridad, etc.)
Capitanía marítima	Retención de la documentación del buque	Provisión de seguridad personal	El abandono del buque depende del estado rector del puerto y del Estado de bandera	Comunicación a las autoridades europeas e internacionales
ONG	Dirección a la entidad adecuada	Asistencia legal y humanitaria	Servicio de suministros	Solicitud de repatriación
Instituto Social de la Marina (ISM)	Marinos españoles: derecho general, seguridad social	Ayudas extraordinarias: para casos de grave peligro y urgencia	Concesión de alojamiento en centros del ISM	Repatriación (excepcional)

Tabla 6.2. Niveles de actuación de las entidades que intervienen cuando se da un proceso de abandono de un buque.

Capítulo 7
Organismos oficiales

1   Instituto Social de la Marina

El Instituto Social de la Marina (ISM) vela por los derechos sociales de todos los trabajadores del mar. El trabajo que éstos desarrollan posee unas características específicas, de modo que necesitan que se les reconozca en un régimen especial de seguridad social, de acuerdo con las recomendaciones de la OIT.

Las competencias y funciones del ISM se determinan en el artículo 2 del Real Decreto 1414/81, de 3 de julio. Éstas son, en síntesis, las siguientes:

a) Gestionar, administrar y reconocer el derecho a las prestaciones del Régimen Especial de la Seguridad Social de los Trabajadores del Mar. Además, la mutualidad del mar, contemplada por el Real Decreto-Ley 36/1978, queda incluida en el ISM. La Tesorería General por Real Decreto 1314/84, de 20 de junio y Real Decreto 1517/1991, de 11 de octubre, actúa junto con el ISM en la inscripción de empresas, la afiliación, las altas y bajas de trabajadores, la recaudación y el control de cotizaciones.

b) La asistencia sanitaria de los trabajadores del mar, así como de sus beneficiarios, está administrada en el territorio nacional por establecimientos previstos a tal efecto, los cuales forman parte, a su vez, del sistema nacional de salud y, como tales, del servicio de la zona de la población a que se circunscriban éstos. Se admiten conciertos con entidades públicas o privadas para la asistencia hospitalaria y los servicios de especialidades y urgencia.

c) Controlar el centro radio-médico, el banco de datos, los centros en el extranjero, el buque sanitario y otros medios, además de realizar evacuaciones o repatriaciones de trabajadores enfermos o accidentados, cuando ello sea necesario. El coste de esta asistencia sanitaria a los trabajadores del mar a bordo y en el extranjero, cuando no esté integrada en el ISM, debe ser abonado primero por el armador, a quien el ISM se lo reintegrará después.

d) Las funciones de medicina preventiva y educación sanitaria, tales como información sanitaria a los trabajadores del mar, distribución de la *Guía sanitaria a bordo,* reconocimientos médicos previos al embarque, inspección y control de los medios de sanidad a bordo y condiciones higiénicas de las embarcaciones.

e) A tenor de la Recomendación 138 de la OIT, también corresponde al ISM formar y promocionar profesionalmente a los trabajadores del mar, así como mejorar su bienestar a bordo, en puertos (nacionales o extranjeros), y el de sus familias.

f) Promocionar y asistir a los familiares de los trabajadores del mar: huérfanos (colegios, guarderías infantiles y becas o bolsas de estudio), marinos de la tercera edad y familiares de éstos.

g) Participar con el Instituto Nacional de Empleo (INEM) en promover la ocupación laboral de los trabajadores del mar, función que se halla recogida en el Convenio 9 de la OIT, y gestionar las prestaciones por desempleo.

h) Asistir a los trabajadores del mar y a sus beneficiarios en el caso de abandono de tripulantes por empresas insolventes, en un puerto español o extranjero, apresamientos, naufragios, y atender al marino emigrante en buques extranjeros o plataformas petrolíferas.

i) Colaborar con las cofradías de pescadores; cooperar en el ordenamiento del mercado de la producción pesquera siguiendo las pautas de la Secretaría General de Pesca Marítima; fomentar la acción cooperativa en el sector marítimo-pesquero; colaborar con el Instituto Nacional de Servicios Sociales en lo concerniente a los trabajadores del mar; realizar las funciones encomendadas por la Secretaría General de Pesca Marítima o la Dirección General de la Marina Mercante y gestionar acciones del Estado que repercutan en los trabajadores del mar.

j) Realizar estudios e informes y propuestas de proyectos, normas o programas, así como participar en la elaboración de convenios internacionales del sector marítimo-pesquero.

k) Editar y distribuir publicaciones periódicas destinadas a los trabajadores del mar.

l) Gestionar las acciones del Estado que tengan como receptores a los trabajadores del mar.

De todas estas competencias y funciones, el ISM comparte su gestión para alguna de ellas con otros organismos:

- Instituto Nacional de la Seguridad Social.
- Tesorería General de la Seguridad Social.
- Insalud o servicios de salud de las comunidades autónomas.
- Sanidad Exterior.
- Ministerio de Educación y Ciencia y comunidades autónomas con competencia en materia educativa.
- Dirección General de la Marina Mercante.
- Secretaría General de Pesca y departamentos con competencias sobre la pesca en comunidades autónomas.
- Inserso y departamentos relacionados con la tercera edad en comunidades autónomas.
- Cofradías de pescadores.
- Instituto Nacional de Empleo.
- Ministerio de Asuntos Exteriores.
- Dirección General de Emigración.
- Instituto Nacional de Servicios Sociales.

Algunas de las competencias y funciones señaladas no se ejercen actualmente de modo muy acusado, como ocurre en la promoción y gestión de viviendas para trabajadores del mar.

En cuanto a la gestión, la administración y el reconocimiento de las prestaciones de la Seguridad Social, los servicios del ISM son los siguientes:

- Las pensiones de jubilación, viudedad, protección familiar, invalidez y orfandad, para los marinos, los pescadores y los trabajadores portuarios.
- Las bajas por enfermedad de los trabajadores del mar.
- El empleo y desempleo de la gente del mar: oficina de empleo para buscar trabajo en la mar, subsidio de desempleo y prestaciones por desempleo.
- Cursos de formación para los trabajadores del mar sobre seguridad marítima, sanidad marítima y formación profesional.
- Sanidad marítima: centro radio-médico, buque sanitario, centros en el extranjero, botiquines, reconocimientos médicos previos al embarque, control de los medios sanitarios a bordo y de las condiciones higiénicas de las embarcaciones.
- Promoción y asistencia de los familiares de los trabajadores del mar: colegios, guarderías infantiles, y asistencia a los marinos y pescadores de la tercera edad y a sus familiares.

2   Estructura del ISM

La estructura orgánica del ISM se desdobla en dos:

2.1   *La organización central con sede en Madrid*

Sus órganos de dirección y gestión son los siguientes:

La dirección general, órgano del que dependen la secretaría general y tres subdirecciones generales, las cuales se complementan con algunos servicios y secciones.

La secretaría general también es un órgano de dirección y gestión, pero está situada en un grado inferior, al tratarse de una subdirección general. Sus competencias son:

- Información.
- Inspección de servicios.
- Recursos humanos.
- Asesoría jurídica e informática.
- Prestación de apoyo a los órganos de participación en el control y vigilancia de la gestión del ISM en el ámbito nacional.

La Subdirección General de Acción Social Marítima debe desarrollar programas de promoción social y bienestar del sector marítimo-pesquero, empleo y desempleo y asistencia de los trabajadores a bordo en el extranjero.

La Subdirección General de Administración y Análisis Presupuestario gestiona la economía y los presupuestos, la administración, el régimen interior, los inmuebles, las obras y los suministros, realiza los anteproyectos de presupuestos del organismo y su ejercicio y desarrollo.

Existe un consejo general y una comisión ejecutiva. El Real Decreto 1414/181 define al primero como un «órgano de participación, control y vigilancia de la gestión...», y que «... estará constituido por representantes de los sindicatos de trabajadores, de las organizaciones empresariales, de la Administración pública y de las corporaciones de derecho público relacionadas con el sector marítimo-pesquero».

El consejo general está presidido por el secretario general para la seguridad social y cuenta con tres vicepresidentes, un secretario y cuarenta y tres representantes (trece de la Administración, trece de los sindicatos, otros trece de los empresarios y cuatro de las corporaciones).

La comisión ejecutiva central cuenta como presidente con el director general del ISM, más un vicepresidente, un secretario y diez representantes (tres de la Administración, tres de los sindicatos, otros tres de los empresarios y uno de las cofradías de pescadores).

2.2 *La organización periférica*

Periféricamente, el ISM se distribuye en direcciones provinciales, de las que dependen las subdirecciones provinciales y las jefaturas de sección e inspección médica, además de las direcciones locales y oficinas locales.

Las direcciones provinciales son muy similares entre sí. A la cabeza de cada una de ellas hay un director provincial del que depende un subdirector, excepto en las direcciones provinciales de Ceuta y Melilla. Los servicios administrativos se dividen en secciones cuyo número está en función de la gestión de la dirección provincial.

Existen veinticinco direcciones provinciales, una por cada provincia costera, excepcionalmente una en Vilagarcía de Arousa, y una en Madrid para los trabajadores del mar de las provincias del interior de España.

Las direcciones locales son más de cien, ya que están presentes en casi todas las localidades marítimas. Sus funciones son:

- Seguridad social.
- Secretaría y asuntos generales.
- Administración y control.
- Gestión de programas sociales y empleo.
- Apoyo a la gestión.

Los órganos de control y vigilancia de la gestión también se muestran en el ámbito central y periférico, tal y como regulan el Real Decreto 1414/81, de 3 de julio, y la orden de los Órganos superiores del Instituto Social de la Marina, modificada por la Orden de 11 de septiembre de 1984.

En el ámbito provincial existe un consejo y una comisión ejecutiva provincial, que cuentan con un presidente, un vicepresidente, un secretario y diez representantes (tres de la Administración, tres de los sindicatos, otros tres de los empresarios y uno de las cofradías de pescadores).

3 Medios personales y materiales

El personal del ISM se clasifica en virtud de sus funciones y programas de actuación, con dedicación especial al personal marítimo-pesquero, distribuyéndose en centros administrativos y asistenciales.

La relación jurídica con el ISM puede ser funcionarial, laboral o estatutaria, según la función que se cumpla y el centro de prestación de los servicios.

Los centros funcionales del ISM son:

- Centros administrativos.
- Establecimientos sanitarios.
- Centros docentes.
- Casas del mar.
- Buque *Esperanza del mar.*
- Centros en el extranjero.
- Otras dependencias.

Por otro lado, los medios materiales con que cuenta el ISM son:

- Centros administrativos.
- Casas del mar.
- Hospederías.
- Centros de asistencia sanitaria.
- Centros de sanidad marítima.
- Centros de acción formativa.
- Oficinas de empleo.

Los centros administrativos, de los que ya hemos hablado anteriormente en relación con los órganos del ISM, se componen de unos servicios centrales con sede en Madrid.

En la comunidad autónoma de Catalunya, a título de ejemplo, existen dos direcciones provinciales (Tarragona y Barcelona), ocho direcciones locales y cuatro oficinas locales.

- Las *casas del mar* son la instalación tipo del ISM. La ley de 18 de octubre de 1941 las contempla en concordancia con las recomendaciones de la OIT, para el bienestar de los trabajadores del mar.

  Sus edificios albergan servicios y dependencias sanitarias, administrativas, de bienestar, de extensión cultural, de formación y asistenciales.

  Actualmente, funcionan 145 casas del mar.

- Las *hospederías* son un servicio asistencial con alojamiento para los marinos o pescadores y sus familiares, en habitaciones dobles o individuales, con categoría hotelera media. También disponen de guardarropa, lavandería, salón de televisión y otros servicios.

  Sólo veintidós casas del mar recogen este servicio para los nómadas trabajadores del mar.

- Los *centros de asistencia sanitaria,* con un total de 127 establecimientos (policlínicas y clínicas locales) de carácter ambulatorio, disponen de consultorios de medicina general, pediatría, puericultura, curas e inyecciones, especialidades y otros servicios complementarios según la zona.

Estos centros cubren una asistencia primaria y, en algunos casos, una asistencia especializada.

En algunos centros, además, se imparten servicios sanitarios a personas que no pertenecen al colectivo marítimo-pesquero.

• Los *centros de sanidad marítima* asisten a los trabajadores del mar cuando se hallan embarcados o en puertos extranjeros. Esta función implica: reconocimientos médicos –obligatorios para poder embarcarse–, control de las condiciones higiénicas y sanitarias de los buques, y educación sanitaria en cursos especiales. Desarrollan un programa de sanidad marítima en su fase preventiva, cuyos objetivos principales son los reconocimientos previos al embarque y la educación sanitaria.

Respecto al primer objetivo, básico en la sanidad marítima, los reconocimientos son gratuitos, preceptivos y periódicos, para evitar que el marinero enferme o su estado se agrave durante la navegación, o bien pueda poner en peligro la salud de sus compañeros.

• En relación con el segundo objetivo, mediante la educación sanitaria se pretende influir en las familias y su entorno por medio de charlas, conferencias y cursillos. El trabajador tiene que interesarse por su salud y la de los que le rodean. Pero también se pretende la especialización de los profesionales encargados de distintas áreas de la vida en el buque (estudios epidemiológicos, procesos patológicos de enfermos que iniciaron su enfermedad en el extranjero o embarcados), mediante cursos de primeros auxilios, de manipulación de alimentos, de capacitación sanitaria para mandos, contra incendios, etc.

Para realizar tales actividades cuentan con un centro radio-médico, centros asistenciales en el extranjero, el buque de apoyo sanitario y logístico *Esperanza del mar*, centros provinciales y locales de sanidad marítima, y el centro coordinador de sanidad marítima.

Se encuentran en aquellos lugares donde hay mayor número de marineros y flota. Estos centros están conectados en línea con el banco central de datos, que contiene los reconocimientos médicos previos al embarque, las consultas, repatriaciones, etc.

• El *centro radio-médico* es un modo de ofrecer atención al personal embarcado, y una gran especialidad del Régimen Especial de la Seguridad Social de los Trabajadores del Mar. Es un servicio permanente (veinticuatro horas todos los días del año) de consultas médicas a distancia, por turnos, para barcos en navegación sea cual sea su ubicación. Por medio de este servicio se aclaran y consultan dudas en relación con los posibles enfermos o accidentados, aconsejando en caso de urgencia acudir al puerto más cercano para su hospitalización.

Estas consultas se llevan a cabo gracias a una previa formación sanitaria del personal tripulante. En todos los buques existe un cuadro con una figura humana dividida en parámetros (secciones cuadriculares que responden a unas coordenadas), con el fin de indicar por radio al facultativo la zona del cuerpo afectada por una dolencia y facilitar que su opinión sea lo más precisa posible. El banco de datos de reconocimientos médicos informatizados (obtenidos en direcciones provinciales) está a disposición del centro radio-médico, para poder acceder de modo inmediato a los antecedentes sanitarios del trabajador objeto de reconocimiento.

Mediante este servicio se resuelve el inasumible coste económico que supondría disponer de un facultativo especializado en cada embarcación.

El centro radio-médico también cuenta con un registro para recibir por onda corta electrocardiogramas desde el buque *Esperanza del mar.* Ello fue posible gracias a la colaboración con la Fundación para el Desarrollo de la Función Social de las Comunicaciones (Fundesco).

Este centro desempeña un papel de vital importancia para la sanidad marítima, pues coordina los restantes medios y vela por la tranquilidad y seguridad en atención ininterrumpida a los marineros en alta mar.

Este servicio cumple con las normas de la Organización Mundial de la Salud, ratificadas por España, cuyo art. 34, apartado 3, letra *a* del decreto legislativo 2864/74, de 30 de agosto, referido al régimen especial del mar, ha conducido a la edición de la *Guía sanitaria a bordo* (de difusión gratuita), que ayuda a los tripulantes en caso de necesidad durante la navegación.

- Los *centros asistenciales en el extranjero* se encuentran en puertos frecuentados por la flota española y permiten una asistencia médico-social.

  Cuentan con las instalaciones sanitarias básicas y un equipo humano (médico y ayudante técnico sanitario o diplomado en enfermería) que también ofrece asistencia social, o bien disponen de la colaboración de un asistente social y los elementos que éste requiera para su labor.

  La función de estos centros en el ámbito sanitario se concreta en consultas médicas, hospitalizaciones, repatriaciones de enfermos y accidentados, etc.

  Los lugares donde se encuentran estos centros son: Saint Pierre (Francia), Nouadhibou (Mauritania), Dakar (Senegal), Luanda (Angola), Walbis Bay (Sudáfrica), Mombasa/Mahe (Kenia), Beira (Mozambique) y Abidjan (Costa de Marfil).

- El *buque de apoyo sanitario y logístico Esperanza del mar* ayuda a la flota española que trabaja en caladeros a los que se puede llegar en menos de cuarenta y ocho horas. La coordinación con los propios buques de la zona, los medios navales y aéreos de rescate de la Armada, combinada con el centro radio-médico y el banco de datos informatizado, consiguen una actuación inmejorable.

Imparte una medicina de choque contra accidentes y enfermedades a cualquier barco que lo solicite.

Este buque posee una heliplataforma a popa para helicópteros medios (los del SAR) y un hospital a bordo. Está dotado con la más moderna tecnología, así por ejemplo, dispone de equipos de navegación, comunicación y apoyo vía satélite; sonda de localización de bancos de pesca; equipos de investigación científica de salinidad y temperatura de las aguas, etc. También posee servicios complementarios, como taller de reparaciones, equipos de buceo y de faena de remolque, desenganche de redes, potabilizadores de aguas y tanques supletorios de combustible para suministro a barcos pesqueros, entre otros.

Por lo que se refiere a servicios sanitarios, cuenta con un quirófano, varias salas de exploración, esterilización y curas, una unidad de cuidados intensivos, rayos X, un laboratorio, una farmacia, una unidad de conservación de cadáveres, etc. En cuanto a hospitalización, dispone de doce camas, aunque en caso de necesidad puede contener hasta treinta.

Con este buque se consiguen evitar evacuaciones, remolques y retornos a puerto para atención médica o reparaciones técnicas, sufragando la pérdida de jornadas laborales y menoscabos económicos.

- Los *centros de acción formativa* son colegios, guarderías, escuelas de formación profesional náutico-pesquera y el centro de formación ocupacional marítima de Bamio.

  Hay cuatro colegios situados en la costa española: El Mosteirón, en Sada (La Coruña); Panzón, en Panzón (Vigo); El Picacho, en Sanlúcar de Barrameda (Cádiz); y Estrella del mar, en Barbate (Cádiz).

  Excluyendo el colegio Estrella del Mar, el resto admiten alumnos externos. Estos colegios-internados son centros que educan y asisten a los niños del colectivo marítimo-pesquero, en casos de orfandad por accidente de trabajo o porque a causa de circunstancias socio-familiares les pueda favorecer este internamiento.

  La enseñanza impartida abarca educación preescolar y primaria, ESO (enseñanza secundaria obligatoria), bachillerato y formación profesional de 1.ᵉʳ y 2.º grado.

  Las guarderías que imparten enseñanza preescolar de 1.ᵉʳ y 2.º ciclo, es decir, de 0 a 6 años, son nueve, y están situadas en Garrucha (Almería), Barbate y Algeciras (Cádiz), Ayamonte, Isla Cristina y Punta Umbría (Huelva), Cillero (Lugo), Marín (Pontevedra) y Castellón.

  Las escuelas de formación profesional náutico-pesquera ofrecen actividades educacionales dirigidas a adultos, para obtener las titulaciones de formación profesional náutico-pesquera, cursos de iniciación y adaptación marinera y formación profesional, rama marítimo-pesquera de 1.ᵉʳ y 2.º grado.

Las residencias de alumnos con alojamiento y comedor, en caso de formación profesional marítimo-pesquera, están ubicadas junto a algunas escuelas.

Las escuelas de formación profesional náutico-pesquera se hallan en Gijón, Las Palmas, Palma de Mallorca, Almería, Bermeo (Vizcaya), Isla Cristina (Huelva), Bueu (Pontevedra) y Santa Eugenia de Riveira (A Coruña).

El centro de formación ocupacional marítima de Bamio (en Vilagarcía de Arousa) tiene como objetivo estudiar aspectos socio-económicos, mejorar la gestión empresarial, las relaciones laborales, la evolución tecnológica, etc., relacionadas con las actividades marítimo-pesqueras. Está formado por un área de formación ocupacional marítima y un gabinete de estudios marítimos.

Con la formación ocupacional marítima se persigue la promoción del empleo marítimo, la recalificación de trabajadores dentro del sector, la reconversión de excedentes a otros sectores económicos, y la inserción y reinserción de trabajadores con cualificación insuficiente.

- Las *oficinas de empleo* dependen de las direcciones provinciales y locales, con oficina coordinadora en los servicios centrales.

  El ISM cumple así con los convenios de la OIT. El número de oficinas de empleo asciende a ochenta y cinco y se suelen encontrar en las casas del mar, coordinadas con el servicio de asuntos laborales marítimos.

  Su misión es gestionar el empleo y desempleo de los trabajadores del Régimen Especial del Mar, junto con el INEM.

  Adicionalmente, existen gabinetes de asistencia social para los trabajadores del mar y sus familiares, que también gestionan ayudas de carácter social. Junto con estos gabinetes, el área de servicios sociales instalada en las casas del mar contiene hogares de jubilados, bibliotecas, aulas de enseñanza y otros servicios.

  Otro servicio adjunto al ISM es el centro de documentación Cedismar, el cual dispone de un amplio fondo documental sobre el mar y su uso.

Capítulo 8
Asistencia a marinos transeúntes, abandonados en España y en el extranjero

Referirse a la asistencia a tripulaciones abandonadas es contemplar una situación que avanza y se está enquistando en numerosos puertos de la UE y de todo el mundo. Por ello, merece la pena destacar el esfuerzo y la gestión de recursos en materia de prestaciones de entidades como el ISM, las alternativas sociales a estas medidas y el estudio de los agentes participantes en el mismo.

1 Asistencia a marinos en puertos españoles

En la actualidad, existen oficialmente dos programas de desarrollo básico: el *programa de bienestar en el puerto* y el *programa de bienestar a bordo*. Mediante el primero, se informa a los marinos sobre los recursos del ISM, así como sobre la ciudad y su entorno, y se facilita la estancia, poniendo a su disposición las instalaciones y los servicios sociales que ofrecen las casas del mar (información y asistencia social, hospederías, espacios recreativos y culturales, etc.).

También se asiste a los trabajadores del mar, sin distinción de nacionalidad. En caso de naufragio o situaciones análogas, hasta su regreso al hogar, siempre que los implicados sean marinos españoles o nacionales de cualquier país del espacio económico europeo.

El programa *Bienestar a bordo* proporciona los conocimientos para una adecuada utilización del tiempo de ocio en los buques y prepara y dispone a los marinos para su incorporación a la vida comunitaria y socio-familiar.

2 Asistencia a marinos españoles en puertos extranjeros

Esta asistencia la desarrolla básicamente el ISM y sus dependencias en el extranjero. Así:

- El ISM ayuda a los trabajadores del mar en caso de ser abandonados por empresas insolventes, por apresamiento, naufragios y otros análogos en el extranjero, y procede a su sostenimiento y restitución a España, adelantando los gastos que fuesen necesarios, sin perjuicio de la responsabilidad que compete al naviero, armador o representante legal. Tal acción se lleva a cabo respecto a los siguientes colectivos:

– Los trabajadores del mar españoles.
– Los trabajadores del mar extranjeros que prestan servicios en buques abanderados en España y residan legalmente en este país.

- El ISM recaba a la representación diplomática española en el extranjero de que se trate, el informe sobre la situación de abandono y el estado de necesidad de los trabajadores, así como de la necesidad de su repatriación. Dicho informe de las autoridades consulares sustituye, en esta prestación, al informe social. Éste se hace cargo provisionalmente de todos los gastos que originen el sostenimiento y traslado de todos los tripulantes que hayan sido abandonados, sin que estos gastos puedan revestir el carácter de prestación o ayuda, a fondo perdido, sino de mero adelanto de los fondos necesarios para la asistencia, lo que se notifica debidamente al armador. El ISM hace una relación detallada de todos los gastos que se produzcan en cada caso y los acompaña de los recibos y justificantes que procedan; a continuación, requiere el resarcimiento de los mismos a la empresa armadora, al representante legal o al consignatario.

- También presta asistencia a través de los centros asistenciales en el extranjero, en los puertos que son más frecuentados por la flota española, donde los marinos reciben servicios de asistencia sanitaria, social, apoyo y asesoramiento. En la actualidad, estos centros se encuentran en Mauritania, Seychelles, Senegal y Namibia.

3   Asistencia a marinos transeúntes

Es la asistencia que el ISM puede prestar a los tripulantes, nacionales o extranjeros, que, a consecuencia de un naufragio, accidente o cualquier otra causa justificada, requieran atenciones urgentes hasta que la empresa armadora, el representante legal o las autoridades competentes del país de que se trate se hagan cargo de los mismos, de acuerdo con lo que se establece en los convenios y recomendaciones de la OIT. El ISM se hace cargo provisionalmente de los gastos originados por el alojamiento, manutención y demás necesidades perentorias de los tripulantes. Estos gastos no revisten el carácter de prestación o ayuda a fondo perdido, sino de simple anticipo de los fondos necesarios para la asistencia de los tripulantes. No obstante, los marinos españoles, los de la UE y de los Estados firmantes del Acuerdo sobre el Espacio Económico Europeo, además del alojamiento y manutención, pueden percibir el importe del billete necesario para realizar el viaje de regreso a su domicilio familiar, con independencia de que este gasto pueda imputarse o no a cargo de la empresa armadora o del representante legal.

4   Prestaciones de asistencia social del ISM

Se definen en cinco campos de atención:

- **Urgencia**
  - Por repatriación de tripulantes.
  - Por naufragio.
  - Por grave necesidad.
  - Por pérdida de equipaje.

- **Médicas**
  - Por internamiento psiquiátrico.
  - Por toxicomanía o drogadicción.

- **Indemnizatorias**
  - Por traslado de cadáveres.
  - Por fallecimiento en el trabajo.

- **Marinos abandonados**
  - Asistencia a marinos abandonados en el extranjero.
  - Asistencia a marinos transeúntes.

- **Otras**
  - No apto para el embarque por educación especial.

5   Entidades internacionales que intervienen en la prevención y atención a marinos abandonados

- *Organizaciones no gubernamentales (ONG) asistenciales:* Missions to Seamens, ICMA, Apostolatus Maris (Stella Maris), Mission to Seafarers, Deutsche Seemanns Mission, British Sailors Society.

- *Organizaciones humanitarias:* Cruz Roja-Media Luna Roja, International Seafarer's Advice Network, ISAN (Servicio Internacional de Asesoramiento para Marinos) y FAAM (Federation de Associations d'Accueil de Marins).

- *Organizaciones jurídicas:* Center for seafarers' Rights of New York (de Seamen's Church Institute) y Justice and Welfare Secretariat (de Mission to seafarers).

- *Organizaciones sindicales:* ITF y Seafarer's Trust.

5.1   *Internacional Christian Maritime Association*

Asociación de 28 organizaciones no lucrativas dedicadas al bienestar de los marinos de todos los sectores. Pertenecen a diversas iglesias cristianas. Sus miembros son independientes: fue fundada en 1969, colabora en el ecumenismo y la ayuda local e internacional.

Sus fines son promover la unidad, la paz y la tolerancia, obligándose a servir a gente de mar de cualquier nacionalidad, religión, cultura, lengua, sexo o raza. Actúa en 126 países.

Elabora un listado de agencias de bienestar de marinos, con información detallada sobre instalaciones gratuitas; participa en conferencias como observador en la OIT y la OMI y lleva a cabo asistencia religiosa. Entre sus publicaciones, destaca el *Manual del visitador de barcos;* y participa como observador en el Comité Internacional sobre el Bienestar de los Navegantes (ICSW, Londres), la OIT, el Centro de Investigación Internacional de los Navegantes y en la Asociación Marítimo Internacional de la Salud (IMHA).

5.2   *Seamen Church Institute*

Fundado en 1834 y afiliado a la iglesia episcopal. Sus capellanes visitan 3.400 buques en puertos norteamericanos.

Sus principales actividades son: educación, deportes, asistencia legal, alojamiento y formación profesional.

Se trata de una entidad no gubernamental con estatus de observador en la OIT y la OMI.

Es una organización con gran presencia en el sector marítimo en EEUU y otras partes del mundo donde extiende su influencia, destacan las funciones de mediación en conflictos marítimos, la asistencia a los marinos en puerto y una destacada labor en materia de formación.

5.3   *International Transport Federation (ITF)*

Son miembros de esta federación más de 681 sindicatos, que representan a más de 4,5 millones de gente de mar de 148 países. La ITF es una federación sindical global.

Sus objetivos son realizar campañas contra las banderas de conveniencia, recabando para ello publicidad; velar por que se cumplan los convenios ITF; redactar los boletines de marinos, proporcionar asesoría jurídica, financiación y asesoramiento a la gente de mar, ayudar en la repatriación de marinos y promover la constitución del fondo de marinos *(Seafarer's Trust)*.

Capítulo 9
El grupo mixto OIT-OMI sobre abandono de buques y tripulaciones

En este capítulo se recogen los trabajos del grupo mixto especial de expertos de la OIT-OMI sobre responsabilidad e indemnización respecto de las reclamaciones por muerte, lesiones corporales y abandono de gente de mar.

1 Origen y mandato

En 1999, la OIT y la OMI crearon un grupo mixto de trabajo dentro del marco obligatorio de la Conferencia General de la OIT. Comenzó así un proceso de redacción de las directrices para la resolución de las reclamaciones en caso de muerte, lesiones corporales y abandono de la gente de mar. Desde entonces, los comentarios formulados por los armadores, los sindicatos y los gobiernos han permitido afinar los requisitos previstos, con el objetivo de disponer de un método aceptable internacional que permita resolver estos complejos casos.

En los casos de lesión o muerte, también se plantean las complejas cuestiones derivadas de la nacionalidad de la gente de mar y de los armadores; se pretende superar las leyes o los reglamentos nacionales que limitan la responsabilidad de los armadores en lo que atañe a sufragar los gastos de atención médica, alojamiento y manutención durante un tiempo específico; y se plantea la cuestión de cómo resolver los casos que se registran en países que carecen de instalaciones médicas adecuadas, e incluso de sistemas de seguridad social.

La OIT, en el texto refundido de sus actuales convenios marítimos de 2006, texto que aún no ha entrado en vigor, con el fin de asegurar que estas normas den una mejor protección a los marinos y redunden en reglas de juego más equitativas para todo el sector, se esfuerza, en particular, porque este proceso tenga resultados de utilidad práctica inmediata, acordes con la rapidez de la transformación y globalización del transporte marítimo. Asimismo, vela porque en los países que introducen mejoras en la condición de la gente de mar, los armadores y las autoridades que se preocupan por ofrecerles condiciones dignas de trabajo no se vean obligados a asumir una carga desproporcionada para conseguir tal protección. La solución de los problemas relativos a las reclamaciones en caso de muerte, lesiones corporales y abandono contribuirá a conseguir el objetivo del nuevo instrumento refundido.

2 Antecedentes

- Las dificultades que suelen plantearse en los casos de abandono o de reclamación de indemnizaciones por lesiones o muerte de la gente de mar obedecen a que, con frecuencia, el buque pertenece a un país distinto del que está registrado o abanderado y su tripulación está formada por marinos procedentes de terceros países. La mayor o menor rapidez y eficacia de las soluciones a la situación de los marinos abandonados depende del grado de abandono del buque, del país o territorio donde se produce el abandono, de quién es el armador y de cuál es la legislación nacional aplicable.

- Llegar a un acuerdo en cuanto a una definición del concepto de abandono es una de las cuestiones que ha abordado el grupo mixto de trabajo OMI-OIT. La noción de abandono puede aplicarse a todo período de escala superior a 48 horas durante el cual el buque no recibe órdenes de operación. En algunos casos, resulta difícil determinar con exactitud a partir de qué momento se puede considerar que un buque y su tripulación han sido abandonados, ya que es posible que la compañía naviera envíe órdenes contradictorias. Por ejemplo, puede emitir promesas de pago que no abonará o cursar pedidos de alimentos y suministros que, en definitiva, no pagará, lo que impide establecer con precisión la fecha en que se ha hecho efectivo el abandono.

- Desgraciadamente, el número de casos de abandono es elevado. Ahora bien, si se considera su porcentaje con respecto al volumen del tráfico marítimo mundial, podría pensarse que es un problema menor. En realidad, toda experiencia de abandono implica enormes sufrimientos y tensiones para la gente de mar afectada.

- La intervención de la representación local de la organización caritativa Mission to Seafarers, actuando en nombre de la tripulación, entabló una demanda patrocinada también por la Federación Internacional de los Trabajadores del Transporte (ITF). Ha obtenido de los tribunales el embargo de los buques, su venta en subasta pública, la repatriación de la tripulación y el pago del 75 % de los salarios adeudados.

- Los foros internacionales llevan años discutiendo sobre la elaboración de un proceso de garantías, impuesto por mandato internacional, que se halla en una fase de eterna discusión, en tanto que los problemas siguen deteriorando las ya de por sí deplorables condiciones laborales de los marinos.

3 Definición de propietario del buque, gente de mar y abandono

- *Propietario del buque:* el propietario de un buque o cualquier otra organización o persona, como puede ser el gestor o el agente naval o el fletador a casco desnudo, que asume del propietario la responsabilidad por la explotación del buque y que, al hacerlo, acepta hacerse cargo de todos los deberes y las responsabilidades correspondientes.

- *Gente de mar:* toda persona que está empleada o contratada para cualquier puesto a bordo de un buque dedicado a la navegación marítima.
- *Abandono:* la situación que se caracteriza por la ruptura de vínculos entre el propietario de un buque y la gente de mar. El abandono se da cuando el propietario de un buque deja de cumplir determinadas obligaciones fundamentales con respecto a la gente de mar, relativas a la pronta repatriación y al pago de la remuneración adeudada y a la cobertura de las necesidades básicas, entre otras: alimentación adecuada, alojamiento y atención médica. Constituye situación de abandono dejar al capitán del buque sin medios financieros para la explotación del mismo.

4   Historial de las reuniones del grupo mixto OMI-OIT

Londres, 11-15 de octubre de 1999

Esta primera reunión del grupo mixto OMI-OIT se celebró en la sede de la OMI. La constitución de dicho grupo mixto, sobre responsabilidad e indemnización respecto de las reclamaciones por muerte, lesiones corporales y abandono de la gente de mar, fue autorizada por el Consejo de Administración en su 273.ª reunión. El grupo mixto OMI-OIT acordó:

- *Valoración objetiva del problema:* los problemas de abandono, lesiones corporales y muerte son reales y revisten gravedad, tienen una dimensión social y humana, y requieren una atención urgente.
- Los Estados de abanderamiento deben establecer mecanismos reales y efectivos para cumplir sus obligaciones y asegurar que los propietarios de buques lleven a cabo la repatriación de los miembros de su tripulación y de la gente de mar, y para abordar todos los aspectos del problema: la repatriación, el apoyo a los miembros de la tripulación abandonados, la situación en materia de inmigración, y el pago de remuneraciones pendientes.
- La OMI debe promover la ratificación del citado convenio sobre la repatriación de la gente de mar (revisado en 1987).
- La necesidad de que los Estados miembros de la OIT/OMI proporcionen información sobre la escasa ratificación de los instrumentos internacionales. El grupo mixto se comprometía a examinar y evaluar los posibles criterios para resolver los problemas de abandono, lesiones corporales y muerte de la gente de mar; entre estos criterios se encuentran: los fondos nacionales e internacionales, el seguro obligatorio, las garantías bancarias, el seguro por accidente. Para ello, se acordó reunirse de manera oficiosa con representantes de los clubes de protección e indemnización (Clubes & I).

Londres, 30 de octubre-3 de noviembre de 2000

El grupo mixto OMI-OIT consideró la posibilidad de adoptar medidas con respecto a las cuestiones examinadas en dos etapas:

1. La primera etapa o enfoque a corto plazo consistiría en la formulación de una o más resoluciones a las que se anexarían códigos o directrices relativos a la provisión de garantía financiera en los casos de muerte, lesiones corporales y abandono de gente de mar.
2. La segunda etapa o enfoque a largo plazo incluiría la elaboración de un instrumento o instrumentos obligatorios que serían adoptados por ambas organizaciones.

Se prepararon dos proyectos de resoluciones para ser examinados en la tercera reunión:

- El primer proyecto de resolución se refiere a las directrices sobre la provisión de garantía financiera en los casos de abandono de la gente de mar.
- El segundo se refiere a las directrices sobre las responsabilidades. El grupo mixto exhortó a las Secretarías de la OIT y de la OMI a estudiar la posibilidad de combinar los dos proyectos de resoluciones en un único proyecto de resolución, siempre que se tomara la decisión al respecto en la próxima reunión.

En este caso, en la 29.ª reunión de la Comisión Paritaria Marítima, se examinó la labor del grupo mixto (informe de la primera y segunda reunión). Se concluyó que se habían conseguido avances en ambas reuniones. Los proyectos de resoluciones y directrices tenían por objeto remediar a corto plazo el hecho de que ninguno de los instrumentos internacionales existentes tratara adecuada y detalladamente los problemas relativos a las lesiones corporales, la muerte y el abandono de la gente de mar. Los textos habrían de someterse en su forma final a la aprobación y adopción de los Consejos de Administración de la OIT y de la OMI.

Londres, 30 de abril-4 de mayo de 2001 (282.ª reunión)

Se acordó:

- Un proyecto de resolución y directrices complementarias sobre la provisión de garantía financiera para los casos de abandono de la gente de mar, y otro con directrices complementarias sobre las responsabilidades de los propietarios de buques con respecto a las reclamaciones contractuales por lesión corporal o muerte de gente de mar.

– El grupo mixto invitaba al Consejo de Administración de la OIT a aprobar ambos proyectos; a transmitir a los Estados miembros de la OIT y a las organizaciones de la gente de mar y de los armadores los proyectos junto con el informe del grupo mixto; y a aprobar que dicho grupo prosiga con sus labores.

– Los proyectos de resolución y directrices complementarias sobre las responsabilidades de los propietarios de buques con respecto a las reclamaciones contractuales por lesión corporal o muerte de la gente de mar, y sobre provisión de garantía financiera para los casos de abandono de gente de mar, fueron aprobados el 29 de noviembre de 2001, por la Asamblea, en su 22.º período de sesiones, y se denominó Resolución A.931(22): *«Directrices sobre las responsabilidades de los propietarios de buques con respecto a las reclamaciones contractuales por lesión corporal o muerte de la gente de mar»*, y Resolución A.930(22): *«Directrices sobre la provisión de garantía financiera para los casos de abandono de gente de mar»*.

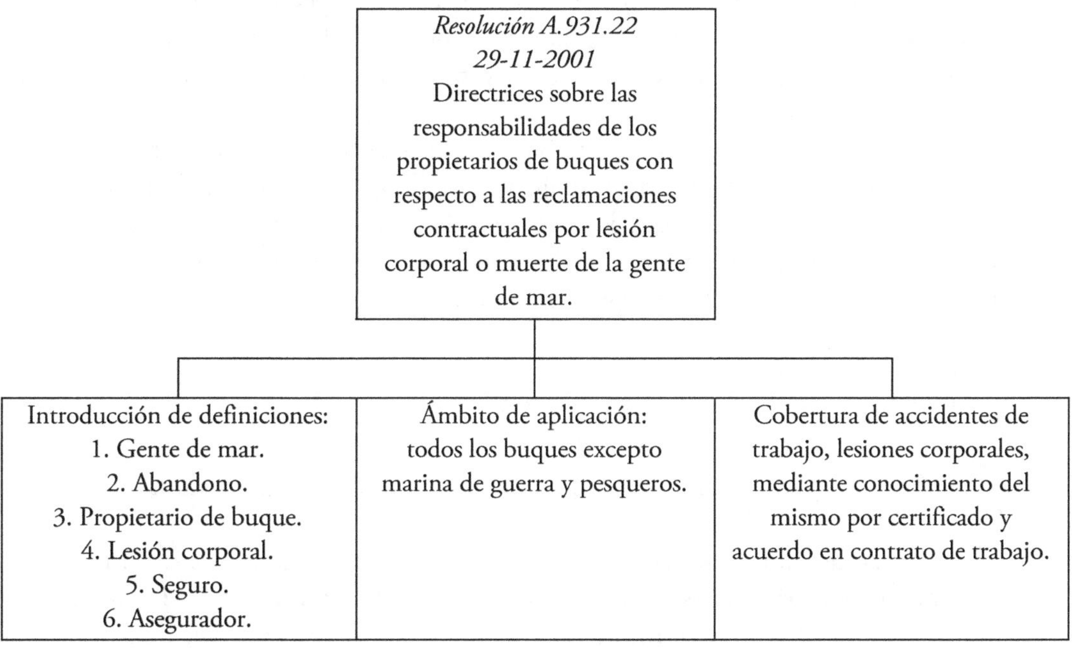

Londres, 30 de septiembre-4 de octubre de 2002 (286.ª reunión)

Se acordó:

• Mantener el mecanismo de supervisión de la aplicación de las resoluciones y directrices sobre provisión de garantía financiera, para los casos de abandono de la gente de mar, así como para las responsabilidades de los propietarios de buques, con respecto a las reclamaciones contractuales por lesiones corporales o muerte de la gente de mar. También para:

- El abandono, las lesiones corporales y la muerte de la gente de mar, a fin de supervisar el efecto de las resoluciones y directrices.
- Instar a los gobiernos a que apliquen las directrices e informen sobre su aplicación.
- Establecer procesos de seguimiento para revisar la situación en un año.
- Crear y mantener una base de datos conjunta OMI-OIT que contenga información destacada sobre los casos de abandono, y el grado de cumplimiento o incumplimiento de los instrumentos internacionales.

- Realizar un estudio para elaborar un instrumento obligatorio que permita tratar las cuestiones de responsabilidad e indemnización respecto de las reclamaciones por muerte, lesiones corporales y abandono de gente de mar, para el caso de que la eficacia en la aplicación de las resoluciones y directrices no proporcione suficientes alternativas.
- Estudiar la posibilidad de crear una base de datos sobre los casos de abandono de la gente del mar. El grupo de trabajo invitó al comité jurídico de la OMI y al Consejo de Administración de la OIT a aprobar la creación de la misma y comunicarlo a los Estados Miembros y a las organizaciones no gubernamentales, relativas a la notificación de los casos de abandono.

Londres, 12-14 de enero de 2004 (289.ª reunión)

Se recomendó, en relación con el problema del abandono de la gente de mar:

- Tomar una decisión definitiva en su próxima región acerca de las recomendaciones que debían presentarse al Consejo de Administración de la OIT y al Comité Jurídico de la OMI, en cuanto a las directrices sobre la provisión de garantía financiera para los casos de abandono de gente de mar.
- Desarrollar una solución sostenible a largo plazo para los problemas relacionados con la garantía financiera y la indemnización en caso de muerte y lesiones corporales. Se acordó que el Consejo de Administración y el Comité Jurídico autorizasen al grupo mixto a proceder con el desarrollo de la citada solución.
- Invitar al Consejo de Administración de la OIT y al Comité Jurídico de la OMI a que aprobaran el envío de la resolución revisada, relativa a la notificación de los sucesos de abandono a los Estados miembros y a las ONG (organizaciones no gu-

bernamentales), y a que prosiguieran sus esfuerzos por crear una base de datos sobre los sucesos de abandono de la gente del mar.

Londres, 19-21 de septiembre de 2005

- Examen y aprobación de la base de datos conjunta sobre el abandono de la gente de mar elaborada por la OIT, y definición de caso resuelto.
- Propuesta de cobertura de seguro ofrecida por Seacurus Ltd.3.36. Al presentar el documento IMO/ILO/WGLCCS.
- Implantación de un instrumento obligatorio IMO/ILO/WGLCCS.6/3/1 en las secretarías de la OIT y de la OMI sobre las respuestas a los cuestionarios sobre la implantación de la resolución A.930(22).
- Problemática de la repatriación y la protección de los salarios de la gente de mar tras el abandono.
- Discusión sobre las opciones para encontrar una solución sostenible a largo plazo que aborde el problema de las garantías financieras con respecto a los miembros de la tripulación abandonados.
- Propuestas con respecto a una solución sostenible para abordar el problema de las indemnizaciones en el caso de lesiones corporales o muerte.
- Enumeración de casos de abandono notificados entre el 30 de noviembre de 2004 y el 30 de junio de 2005.
- Sinopsis de dos respuestas adicionales al cuestionario sobre la supervisión de las resoluciones y directrices relativas a la provisión de garantía financiera para casos de abandono.
- Propuesta sobre el procedimiento que debía seguirse para garantizar el funciona miento de la base de datos sobre sucesos notificados de abandono de gente de mar.

París, 16 al 20 de octubre de 2006

Reunión no decisoria ni de discusión, en la que se acordó:

- La celebración de una séptima reunión del grupo mixto, en la que participaran ocho representantes de la OIT (tres representantes de los armadores, uno de los propietarios de buques pesqueros y cuatro de la gente de mar), sin coste alguno para la OIT.
- Elaborar un informe sobre el funcionamiento de la base de datos, basada en la OIT, y que había registrado, hasta enero de 2004, 40 casos notificados, 22 de los cuales habían quedado resueltos.

– Empezar a trabajar en una posible solución sostenible a largo plazo para abordar los problemas de la garantía financiera con respecto a la indemnización en caso de abandono, muerte o lesiones corporales de la gente de mar. Se sugirió fijar la fecha de la séptima reunión del grupo mixto.

– Que el grupo mixto se centrara en soluciones prácticas y sostenibles a largo plazo, y que fuese especialmente cauto al considerar la posibilidad de adoptar instrumentos obligatorios destinados a proponer soluciones a largo plazo.

5   Propuesta Seacurus

5.1   *Directrices para la provisión de seguridad financiera en el caso del abandono de marinos*

Cobertura legal
Resolución OMI A.930 y A.931

Primas	Garantías	Cobertura	Proceso de reclamación
Determinación: base de al menos 1.000 barcos, diferenciando la incidencia según la bandera del buque/armador-historial.	Evitar el principio de Los clubes de P & I: – Pagar para ser pagado. – Superposición de garantía financiera internacional y nacional.	– Proporcionar un sistema de garantías que cubra la obligación de repatriación a pesar de no haber firmado el instrumento correspondiente. – Repatriación. – Salarios. – Gastos médicos.	– Sencillo, con agentes designados que tramitarán en puerto. – Inclusion en la base de datos de la OIT.

6   Líneas de trabajo, reunión de 2008

– La citada conferencia aprobó una resolución que considera que el texto de la convención sobre marina mercante no está plenamente determinado, pues no aborda las disposiciones establecidas en el grupo mixto de trabajo sobre responsabilidades de los armadores respecto de las reclamaciones contractuales para el personal, por lesión o muerte de la gente de mar y de la misma forma en las directrices sobre la provisión de garantía financiera en los casos de abandono de gente de mar que la asamblea de la OMI y el consejo de administración de la OIT adoptaron.

– Se determinó que el grupo mixto de trabajo debía continuar su labor.
– Principales acuerdos y líneas de trabajo:

1. Adopción y aplicación de las «Directrices sobre el trato justo de la gente de mar en caso de accidente marítimo», aprobadas en 2006 por la OMI y la OIT, que entraron en vigor el 1 de julio del mismo año.

2. Recopilación de información sobre los casos de abandono y maltrato de la gente de mar, con la progresiva mejora en la toma y remisión de datos de buques abandonados, al no coincidir los datos de la base de la OIT con los casos reales.

3. Creación por el mandato del grupo mixto OMI-OIT de un grupo especial de trabajo de expertos sobre responsabilidad e indemnización respecto de las reclamaciones por muerte, lesiones corporales y abandono de la gente de mar, y desarrollo de dos resoluciones y directrices: una sobre la prestación de garantía financiera para los casos de abandono de gente de mar, y otra sobre la responsabilidad de los armadores respecto de las reclamaciones contractuales por lesión corporal o muerte de la gente de mar.

4. Participación de entidades privadas en el estudio y desarrollo de la viabilidad de un seguro contra abandono, aportando experiencias de entidades como SEACURUS y la Unión Internacional de Aseguradores Marinos (IUMI).

5. Desarrollo de elementos que cubran la asistencia sanitaria en modelos tales como el francés, donde se ha establecido un sistema para hacer frente a los casos de abandono.

6. Indefinición del grupo de trabajo al abordar el impago de salarios y su garantía y la asunción de la complejidad de introducir disposiciones financieras de garantía para asistencia en el Convenio de Marina Mercante.

7. Valoración, mediante estudios económicos, de la incidencia de los abandonos de buques y tripulaciones, para determinar la creación de un fondo de garantía económica.

8. Exclusión del sector pesquero de todo lo reseñado.

9. Desarrollo de la aplicación de las directrices de la OMI mediante el contacto y el desarrollo con los Estados de pabellón y del puerto, procediendo a la desig-

nación de centros nacionales de coordinación para el abandono y para informar a la OMI y la OIT.

10. Valoración de la posibilidad de adoptar un instrumento obligatorio para llevar a la práctica las prestaciones, en caso de abandono de la gente de mar.

11. Análisis de las funciones y desarrollo de los clubes de protección e indemnización (clubes de P & I).

12. Flexibilidad al adoptar un sistema de garantía financiera, teniendo en cuenta los diversos modelos que existen.

13. Definición limitada del concepto de abandono de buque a los casos en que el propietario del buque ha desaparecido. Respecto a esta cuestión, sigue existiendo un problema práctico en aspectos tales como la disposición de los salarios, la alimentación o la asistencia médica.

14. Cobertura de seguro. No aceptar la elaboración de garantías según el principio de pagar para ser pagado. La cobertura para la gente de mar debería cumplirse sin excepción.

15. Aplicabilidad de diversos instrumentos de la OIT en seguridad y salud en los convenios que tratan la cuestión de la responsabilidad, en particular la protección de las reclamaciones de los trabajadores en caso de insolvencia del empleador, que prevé la protección de los créditos laborales en caso de insolvencia del empresario.

16. Desarrollo de un instrumento o directiva que cumpla con estos principios: la responsabilidad objetiva del propietario del buque; la limitación de la responsabilidad; la canalización de la responsabilidad hacia el armador; la obligatoriedad de los seguros, el acceso directo a los mismos y la obligatoriedad de llevar a bordo del buque los certificados de seguro, así como de haber depositado previamente una copia de la matrícula del buque en las autoridades pertinentes.

17. Desarrollo de un documento que pueda distribuirse entre los gobiernos, los centros de formación y los sectores interesados para promover las resoluciones adoptadas.

18. Inclusión de un certificado obligatorio en los buques para acreditar el seguro o garantía, cobertura, extensión y reclamación.

7   Futuro instrumento

Instrumento que cubra de forma obligatoria	*Participación en el instrumento de:*	*Marinos protegidos. Mercantes no pesqueros*	*Responsabilidad objetiva del propietario del buque –limitada– canalización hacia el armador*	*Publicidad y conocimiento público, gobiernos, autoridades portuarias, compañías, sindicatos, ONG*
– Indemnización respecto de las reclamaciones por muerte o lesiones corporales. – Abandono de la gente de mar. – Gastos médicos y repatriación.	– Gobiernos, hayan o no ratificado. – Otros instrumentos. – Entidades aseguradoras: Seacurus, Lloyds, Unión de Seguros Mundial, Clubes de P & I.	– Cobertura sanitaria. – Repatriación. – Indemnización.	– Se pretende no incluir salarios impagados a los marinos. – Exclusión del principio «pagar para ser pagado».	– Publicidad en el buque del documento acreditativo de la cobertura señalada. – Conocimiento de los marinos. – Instrumento de obligado cumplimiento (obligatoriedad).
1.º	2.º	3.º	4.º	5.º

Propuesta de instrumento:

    1.º Cobertura

    2.º Participantes

    3.º Elemento subjetivo

    4.º Elementos objetivos

    5.º Características - publicidad/obligatoriedad

8   Base de datos sobre el abandono de gente de mar

Se procedió a su creación en la reunión del grupo mixto OMI-OIT de 2004, celebrada en Londres. Sus principales características son:

– Las informaciones sobre buques abandonados las emitirán los gobiernos y organizaciones invitadas. Destacan la ITF o la ICMA.

– Es una base creada por la Organización Internacional del Trabajo y la Organización Marítima Internacional, con el apoyo técnico de la ISSA.

Abu Abdullah I IMO6923319

Abandonment ID: 00034
Nombre del buque: *Abu Abdullah I*
Bandera: Comoras
Núm. OMI: 6923319
Puerto de abandono: Suez Canal
Fecha de abandono: 18 de enero de 2006
Fecha de notificación: 27 de enero de 2006
Reporting Member Govt. or Org.: Federación Internacional de los Trabajadores del Trasporte (ITF)
Núm. de marinos: 15
Nacionalidades: India (9); Sudán (6)
Circunstancias: *financial dispute and problems between two shipowners*
Acciones tomadas: *other*
Tried to contact owner but was unable to get through. Contacted seafarers. Contacted Indian Embassy in Cairo, contacted Flag State, contacted ITF Delhi Office, ITF Arab World Office, contacted NUSI and MUI, tried to contact local port authorities but to no avail. Attempts made to contact Egyptian affiliates but have not heard anything further.
Estado de la repatriación: *repatriation pending*
Still waiting response from Flag State and Embassy.
Estado del pago: *other*
Comentarios y observaciones: Federación Internacional de los Trabajadores del Trasporte (ITF) (21 de enero de 2008)
This case started with a contact from a seafarer to the ITF Actions Unit. Following various attempts to contact the owners, flag State and other concerned parties, contact was lost with the seafarers, no response was ever received from the owner or flag State and the local unions were unable to find further information.
http://www.ilo.org/dyn/seafarers/seafarersBrowse.details?p_lang=es&p_abandonment_id=34

Ejemplo de los datos que aparecen recogidos en la base de datos de la OMI sobre abandono de buques.

- Su acceso es público (no restringido).
- Contempla sin examen todos aquellos casos notificados, con los siguientes datos: buque, fecha de abandono, puerto, causa, tripulación, situación del buque (jurídica-económica) y, en su caso, la resolución del mismo.

- Al no ser de carácter obligatorio, muchos países no notifican los casos que suceden en sus puertos.
- La cifras notificadas distan mucho de las reales; por ejemplo, en España, durante el período 2000-2005 aparecen cincuenta y un casos, mientras que las notificaciones contemplan sólo ocho.
- No existe un seguimiento detallado de los casos, y las notificaciones sobre su resolución tardan en llegar a la base de datos.
- En las reuniones celebradas se han utilizado estos datos como reales, minimizando con ello el problema, y se han prolongado los períodos y dilatado en el tiempo las tomas de decisiones.
- Pese a estar plenamente definido, existe un absoluto alejamiento del concepto de abandono de gente de mar (definido expresamente por la OIT, en el convenio refundido de 2006).
- No se nutre de los estudios realizados sobre el abandono ni de los datos aportados por las ONG.
- Se está redefiniendo su utilización y acceso.

Capítulo 10
El convenio de la OIT y las medidas relativas al abandono de buques y tripulaciones

1   Antecedentes

El Convenio sobre Repatriación de la Gente de Mar, número 23, del año 1926.

1.1   *Repatriación*

- *Aplicabilidad.* A todos los buques que se dediquen a la navegación y estén matriculados en el país de uno de los miembros que haya ratificado este convenio, a los armadores, los capitanes y la gente de mar de estos países.
- *Obligaciones del país de bandera.* Sin distinción de nacionalidad, adelantar los gastos de repatriación.
- *Excepciones.* Los buques de guerra, buques no dedicados al comercio, buques dedicados al cabotaje nacional, yates de recreo, barcos de pesca y embarcaciones con desplazamiento inferior a cien toneladas.

El mencionado convenio de 1926 consideraba *repatriación* al «transporte del marino a su propio país, ya sea al puerto donde fue contratado o al puerto donde zarpó el buque. Había que desembarcarlo en el país al que perteneciera el puerto donde fue contratado o en el país vecino».

El derecho de repatriación de un marino extranjero procedía:

- cuando hubiera sido embarcado en un país que no fuera el suyo;
- cuando hubiera sido enrolado en un puerto de su propio país, pero desembarcado durante la vigencia de su contrato o a la expiración de éste en el país al que pertenece el navío.

1.2   Gastos

- Se comprenden todos los gastos relacionados con el transporte, el alojamiento y la manutención de la gente de mar durante el viaje.
- El interesado repatriado como miembro de tripulación tiene derecho a una remuneración por los servicios prestados.
- Los gastos de repatriación no están a cargo de la gente de mar en caso de accidente, naufragio, enfermedad o despido improcedente.

2   Convenio sobre Repatriación de la Gente de Mar, de 1987 (revisado)

Aplicable a todo buque dedicado a la navegación pública o privada, matriculado en el territorio de todo miembro para el cual dicho convenio se halle en vigor y destinado a la navegación, así como a los armadores y a los marinos de tales buques.

2.1   Obligatoriedad de repatriación

- Cuando un contrato finalice en el extranjero.
- Cuando expire el período de preaviso.
- En caso de enfermedad, accidente o razón médica.
- En caso de naufragio.
- Cuando el armador no pueda seguir cumpliendo sus obligaciones legales o contractuales (quiebra, venta del buque o cambio de matrícula del buque).
- Cuando un buque se dirija hacia una zona de guerra.
- En caso de terminación o interrupción del empleo del marino por laudo arbitral o convenio colectivo.

2.2   ¿Quién está obligado a repatriar?

El armador y, subsidiariamente, el Estado, si el primero no toma las disposiciones necesarias para la repatriación de un marino que tenga derecho a ella o no sufraga el coste:

- El Estado de matrícula del buque, la autoridad del miembro en cuyo territorio esté matriculado el buque organizará la repatriación del marino y asumirá el coste.
- El Estado del puerto donde se encuentre el buque, y en el caso de no hacerlo, el Estado a cuyo territorio deba ser repatriado el marino o el Estado propio del marino podrán organizar su repatriación. (Derecho reconocido de recuperación.)

– El miembro en cuyo territorio esté matriculado el buque podrá recuperar del armador los gastos ocasionados por la repatriación del marino, que no correrán en ningún caso a cargo de éste.

2.3 Modo de repatriación

Preferentemente, por vía aérea.

2.4 Costes que deben sufragarse

a) El pasaje del marino hasta el punto de destino.
b) El alojamiento y la alimentación durante el trayecto.
c) La remuneración y las prestaciones desde el momento en que abandona el buque.
d) El transporte de 30 kg de equipaje personal.
e) El tratamiento médico.

El armador no puede exigir del marino ningún anticipo para sufragar el coste de su repatriación.

3 Recomendación sobre el bienestar de la gente de mar, de 1987

La obligatoriedad legal de las recomendaciones de la OIT no tienen fuerza ejecutiva, y si no están incorporadas al derecho nacional su valor es escaso. Más allá de las directrices claras y determinadas que establecen las mismas, destacan los aspectos que se describen a continuación respecto a la repatriación.

Están obligados a proporcionar un mayor bienestar a los marinos las siguientes entidades:

– Autoridades públicas.
– Organizaciones de armadores.
– Organizaciones no gubernamentales.

Esta recomendación la desarrollan exhaustivamente las juntas de bienestar de los marinos, que se caracterizan por:

a) *Composición:* representantes de organizaciones de armadores y de gente de mar, autoridades competentes, organizaciones benévolas y organismos sociales, cónsules de Estados marítimos y representantes locales de organizaciones no gubernamentales.

b) Financiación mediante:

1) Subvenciones públicas.
2) Tasas o contribuciones especiales abonadas por círculos marítimos.
3) Cotizaciones voluntarias de los armadores, la gente de mar o determinadas organizaciones.
4) Aportaciones voluntarias.
5) Tasas, exacciones y contribuciones para financiar estos servicios.

c) Servicios que prestan:

1) Salas de reunión y recreo.
2) Instalaciones deportivas u otras al aire libre.
3) Medios educativos.
4) Medios para la práctica religiosa.
5) Información sobre medios de transporte y servicios sociales.
6) Oficinas de información accesibles a la gente de mar.
7) Transporte en las zonas portuarias.
8) Tratamiento ambulatorio por enfermedad o accidente.
9) Hospitalización.
10) Servicios de odontología.
11) Recepción de programas de radio y televisión.
12) Programas de formación profesional.
13) Envío de salarios.
14) Para marinos extranjeros:
    - Acceso a los cónsules de sus países.
    - Cooperación eficaz con las autoridades (en caso de detención, se informará al Estado de bandera del buque y al Estado del marino).
    - Si un marino es encarcelado, se comunicará con los funcionarios.
    - Consulares.
    - Medidas para garantizar la seguridad de la gente de mar.

4   Convenio refundido de la Marina Mercante, de 2006

Este convenio introdujo varias novedades, por lo que se refiere a la OIT. Su estructura consta de disposiciones básicas: diversos artículos y el reglamento, seguidas de un código de dos partes dividido en cinco títulos:

- Título 1. Requisitos mínimos para trabajar a bordo de buques.

- Título 2. Condiciones de empleo.
- Título 3. Alojamiento, instalaciones de esparcimiento, alimentación y servicio de fonda.
- Título 4. Protección de la salud, atención médica, bienestar y protección social.
- Título 5. Cumplimiento y control de la aplicación.

Este convenio modificó los procedimientos de enmienda y el sistema para la certificación de buques. Sin embargo, la mayoría de estas innovaciones se basaron en las contenidas en los instrumentos de otras organizaciones, como la OMI.

Otra característica del convenio es el régimen especial de la parte B, no obligatoria, del código y su relación con la parte A, obligatoria.

4.1   *Ámbito de aplicación*

El convenio se aplica a toda la *gente de mar,* es decir, a «toda persona empleada o contratada, o que trabaje en cualquier puesto a bordo de buques amparados por el convenio».

El convenio sustituirá a unos sesenta y cinco instrumentos de la OIT en vigor sobre el trabajo marítimo, formado por un conjunto de principios y derechos para la gente de mar que concede a los Estados ratificantes mayor discreción en cuanto a su aplicación concreta.

Un sistema estricto de aplicación, respaldado por un sistema de certificación de la conformidad con el convenio, y su control por los sistemas pertinentes del Estado del puerto, permitirá que no sólo pueda inspeccionar (y de ser necesario, inmovilizar) a los buques por motivos de seguridad o de protección del medio ambiente (como ocurre actualmente), sino también atendiendo a razones sociales.

Una cláusula del convenio vela por conseguir que un buque que enarbole la bandera de un Estado que no haya ratificado el convenio no reciba un trato más favorable que otro que enarbole el pabellón de un Estado que sí lo haya ratificado. Esta cláusula impide que haya competencia desleal y contribuye a que se alcance el objetivo de una ratificación mundial del convenio.

Con el término *buque* se designa a «todos los buques dedicados normalmente a actividades comerciales, con excepción de los que navegan exclusivamente en aguas interiores o en aguas situadas dentro o en las inmediaciones de aguas abrigadas o de zonas en las que se apliquen reglamentaciones portuarias, o de los buques dedicados a la pesca u otras actividades similares y de las embarcaciones de construcción tradicional, como las gabarras y los juncos».

Estas definiciones de los buques y de la gente de mar que figuran en el texto se basan en otras que aparecen en las normas vigentes sobre el trabajo marítimo. Sin embargo, existe cierto margen de flexibilidad para la aplicación de las normas en las distintas esferas abordadas. Así, el título 3 del convenio sólo se aplica a buques que cumplen unos requisitos determinados, excluyendo a los buques pequeños. De la misma forma, en virtud del título 5, sólo los buques de 500 toneladas de arqueo bruto o más y que se dedican a viajes internacionales (o que operan en un país extranjero) tendrán que llevar a bordo el certificado de trabajo marítimo y la declaración de conformidad laboral marítima, para demostrar que el buque está siendo explotado de acuerdo con los requisitos del convenio.

4.2   Contenidos del convenio

La estructura del nuevo convenio aprobado en la 94 Conferencia Internacional de la OIT, en febrero de 2006, se desarrolla sobre la base de cinco grandes títulos:

- **Título 1. Requisitos mínimos para trabajar a bordo de buques**
  - Regla 1.1. Edad mínima
  - Regla 1.2. Certificado médico
  - Regla 1.3. Formación y calificaciones
  - Regla 1.4. Contratación y colocación

- **Título 2. Condiciones de empleo**
  - Regla 2.1. Acuerdos de empleo de la gente de mar
  - Regla 2.2. Salarios
  - Regla 2.3. Horas de trabajo y de descanso
  - Regla 2.4. Derecho a vacaciones
  - Regla 2.5. Repatriación
  - Regla 2.6. Indemnización de la gente de mar en caso de pérdida del buque o de naufragio
  - Regla 2.7. Niveles de dotación
  - Regla 2.8. Promoción de la progresión profesional y del desarrollo de las aptitudes y las oportunidades de empleo de la gente de mar

- **Título 3. Alojamiento, instalaciones de esparcimiento, alimentación y servicio de fonda**
  - Regla 3.1. Alojamiento y servicios de esparcimiento
  - Regla 3.2. Alimentación y servicio de fonda

- **Título 4. Protección de la salud, atención médica, bienestar y protección social**
  - Regla 4.1. Atención médica a bordo de buques y en tierra
  - Regla 4.2. Responsabilidad de los armadores
  - Regla 4.3. Protección de la salud y la seguridad y prevención de accidentes

- Regla 4.4. Acceso a instalaciones de bienestar en tierra
- Regla 4.5. Seguridad Social

- **Título 5. Cumplimiento y control de la aplicación**
  - Regla 5.1. Responsabilidades del Estado de abanderamiento
  - Regla 5.1.1. Principios generales
  - Regla 5.1.2. Autorización de las organizaciones reconocidas
  - Regla 5.1.3. Certificado de trabajo marítimo y declaración de conformidad laboral marítima
  - Regla 5.1.4. Inspección y control de la aplicación
  - Regla 5.1.5. Procedimientos de tramitación de quejas
  - Regla 5.1.6. Siniestros
  - Regla 5.2. Responsabilidades del Estado rector del puerto
  - Regla 5.2.1. Inspecciones en los puertos
  - Regla 5.2.2. Procedimientos de tramitación de quejas en tierra
  - Regla 5.3. Responsabilidades en relación con el suministro de mano de obra

En la actualidad, el presente convenio todavía no ha entrado en vigor. Sólo ha habido una ratificación del Estado de Liberia. Entrará en vigor doce meses después de la fecha en que se hayan registrado las ratificaciones de, al menos, treinta miembros que en conjunto posean como mínimo el 33 % del arqueo bruto de la flota mercante mundial.

Las principales novedades en las medidas y normativas sobre el abandono de tripulaciones y buques se desarrollan en los siguientes apartados.

Regla 2.5. Repatriación

Finalidad: asegurar que la gente de mar pueda regresar a su hogar. (Derecho reconocido a la repatriación.)

La gente de mar debe tener derecho a ser repatriada sin costo para ella, en las circunstancias y de acuerdo con las condiciones especificadas en el Código (C.166A4 modificado).

Los miembros deben exigir que los buques que enarbolen su pabellón aporten garantías financieras para asegurar que la gente de mar sea debidamente repatriada con arreglo al código.

Norma A2.5. Repatriación

Todo miembro debe velar por conseguir que la gente de mar que trabaje en buques que enarbolen su pabellón tenga derecho a ser repatriada en las circunstancias siguientes:

a) cuando el acuerdo de empleo de la gente de mar expire mientras ésta se encuentre en el extranjero;

b) cuando pongan término al acuerdo de empleo de la gente de mar: el armador o la gente de mar por causas justificadas; y

c) cuando la gente de mar no pueda seguir desempeñando sus funciones en el marco del acuerdo de empleo que haya suscrito o no pueda esperarse que las cumpla en circunstancias específicas (C.166A2/1 modificado).

Se podrá incluir el derecho a repatriación en los convenios colectivos. Todo miembro debe velar por conseguir que en su legislación, en otras medidas o en los convenios de negociación colectiva se recojan disposiciones apropiadas que prevean:

a) las circunstancias en que la gente de mar tendrá derecho a repatriación de conformidad con el párrafo 1, apartados *b)* y *c)* de la presente norma;

b) la duración máxima del período de servicio a bordo al término del cual la gente de mar tiene derecho a la repatriación (ese período deberá ser inferior a doce meses) (C.166A2/2 modificado), (inclusión como gastos de repatriación de todos aquéllos desde la salida al lugar de origen);

c) los derechos precisos que los armadores deben conceder para la repatriación, incluidos los relativos a los destinos de repatriación, el medio de transporte, los gastos que sufragarán y otras disposiciones que tengan que adoptar los armadores.

Existe una prohibición expresa de efectuar retenciones económicas previas para hacer frente a los gastos de repatriación, si ésta se produjese. Todo miembro de la tripulación debe prohibir a los armadores que exijan a la gente de mar, al comienzo del desempeño de su trabajo, cualquier anticipo con miras a sufragar el costo de su repatriación o que deduzcan dicho costo de la remuneración o de otras prestaciones a las que tengan derecho, excepto cuando, de conformidad con la legislación nacional, con otras medidas o con los convenios de negociación colectiva aplicables, se haya determinado que el marino interesado es responsable de una infracción grave de las obligaciones que entraña su puesto (C.166A415 modificado).

Derecho de recuperación del coste de repatriación. La legislación nacional no debe menoscabar el derecho del armador a recuperar el costo de la repatriación en virtud de acuerdos contractuales con terceras partes (C.166A416 modificado).

Si un armador no toma las disposiciones necesarias para la repatriación de la gente de mar que tenga derecho a ella o no sufraga el costo de la misma, la autoridad competente del miembro cuyo pabellón enarbole el buque organizará la repatriación de la gente de mar; en caso de no hacerlo, el Estado de cuyo territorio deba ser repatriada la gente de mar o el Estado del cual sea nacional la gente de mar podrá organizar la repatriación y recuperar su costo del miembro cuyo pabellón enarbole el buque; el miembro cuyo pabellón enarbole el buque podrá recuperar del armador los gastos ocasionados por la repatriación de la gente de mar, y los gastos de repatriación no correrán en ningún caso a cargo de la gente de mar, salvo en las condiciones estipuladas en el párrafo 3 de la presente norma (C.166A5 modificado).

Inclusión de los gastos de repatriación dentro del listado de créditos privilegiados al proceder al embargo preventivo de buques. Habida cuenta de los instrumentos internacionales aplicables, incluido el Convenio Internacional sobre el Embargo Preventivo de Buques (1952), todo miembro que haya pagado los gastos de repatriación de conformidad con el presente código podrá inmovilizar o pedir la inmovilización de los buques del armador interesado hasta que le sean reembolsados esos gastos de conformidad con el párrafo 5, apartado *a)*, de la presente norma.

Las obligaciones de los países donde se encuentren los marinos que hay que repatriar son:

a) Todo miembro debe facilitar la repatriación de la gente de mar que presta servicio en buques que atracan en sus puertos o que atraviesan sus aguas territoriales o vías internas de navegación, así como su reemplazo a bordo (C.166A10).

b) En particular, los miembros no deben denegar el derecho de repatriación a ningún marino debido a las circunstancias financieras de los armadores o a la incapacidad o la falta de voluntad de éstos para remplazarlo.

c) Los miembros deben exigir que los buques que enarbolen su pabellón lleven a bordo y pongan a disposición de la gente de mar una copia de las disposiciones nacionales aplicables a la repatriación, escritas en un idioma apropiado (C.166A12 modificado).

Pauta B2.5. Repatriación

Pauta B2.5.1. Derecho a la repatriación

La gente de mar debería tener derecho a ser repatriada:

- en el caso previsto en el párrafo 1, apartado *a)* de la norma A2.5, cuando expire el plazo de preaviso dado de conformidad con las disposiciones de su acuerdo de empleo;
- en los casos previstos en el párrafo 1, apartados *b)* y *c)* de la norma A2.5:

  I) en caso de enfermedad o de lesión o por cualquier otra razón médica que exija su repatriación, a reserva de la correspondiente autorización médica para viajar;
  II) en caso de naufragio;

III) cuando el armador no pueda seguir cumpliendo sus obligaciones legales o contractuales como empleador de la gente de mar a causa de insolvencia, venta del buque, cambio de matrícula del buque u otro motivo análogo;

IV) cuando el buque en que presta servicio se dirija hacia una zona de guerra, definida como tal en la legislación nacional o en los acuerdos de empleo de la gente de mar, a la cual la gente de mar no acepte ir; y

V) en caso de terminación o interrupción del empleo de la gente de mar como consecuencia de un laudo arbitral o de un convenio colectivo, o de terminación de la relación laboral por cualquier otro motivo similar (C.166A2/1).

Al determinar la duración máxima del período de servicio a bordo al término del cual la gente de mar tiene derecho a ser repatriada.

Los costos que debe sufragar el armador por la repatriación con arreglo a la norma A2.5 deberían incluir al menos lo siguiente (C.166A4/4 modificado):

a) el pasaje hasta el punto de destino elegido para la repatriación de conformidad con el párrafo 6 de la presente pauta B2.5.1;

b) el alojamiento y la alimentación desde el momento en que la gente de mar abandona el buque hasta su llegada al punto de destino elegido para la repatriación;

c) la remuneración y las prestaciones de la gente de mar desde el momento en que abandona el buque hasta su llegada al punto de destino elegido para la repatriación, si ello está previsto en la legislación nacional o en convenios colectivos;

d) el transporte de 30 kg de equipaje personal de la gente de mar hasta el punto de destino elegido para la repatriación; y

e) el tratamiento médico, si es necesario, hasta que el estado de salud de la gente de mar le permita viajar hasta el punto de destino elegido para la repatriación (C.166A4/4).

No debe descontarse de las vacaciones retribuidas devengadas por la gente de mar el tiempo transcurrido en espera de la repatriación ni el tiempo transcurrido durante el viaje de repatriación (C.166A7).

Debería exigirse a los armadores que sigan sufragando los costos de repatriación hasta que la gente de mar interesada haya sido desembarcada en un punto de destino establecido de conformidad con el presente código o hasta que se le encuentre un empleo conveniente a bordo de un buque que se dirija a alguno de esos puntos de destino (C.166A8, C.55A6/4).

Todo miembro debería exigir a los armadores que asuman la responsabilidad de organizar la repatriación por medios apropiados y rápidos. El medio de transporte habitual debería ser el aéreo (C.166A4/1 modificado). Asimismo, cada miembro debería fijar los puntos de destino a los que podría repatriarse a la gente de mar (C.166A3/1 modificado). Entre estos puntos de destino deberían incluirse los países con los que se considere que la gente de mar guarda una relación sustancial, y en particular (C.166A3/2 modificado):

a) el lugar donde la gente de mar aceptó la contratación;

b) el lugar estipulado por convenio colectivo;

c) el país de residencia de la gente de mar, o

d) cualquier otro lugar convenido entre las partes en el momento de la contratación.

La gente de mar debería tener derecho a elegir, entre los diferentes puntos de destino establecidos, el lugar al que desea ser repatriada (C.166A312 modificado).

El derecho a la repatriación podría expirar si la gente de mar interesada no lo reclama en un período de tiempo razonable, que debe determinarse en la legislación nacional o en convenios colectivos (C.166A8 modificado).

Pauta B2.5.2. Aplicación por los miembros

Debería prestarse la máxima asistencia práctica posible a los marinos abandonados en puertos extranjeros, en espera de su repatriación, y en caso de demora en la repatriación de marinos, la autoridad competente del puerto extranjero debería velar por conseguir que se informe de ello inmediatamente al representante consular o local del Estado cuyo pabellón enarbole el buque (R.173P21).

Todo miembro debería garantizar, en particular, que se adopten medidas apropiadas para:

a) la repatriación de la gente de mar empleada en un buque que enarbole el pabellón de un país extranjero, y que haya sido desembarcada en un puerto extranjero por razones ajenas a su voluntad:

    I)   al puerto en el que fue contratada;

    II)   a un puerto de su propio país o del país del que proceda; o

    III)   a otro puerto convenido entre la gente de mar interesada y el capitán o el armador, con la aprobación de la autoridad competente o con arreglo a otras garantías apropiadas; y

b) la atención médica y la manutención de la gente de mar empleada en un buque que enarbole su pabellón, y que haya sido desembarcada en un puerto extranjero a causa de una enfermedad o una lesión sufrida mientras prestaba servicio en el buque, no imputable a una falta intencionada del interesado (R. 1O7P2).

Cuando un marino menor de dieciocho años, que haya trabajado al menos durante cuatro meses en su primer viaje al extranjero a bordo de un buque, da muestras obvias de que no es apto para la vida en el mar, debería tener la posibilidad de ser repatriado, sin gastos para él, en el primer puerto de escala apropiado donde haya servicios consulares, ya sea del país de abanderamiento del buque o del país de nacionalidad del joven marino. Debería notificarse tal repatriación, y las razones que la motivaron, a la autoridad que expidió la documentación que permitió al joven marino embarcarse (R. l53P6, 1). Se desarrolla un grupo de obligaciones inexistentes en numerosos países hasta el momento, al no existir precepto legislativo alguno que las incluya.

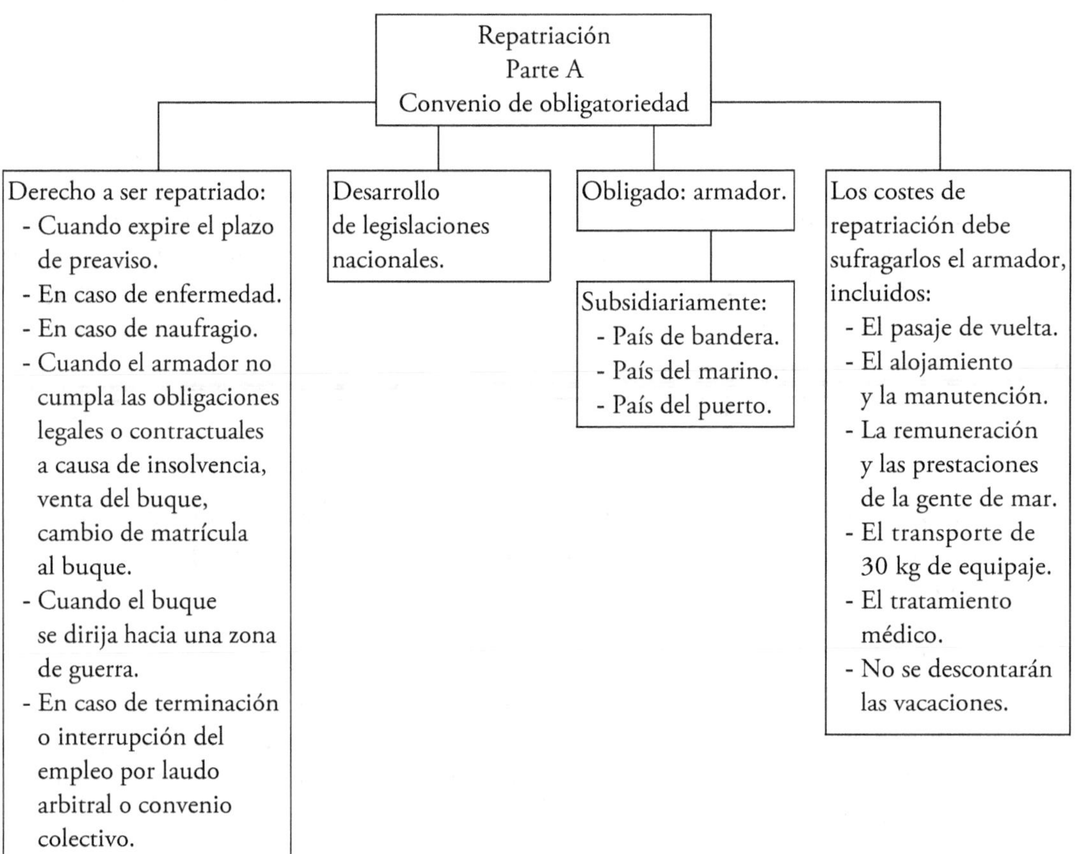

Tabla 10.1. Esquema de desarrollo del proceso de repatriación en el Convenio de Marina Mercante, de 2006.

Regla 2.6. Indemnización de la gente de mar en caso de pérdida del buque o de naufragio

Finalidad: asegurar que se indemnice a la gente de mar en caso de pérdida del buque o de naufragio.

La gente de mar tiene derecho a recibir una indemnización adecuada en caso de lesión, pérdida o desempleo debido a la pérdida del buque o a su naufragio (C.8 modificado).

En las actas de discusión se intentó establecer cantidades a tanto alzado que no fueron aceptadas.

Regla 4.2. Responsabilidad de los armadores

Finalidad: asegurar que la gente de mar esté protegida frente a las consecuencias financieras de una posible enfermedad, una lesión o incluso la muerte que se produzcan en relación con su empleo.

Todo miembro debe asegurarse de que en los buques que enarbolen su pabellón se adopten medidas, en conformidad con el código, que concedan a la gente de mar empleada el derecho a recibir ayuda y apoyo material del armador en relación con las consecuencias financieras de una enfermedad, una lesión o la muerte ocurridas mientras preste servicio en virtud de un acuerdo de empleo de la gente de mar o que se deriven del empleo en virtud de ese acuerdo (C.55 modificado). La presente regla no irá en perjuicio de ningún otro recurso legal al alcance de estos marinos.

Norma A4.2. Responsabilidad del armador

Todo miembro debe adoptar una legislación que exija que los armadores de los buques que enarbolen su pabellón sean responsables de la protección de la salud y de la atención médica de todas las personas que trabajen a bordo de buques de conformidad con las siguientes normas mínimas, según las cuales, los armadores deben:

a) sufragar los gastos por enfermedades o accidentes de la gente de mar empleada en sus buques ocurridos entre la fecha de comienzo del servicio y la fecha en que se considere que estas personas han sido debidamente repatriadas o que se deriven del empleo que desempeñaron entre esas fechas (C.55A2 modificado);

b) constituir una garantía financiera para asegurar el pago de una indemnización en caso de muerte o discapacidad prolongada de la gente de mar como resultado de un accidente del trabajo, una enfermedad o unos riesgos profesionales, de conformidad con lo dispuesto en la legislación nacional, en el acuerdo de empleo o en un convenio colectivo de la gente de mar;

c) sufragar los gastos de atención médica, incluido el tratamiento médico, los medicamentos necesarios y aparatos terapéuticos, así como el alojamiento y alimentación fuera del hogar hasta la recuperación de la gente de mar enferma o herida, o hasta que se compruebe el carácter permanente de la enfermedad o de la discapacidad (C.55A3, A4 y A5 modificado); y

d) sufragar los gastos de sepelio en caso de muerte a bordo o en tierra durante el período de contratación (C.55A7 modificado).

La legislación nacional puede limitar la responsabilidad del armador, por lo que se refiere a los gastos de asistencia médica, alojamiento y alimentación, a un período nunca inferior a dieciséis semanas a partir del día en que se produjo la lesión o del comienzo de la enfermedad (C.55A412 modificado).

Cuando la enfermedad o la lesión ocasionen una incapacidad para trabajar, el armador debe pagar:

a) la totalidad del salario mientras la gente de mar enferma o lesionada permanezca a bordo (C.55A511) o sea desembarcada en el territorio de un Estado que no sea el miembro competente (C.165A14); y

b) la totalidad o una parte del salario, conforme a lo previsto en la legislación nacional o en convenios colectivos, desde el momento en que la gente de mar sea repatriada o desembarcada y hasta su total curación o hasta que tenga derecho a prestaciones monetarias en virtud de la legislación del miembro competente (si esto ocurre antes) (C.55A5/1, C.165A15 modificados).

La legislación nacional puede limitar la responsabilidad del armador en cuanto al pago de la totalidad o parte del salario de la gente de mar desembarcada a un período nunca inferior a dieciséis semanas, contado a partir del día del accidente o del comienzo de la enfermedad (C.55A5/2, C.165A14 y 15).

Asimismo, puede eximir de responsabilidad a un armador respecto a:

a) la lesión que no se haya producido en el servicio del buque;

b) la lesión o la enfermedad imputables a un acto voluntario, una mira intencional o a la mala conducta de la gente de mar enferma, herida o fallecida; y

c) la enfermedad o deficiencia física disimuladas voluntariamente en el momento de la contratación (C.55A2).

Siempre y cuando los poderes públicos asuman dicha responsabilidad, la legislación nacional puede eximir al armador de la obligación de sufragar los gastos en concepto de atención médica, alimentación y alojamiento, así como los derivados del sepelio (C.55A4 y 10).

Los armadores o sus representantes legales deben adoptar medidas para proteger los bienes dejados a bordo por la gente de mar enferma, lesionada o fallecida y devolvérselos a sus parientes más próximos (C.55A8 modificado).

Pauta B4.2. *Responsabilidad del armador*

Del pago de la totalidad del salario previsto en el párrafo 3, de la norma A4.2 pueden excluirse las bonificaciones (C.165A14 y 15).

La legislación nacional puede establecer también que la responsabilidad del armador con respecto a la gente de mar enferma o lesionada cese a partir del momento en que puedan reclamar la prestación de asistencia médica en virtud de un régimen de seguro obligatorio de enfermedad, de accidente o de indemnización por accidentes del trabajo (C.55A413, A513).

Asimismo, puede establecer que una institución de seguros reembolse los gastos de sepelio sufragados por el armador, en aquellos casos en que la legislación relativa al seguro social o de indemnización de los trabajadores prevea una prestación para gastos funerarios (C.55A7/2).

Regla 4.3. *Protección de la salud y la seguridad y prevención de accidentes*

Finalidad: asegurar que el entorno de trabajo de la gente de mar a bordo de los buques propicie la seguridad y la salud en el trabajo.

Todo miembro debe asegurarse de que la gente de mar que trabaje en buques que enarbolen su pabellón tenga una cobertura médica y desarrolle su trabajo sin riesgos para su salud, y además que viva, trabaje y reciba formación a bordo del buque en un entorno seguro e higiénico (basado en C.164A3).

La autoridad competente de cada miembro, previa consulta a las organizaciones representativas de los armadores y de la gente de mar, y teniendo en cuenta los códigos aplicables, junto con las pautas y normas recomendadas por las organizaciones internacionales, las administraciones nacionales y las organizaciones del sector marítimo, debe elaborar y promulgar orientaciones nacionales para la gestión de la seguridad y la salud en el trabajo a bordo de los buques que enarbolen el pabellón del Estado miembro (basado en C.155 y C.134).

Todo miembro debe adoptar una legislación y otras medidas que aborden las cuestiones especificadas en el código, teniendo en cuenta instrumentos internacionales pertinentes, y estableciendo normas sobre protección de la seguridad y la salud y sobre la prevención de accidentes a bordo de buques que enarbolen su pabellón (basado en C.134A4).

Regla 4.4. *Acceso a instalaciones de bienestar en tierra*

Finalidad: asegurar que la gente de mar empleada a bordo de buques tenga acceso a instalaciones y servicios en tierra que procuren su salud y su bienestar.

Los miembros deben velar por que las instalaciones de bienestar en tierra, si las hay, sean de fácil acceso. También deben promover la construcción en determinados puertos de instalaciones y servicios de bienestar como los enumerados en el código, a fin de que la gente de mar a bordo de los buques que se encuentren en sus puertos tenga acceso a ellos (basado en C.163A2/1).

Las responsabilidades que incumben a los miembros en relación con las instalaciones en tierra, tales como las instalaciones y los servicios de bienestar, culturales, de esparcimiento e información, se enuncian en el código.

Norma A4.4. Acceso a instalaciones de bienestar en tierra

Todo miembro debe exigir que, cuando haya instalaciones de bienestar en su territorio, éstas puedan ser utilizadas por toda la gente de mar, sin distinción de nacionalidad, raza, color, sexo, religión, convicciones políticas u origen social e independientemente de cuál sea el Estado de abanderamiento del buque en el que la gente de mar trabaje o esté empleada o contratada (C.163A311 modificado).

Asimismo, debe impulsar el desarrollo de instalaciones de bienestar en puertos apropiados del país y determinar, previa consulta con las organizaciones de armadores y de gente de mar interesadas, qué puertos deben considerarse apropiados (C.163A312 modificado).

Incluso alentar el establecimiento de comisiones de bienestar encargadas de examinar regularmente las instalaciones y los servicios de bienestar a fin de cerciorarse de que sean apropiados, habida cuenta de la evolución de las necesidades de la gente de mar como consecuencia de los avances técnicos, operacionales o de otra índole que se registren en el sector del transporte marítimo (C.163A5; R.173P713 P9).

Pauta B4.4. Acceso a instalaciones de bienestar en tierra

Pauta B4.4.1. Responsabilidades de los miembros

Todo miembro debería:

a) adoptar las medidas pertinentes para asegurar que se faciliten instalaciones y servicios de bienestar adecuados a la gente de mar en puertos de escala seleccionados y que se les dispense una protección adecuada en el ejercicio de su profesión;

b) asimismo, en la aplicación de estas medidas, debería tener en cuenta las necesidades especiales de la gente de mar por lo que se refiere a su seguridad, salud y esparcimiento, particularmente cuando se encuentre en el extranjero o en zonas de guerra (R.173P3).

Entre las medidas de control de las instalaciones y los servicios de bienestar, debería figurar la participación de organizaciones representativas de los armadores y de la gente de mar (R.173P4).

Los miembros deberían adoptar medidas encaminadas a lograr que entre los buques, los organismos centrales de abastecimiento y las instituciones de bienestar se facilite la libre circulación de artículos tales como películas, libros, periódicos y equipo deportivo destinados a la gente de mar, ya sea a bordo de los buques o en los centros de bienestar en tierra (R.138P14).

Los miembros deberían cooperar entre sí a fin de promover el bienestar de la gente de mar durante la navegación y en los puertos. Esta cooperación debe comprender:

a) la celebración de consultas entre las autoridades competentes con miras a facilitar o mejorar las instalaciones y los servicios de bienestar para la gente de mar, tanto en los puertos como a bordo de los buques;

b) la celebración de acuerdos para aunar recursos en un fondo común y facilitar conjuntamente servicios de bienestar en los grandes puertos, a fin de evitar la duplicidad inútil de esfuerzos;

c) la organización de competiciones deportivas internacionales y el fomento de la participación de la gente de mar en actividades deportivas; y

d) la organización de seminarios internacionales sobre el tema del bienestar de la gente de mar durante la navegación y en los puertos (R.173P6).

Pauta B4.4.2. Instalaciones y servicios de bienestar en los puertos

Los miembros deberían facilitar o asegurar que se faciliten las instalaciones y los servicios de bienestar necesarios en los puertos apropiados del país de que se trate.

Las instalaciones y los servicios de bienestar deberían estar a cargo, de conformidad con las condiciones y la práctica nacionales, de una o varias de las instituciones siguientes:

a) las autoridades públicas;

b) las organizaciones de armadores y de gente de mar interesadas, con arreglo a convenios colectivos o a otras disposiciones adoptadas de común acuerdo; y

c) organizaciones benévolas (R.173P8/1).

Deberían crearse o ampliarse las instalaciones de bienestar y de esparcimiento necesarias en los puertos. Entre dichas instalaciones deberían figurar (R.173P12):

a) salas de reunión y de esparcimiento, según las necesidades;
b) instalaciones deportivas y otras instalaciones al aire libre, en particular para celebrar competiciones;
c) instalaciones educativas; y
d) cuando proceda, instalaciones para la práctica religiosa y los servicios de asesoramiento personal.

Estas instalaciones pueden proporcionarse poniendo a disposición de la gente de mar, en función de sus necesidades, instalaciones previstas para un uso más general (R.173P12).

Cuando un gran número de marinos de diferentes nacionalidades necesiten disponer en puerto de determinadas instalaciones, tales como hoteles, clubes o locales deportivos, las autoridades o los organismos competentes de los países de origen de la gente de mar y de los Estados de abanderamiento, así como las asociaciones internacionales interesadas, deberían celebrar consultas y cooperar entre sí y con las autoridades y los organismos competentes del país donde está situado el puerto, con objeto de aunar recursos y evitar la duplicación inútil de esfuerzos (R.173P13).

La gente de mar debería disponer de hoteles o albergues adecuados cada vez que los necesite; estos establecimientos deberían prestar servicios equivalentes a los ofrecidos por hoteles de clase media-alta, y estar, en lo posible, bien situados y no en la proximidad inmediata de los muelles. Deberían asimismo estar sometidos a los controles pertinentes, y sus precios tendrían que ser razonables: cuando fuese necesario y factible, deberían adoptarse disposiciones para alojar en ellos a las familias de los marinos (R.138P9, R.173P11).

Estas instalaciones de alojamiento deberían ponerse a disposición de toda la gente de mar, sin distinción de nacionalidad, raza, color, sexo, religión, convicciones políticas u origen social e independientemente de cuál sea el Estado de abanderamiento del buque en que la gente de mar trabaje o esté empleada o contratada. Sin infringir en modo alguno este principio, tal vez sea necesario que en determinados puertos se prevean diversos tipos de servicios, de nivel comparable pero adaptado a las costumbres y necesidades de diferentes grupos de gente de mar (R.138P10).

Deberían adoptarse medidas para asegurar que, según sea necesario, en la gestión de las instalaciones y los servicios de bienestar para la gente de mar se emplee a tiempo completo a personal técnicamente competente, además de los eventuales colaboradores voluntarios (R.173P812).

Pauta B4.4.3. Comisiones de bienestar

Deberían crearse comisiones de bienestar en los puertos y a escala regional o nacional, según proceda, que se encargaran en particular de las siguientes funciones:

a) verificar que las instalaciones de bienestar existentes sigan siendo adecuadas y determinar si conviene crear otras o suprimir las que son subutilizadas; y

b) ayudar y asesorar a los encargados de proporcionar instalaciones de bienestar y asegurar la coordinación entre ellos.

Las comisiones de bienestar deberían contar entre sus miembros con representantes de las organizaciones de armadores y de gente de mar, de las autoridades competentes y, si procede, de organizaciones benévolas y entidades sociales.

Cuando corresponda, se debería invitar a los cónsules de los Estados marítimos y a los representantes locales de organizaciones de bienestar extranjeras a que participen en la labor de las comisiones de bienestar en los puertos y a escala regional y nacional, de conformidad con la legislación nacional (R.173P9).

Pauta B4.4.4. Financiación de las instalaciones de bienestar

De acuerdo con las condiciones y la práctica nacionales, el apoyo financiero a las instalaciones de bienestar en los puertos debería proceder de varias de las fuentes siguientes:

a) subvenciones públicas;

b) gravámenes u otras contribuciones especiales provenientes de círculos marítimos;

c) aportaciones voluntarias de los armadores, de la gente de mar o de sus organizaciones; y

d) aportaciones voluntarias de otras fuentes.

Cuando se establezcan impuestos, gravámenes o contribuciones especiales para financiar las instalaciones de bienestar, estos recursos sólo deberían utilizarse para los fines con que se recaudaron (R.173P10).

Pauta B4.4.5. Difusión de información y medidas de facilitación

Debería difundirse información entre la gente de mar sobre las instalaciones que se encuentran a disposición de todo el público en los puertos de escala, en particular, los medios de transporte, los servicios sociales, educativos y de esparcimiento, y los lugares de culto, así como sobre las instalaciones destinadas específicamente a la gente de mar.

Asimismo, debería disponerse de medios de transporte adecuados, a precios módicos y que circularan a unas horas y una frecuencia razonables, a fin de que la gente de mar pueda desplazarse a las zonas urbanas desde puntos convenientemente situados en el puerto (R.173P15).

Las autoridades competentes deberían adoptar todas las medidas adecuadas para informar a los armadores y a la gente de mar que llegue a un puerto sobre todas las leyes y costumbres especiales cuya infracción pudiera entrañar su privación de libertad (R.173P18).

También deberían equipar adecuadamente las zonas portuarias y las carreteras de acceso a los puertos con alumbrado suficiente y carteles indicadores, y disponer que los agentes del orden patrullen por ellas de forma regular para garantizar la protección de la gente de mar (R.173P19).

Pauta B4.4.6. Gente de mar en un puerto extranjero

A fin de asegurar la protección de la gente de mar en puertos donde no son nacionales, deberían tomarse medidas para facilitar:

a) el acceso a sus cónsules respectivos; y

b) una cooperación eficaz entre dichos cónsules y las autoridades locales o nacionales (R.173P20).

La situación de la gente de mar detenida en un puerto extranjero debería ser tramitada sin demora con arreglo a las normas en materia de garantías procesales y con la protección consular apropiada (R.173P2013 modificado).

Cada vez que, por cualquier motivo, se detenga a un marino en el territorio de un miembro, la autoridad competente debería, a petición de la persona interesada, informar inmediatamente del particular al Estado de abanderamiento y al Estado propio del marino. Asimismo, debería informar sin demora al marino de su derecho a presentar tal petición. El Estado propio del marino debería, a su vez, informar rápidamente a sus parientes más cercanos. El miembro debería permitir que los funcionarios consulares de esos Estados puedan entrevistarse de inmediato con el marino y sigan visitándole de forma regular mientras permanezca encarcelado (R.173P20/2).

Cada vez que sea necesario, los miembros deberían adoptar medidas para garantizar la seguridad de la gente de mar contra posibles agresiones y otros actos ilegales mientras los buques se hallan en sus aguas territoriales y, en especial, mientras se aproximan a sus puertos (R.173P22).

Los responsables en los puertos y a bordo deberían esforzarse al máximo por conseguir que se autorice a la gente de mar a desembarcar tan pronto como sea posible tras la llegada del buque a puerto (R.173P27).

Norma A5.1.2. *Autorización de organizaciones reconocidas*

A los efectos del reconocimiento de conformidad con el párrafo 1 de la regla 5.1.2, la autoridad competente debe examinar la competencia e independencia de la organización interesada y determinar si ésta ha demostrado, en el grado necesario para llevar a cabo las actividades comprendidas en las facultades que se le hayan conferido, que:

a) posee las competencias técnicas necesarias en los aspectos relevantes del presente convenio y los conocimientos adecuados sobre el funcionamiento del buque, incluidos los requisitos mínimos para trabajar a bordo de buques, las condiciones de empleo, el alojamiento, las instalaciones de esparcimiento, la alimentación y el servicio de fonda, y la prevención de accidentes, la protección de la salud, la atención médica, el bienestar y la protección de la seguridad social;

b) tiene la capacidad para mantener y actualizar las competencias profesionales de su personal;

c) posee los conocimientos necesarios a cerca de las disposiciones del convenio, así como de la legislación nacional aplicable y de los instrumentos internacionales pertinentes; y

d) su tamaño, estructura, experiencia y capacidad están en consonancia con el tipo y grado de autorización.

Cualquier autorización que se conceda en relación con las inspecciones facultará a la organización para que, como mínimo, pueda exigir que se corrijan las deficiencias que se señalen en las condiciones de vida y de trabajo de la gente de mar y se realicen inspecciones a ese respecto cuando lo solicite un Estado del puerto (capítulo I del Convenio SOLAS modificado, regla 6).

Todo miembro debe establecer:

a) un sistema que garantice la idoneidad de la labor desempeñada por las organizaciones reconocidas, que incluya información sobre toda la legislación nacional y los instrumentos internacionales aplicables; y

b) procedimientos para la comunicación con dichas organizaciones y el control de las mismas.

Todo miembro debe proporcionar a la OIT una lista actualizada de las organizaciones reconocidas que haya autorizado a actuar en su nombre. En ella tienen que indicarse las funciones que tales organizaciones han sido autorizadas a desempeñar. La OIT pondrá esta lista a disposición del público.

Pauta B5.1.2. Autorización de las organizaciones reconocidas

La organización que solicite el reconocimiento debería demostrar su competencia y capacidad técnica, administrativa y directiva para garantizar una prestación de servicios oportuna y de calidad satisfactoria.

Al evaluar la capacidad de una organización, la autoridad competente debería determinar si la organización:

a) tiene suficiente personal técnico, directivo y de apoyo;

b) dispone de suficiente personal profesional calificado para prestar el servicio requerido, y tiene una cobertura geográfica adecuada;

c) ha demostrado su capacidad para prestar puntualmente servicios de calidad; y

d) es independiente y responsable en sus actividades.

La autoridad competente debería concertar un acuerdo escrito con toda organización que reconozca a los efectos de una autorización. Tal acuerdo debería contener los elementos siguientes:

a) ámbito de aplicación;

b) finalidad;

c) condiciones generales;

d) desempeño de las funciones objeto de la autorización;

e) base jurídica de las funciones objeto de la autorización;

f) presentación de informes a la autoridad competente;

g) especificación de la autorización de la autoridad competente a la organización reconocida; y

h) supervisión de las actividades delegadas a la organización reconocida por la autoridad competente.

Todo miembro debería exigir que las organizaciones reconocidas establezcan un sistema de calificación del personal que la organización emplee como inspectores para garantizar la actualización oportuna de sus conocimientos teóricos y prácticos.

También que lleven un registro de los servicios que prestan, a fin de que puedan demostrar que cumplen las normas exigidas en los ámbitos abarcados por los servicios.

Al establecer los procedimientos de control mencionados en el párrafo apartado *b)*, de la norma A5.1.2., el miembro debería tener en cuenta las directrices relativas a la autorización de las organizaciones que actúan en nombre de la administración, adoptadas en el marco de la OMI.

Norma A5.1.3. Certificado de trabajo marítimo y declaración de conformidad laboral marítima

La autoridad competente, o una organización debidamente autorizada a tal efecto, expedirán al buque el certificado de trabajo marítimo por un período no superior a cinco años. En el anexo A54 se recoge una lista de cuestiones que deben ser inspeccionadas y estar en conformidad con la legislación nacional u otras medidas por las que se apliquen las disposiciones del presente convenio relativas a las condiciones de trabajo y de vida de la gente de mar a bordo de los buques, antes de que se pueda expedir un certificado de trabajo marítimo.

La validez del certificado de trabajo marítimo estará sujeta a una inspección intermedia de la autoridad competente, o de una organización reconocida debidamente autorizada a tal efecto, para garantizar que se siguen cumpliendo las disposiciones nacionales por las que se aplica el presente convenio. Si se realiza una sola inspección intermedia y el período de validez del certificado de trabajo marítimo es de cinco años, dicha inspección deberá efectuarse entre el segundo y el tercer año a partir de la fecha de expedición del certificado de trabajo marítimo. El alcance y la profundidad de la inspección serán equivalentes a los de una inspección para la renovación de un certificado.

El certificado de trabajo marítimo será refrendado si los resultados de la inspección intermedia son satisfactorios.

Sin perjuicio de lo dispuesto en el párrafo 1 de la presente norma, cuando la inspección para la renovación haya concluido dentro de los tres meses que preceden a la fecha de expiración del certificado en vigor, el nuevo certificado de trabajo marítimo será válido a partir de la fecha de finalización de la inspección por un período no superior a cinco años a partir de la fecha de expiración del certificado de trabajo marítimo en vigor.

Cuando la inspección para la renovación haya concluido más de tres meses antes de la fecha de expiración del certificado en vigor, el nuevo certificado de trabajo marítimo será válido por un período no superior a cinco años contado a partir de la fecha de finalización de la inspección.

Se podrá expedir un certificado de trabajo marítimo a título provisional:

a) a los buques nuevos en el momento de su entrega;
b) cuando un buque cambia de pabellón; o
c) cuando un armador se hace cargo de la explotación de un buque que es nuevo para dicho armador.

Este certificado provisional de trabajo marítimo podrá ser expedido para un período no superior a seis meses por la autoridad competente o una organización reconocida debidamente autorizada a tal efecto.

Sólo se podrá expedir un certificado provisional de trabajo marítimo si se ha verificado previamente que:

a) el buque ha sido inspeccionado, en la medida de lo razonable y factible, con respecto a las materias que figuran en el anexo A5-1, teniendo en cuenta la verificación de los aspectos señalados en los apartados *b)*, *c)* y *d)* del presente párrafo;

b) el armador ha demostrado a la autoridad competente o a una organización reconocida que el buque cuenta con procedimientos adecuados para cumplir el convenio;

c) el capitán conoce las disposiciones del convenio y las responsabilidades de aplicación, y

d) se ha presentado información pertinente a la autoridad competente o a una organización reconocida para la expedición de una declaración de conformidad laboral marítima.

De conformidad con el párrafo 1 de la presente norma, se realizará una inspección completa antes de la expiración del certificado provisional para poder expedir el certificado de trabajo marítimo para todo el período. No se podrá expedir ningún certificado marítimo provisional después de los seis meses iniciales a los que se hace referencia en el párrafo 6 de esta norma. No es necesario expedir una declaración de conformidad laboral marítima durante el período de validez del certificado provisional.

El certificado de trabajo marítimo, el certificado provisional de trabajo marítimo y la declaración de conformidad laboral marítima se redactarán conforme a los modelos facilitados en el anexo AS-ll.

La declaración de conformidad laboral marítima se adjuntará al certificado de trabajo marítimo. Constará de dos partes:

a) La parte I la redactará la autoridad competente. En ella figurará la lista de cuestiones que deberán inspeccionarse de conformidad con el párrafo 1 de la presente norma. Dicho texto deberá también indicar los requisitos incorporados en las disposiciones pertinentes del presente convenio, haciendo referencia a las disposiciones legales nacionales pertinentes, y, en la medida de lo posible, información concisa sobre el fondo de los requisitos nacionales. En ella también se deberá hacer referencia a los requisitos específicos para cada tipo de buque previstos en la legislación nacional. Recogerá toda disposición sustancialmente equivalente adoptada en virtud del párrafo 3 del artículo VI del presente convenio.

b) La parte II la redactará el armador y la autoridad competente la certificará. En ella se deberán indicar las medidas adoptadas para velar por el cumplimiento permanente de los requisitos nacionales durante los períodos comprendidos entre las inspecciones, así como las medidas propuestas para garantizar una mejora continua.

Los resultados de todas las inspecciones u otras verificaciones ulteriores que se realicen respecto del buque de que se trate y toda deficiencia importante que se detecte durante cualquiera de esas verificaciones deberán anotarse en un registro, así como la fecha en que se determinó que las deficiencias fueron subsanadas. De conformidad con la legislación nacional, este registro deberá incluirse, acompañado de una traducción al inglés en los casos en que no esté redactado en este idioma, dentro de la declaración de conformidad laboral marítima o figurar como anexo a la misma o ponerse de cualquier otra forma a disposición de la gente de mar, de los inspectores del Estado de abanderamiento, de los funcionarios habilitados del Estado del puerto y de los representantes de los armadores y la gente de mar.

En el buque deberá llevarse y exponerse en un lugar visible a bordo que sea accesible a la gente de mar un certificado de trabajo marítimo y una declaración de conformidad laboral marítima, ambos válidos y actualizados, junto con una traducción al inglés cuando el idioma de la documentación sea otro. De conformidad con la legislación nacional, cuando se solicite, se pondrá a disposición de la gente de mar, de los inspectores del Estado de abanderamiento, de los funcionarios habilitados del Estado del puerto y de los representantes de los armadores y de la gente de mar, una copia de dichos documentos.

El requisito relativo a la traducción al inglés, mencionado en los párrafos 11 y 12 de la presenta norma, no se aplicará en los buques que no efectúan viajes internacionales.

Un certificado expedido conforme al párrafo 1 o 5 de la presente norma dejará de tener validez en cualquiera de los siguientes casos:

a) si las inspecciones pertinentes no se concluyen dentro de los períodos que se especifican en el párrafo 2 de esta norma;

b) si no se refrenda el certificado de conformidad con el párrafo 2 del título;

c) en caso de que el buque cambie de pabellón;

d) cuando un armador se hace cargo de la explotación de un buque que es nuevo para dicho armador; y

e) cuando se hayan incorporado modificaciones sustanciales a la estructura o el equipo a que se refiere el título 3.

En los casos mencionados en el párrafo 14, apartados *c)*, *d)* o *e)*, de la presente norma, sólo se expedirá un nuevo certificado cuando la autoridad competente o la organización reconocida encargada de expedir el nuevo certificado esté totalmente convencida de que el buque cumple los requisitos de esta norma.

La autoridad competente o las organizaciones acreditadas por el Estado de abanderamiento a tales efectos, procederán a retirar el certificado de trabajo marítimo si se comprueba que un determinado buque no cumple con los requisitos previstos en el presente convenio y no se han adoptado medidas correctivas para tal fin.

Cuando se considere la posibilidad de retirar algún certificado de trabajo marítimo en virtud del párrafo 16 de la presente norma, la autoridad competente o la organización facultada para ello deberían tener en cuenta la gravedad de las transgresiones o la frecuencia de las mismas.

Pauta B5.1.3. Certificado de trabajo marítimo y declaración de conformidad laboral marítima

El enunciado de los requisitos nacionales que figuran en la parte I de la declaración de conformidad laboral marítima debería incluir o ir acompañado de referencias a las disposiciones legislativas relativas a las condiciones de trabajo y de vida de la gente de mar sobre cada una de las cuestiones que se enumeran en el anexo A5-1.

Cuando la legislación nacional se ajuste exactamente a los requisitos indicados en el presente convenio, bastará una referencia. En el caso de que una disposición del convenio se aplique mediante equivalencias sustanciales según lo previsto en el párrafo 3 del artículo VI, dicha disposición debería identificarse y proporcionarse una explicación concisa.

Regla 5.7.4. Inspección y control de la aplicación

Todo miembro deberá verificar, mediante un sistema eficaz y coordinado de inspecciones periódicas, seguimiento y otras medidas de control, que los buques que enarbolen su pabellón cumplan las disposiciones del presente convenio tal como quedan recogidas en la legislación nacional.

En la parte A del código se establecen de manera detallada los requisitos relativos al sistema de inspección y control de la aplicación mencionado en el párrafo 1 de la presente regla.

Convenio en materia de pesca

Se contempla el asunto del abandono de la siguiente manera:

Parte VII. Cumplimiento y control de la aplicación. Contenido: arts. 40 a 45 del Convenio 188. Ámbito de control sobre aquellos buques pesqueros que enarbolan nuestro pabellón.

Artículo 40. Todo miembro deberá ejercer efectivamente su jurisdicción y control sobre los buques que enarbolen su pabellón, estableciendo un sistema para garantizar el cumplimiento de los requisitos del presente convenio, incluyendo:

— Las inspecciones.
— La presentación de informes.
— La supervisión.
— Los procedimientos de tramitación de quejas.
— La aplicación de sanciones
— Las medidas correctivas apropiadas, de conformidad con la legislación nacional.

Anexo I

Normativa nacional e internacional sobre asistencia a marinos

1   Normativa internacional

- Convenios de la OIT, números 9, 113, 163 y 165; y la Recomendación, 138.
- Tratado de la Unión Europea.
- Directiva de la CEE 9229.
- Reglamentos comunitarios 1408/71 y 574/72.
- Acuerdo sobre Espacio Económico Europeo, de 2 de mayo de 1992 adaptado por el Protocolo de 17 de marzo de 1993.
- Convención de Ginebra, de 28 de julio de 1951.
- Protocolo de Nueva York, de 31 de enero de 1977.

2   Normativa nacional

- Ley de 18 de octubre de 1941 de reorganización del ISM.
- Decreto 1867/70, de 9 de julio.
- Decreto 2864/74, de 30 de agosto, que aprueba el texto refundido del Régimen Especial de la Seguridad Social de los Trabajadores del Mar.
- Real Decreto 1414/81, de 3 de julio, en relación con el ISM.
- Ley 5/1984, de 26 de marzo sobre Derecho de Asilo y de la Condición del Refugiado.
- Real Decreto 1314/84, de 20 de junio, en relación también con el ISM.
- Convenio Colectivo de Pesca de Arrastre para la Flota Pesquera de Llançà (Girona) 1994.
- Convenio Colectivo de Pesca de Arrastre de Arenys de Mar (Barcelona), vigente desde primeros de enero de 1994.

Anexo II

Asuntos Exteriores
Adhesión de España al Convenio Internacional sobre Embargo Preventivo de Buques

Madrid, 14 de septiembre de 2001

El Consejo de Ministros aprobó un Acuerdo por el que se autoriza la denuncia del Convenio Internacional para la unificación de determinadas reglas relativas al embargo preventivo de buques de navegación marítima, de 1952, y se dispone su remisión a las Cortes Generales, y ha autorizado la adhesión de España al Convenio Internacional sobre el Embargo Preventivo de Buques.

El convenio de 1952, dado el tiempo transcurrido y las nuevas exigencias del tráfico jurídico internacional, ha quedado obsoleto, por lo que se planteó la necesidad de contar con un nuevo instrumento jurídico que regule el embargo preventivo de buques y otras materias conexas.

A tal efecto, la Conferencia Diplomática celebrada en Ginebra el 1 de marzo de 1999 adoptó un nuevo Convenio Internacional sobre el Embargo Preventivo de Buques, que sustituirá, una vez que se ratifique por todas las partes contratantes necesarias a tal efecto, al Convenio de 1952 actualmente en vigor.

El redactado del Convenio Internacional sobre Embargo Preventivo de Buques de 1999 se expone a continuación.

Artículo 1
Definiciones

1. Por *crédito marítimo* se entiende un crédito que tenga una o varias de las siguientes causas:

   a) Pérdidas o daños causados por la explotación del buque.

b) Muerte o lesiones corporales sobrevenidas, en tierra o en el agua, en relación directa con la explotación del buque.

c) Operaciones de asistencia o salvamento o todo contrato de salvamento, incluida, si corresponde, la compensación especial relativa a operaciones de asistencia o salvamento respecto de un buque que, por sí mismo o por su carga, amenace causar daño al medio ambiente.

d) Daño o amenaza de daño causados por el buque al medio ambiente, el litoral o intereses conexos; las medidas adoptadas para prevenir, minimizar o eliminar ese daño; la indemnización por ese daño; los costos de las medidas razonables de restauración del medio ambiente efectivamente tomadas o que vayan a tomarse; las pérdidas en que hayan incurrido o puedan incurrir terceros en relación con ese daño; y el daño, los costos o las pérdidas de carácter similar a los indicados en este apartado *d)*.

e) Gastos y desembolsos relativos a la puesta a flote, la remoción, la recuperación, la destrucción o la eliminación de la peligrosidad que presente un buque hundido, naufragado, embarrancado o abandonado, incluido todo lo que esté o haya estado a bordo de un buque, y los costos y desembolsos relacionados con la conservación de un buque abandonado y el mantenimiento de su tripulación.

f) Todo contrato relativo a la utilización o al arrendamiento del buque formalizado en póliza de fletamento o de otro modo.

g) Todo contrato relativo al transporte de mercancías o de pasajeros en el buque formalizado en una póliza de fletamento o de otro modo.

h) Las pérdidas o los daños causados a las mercancías (incluidos los equipajes) transportadas a bordo del buque.

i) La avería gruesa.

j) El remolque.

k) El practicaje.

l) Las mercancías, los materiales, las provisiones, los combustibles y el equipo (incluidos los contenedores) suministrados o los servicios prestados al buque para su explotación, gestión, conservación o mantenimiento.

m) La construcción, reconstrucción, reparación, transformación o el equipamiento del buque.

n) Los derechos y gravámenes de puertos, canales, muelles, radas y otras vías navegables.

o) Los sueldos y otras cantidades debidas al capitán, los oficiales y demás miembros de la dotación en virtud de su enrolamiento a bordo del buque, incluidos los gastos de repatriación y las cuotas a la Seguridad Social pagaderas en su nombre.

p) Los desembolsos efectuados por cuenta del buque o de sus propietarios.

q) Las primas de seguro (incluidas las cotizaciones de seguro mutuo), pagaderas por el propietario del buque o el arrendatario a casco desnudo, o por su cuenta, en relación con el buque.

r) Las comisiones, los corretajes u honorarios de agencias, pagaderos por el propietario del buque o el arrendatario a casco desnudo, o por su cuenta, en relación con el buque.

s) Toda controversia relativa a la propiedad o a la posesión del buque.

t) Toda controversia entre los copropietarios del buque acerca de su utilización o del producto de su explotación.

u) Una hipoteca *mortgage* o gravamen de la misma naturaleza sobre el buque.

v) Toda controversia resultante de un contrato de compraventa del buque.

2. Por *embargo* se entiende «toda inmovilización o restricción a la salida de un buque impuesta por resolución de un tribunal en garantía de un crédito marítimo, pero no comprende la retención de un buque para la ejecución de una sentencia u otro instrumento ejecutorio».

3. Por *persona* se entiende «toda persona física o jurídica o toda entidad de derecho público o privado, esté o no constituida en sociedad, inclusive un Estado o cualquiera de sus subdivisiones políticas».

4. Por *acreedor* se entiende «toda persona que alegue un crédito marítimo».

5. Por *tribunal* se entiende «toda autoridad judicial competente de un Estado».

Artículo 2
Potestad para embargar

1. Sólo se podrá embargar un buque o levantar su embargo por resolución de un tribunal del Estado parte en el que se haya practicado el embargo.

2. Sólo se podrá embargar un buque en virtud de un crédito marítimo, pero no en virtud de otro crédito.

3. Un buque podrá ser embargado a los efectos de obtener una garantía aunque, en virtud de una cláusula de jurisdicción o una cláusula de arbitraje contenida en cualquier contrato aplicable o de otra forma, el crédito marítimo por el que se haga el embargo deba someterse a la jurisdicción de los tribunales de un Estado distinto de aquel en que se practique el embargo o arbitraje o deba regirse por la ley de otro Estado.

4. Con sujeción a lo dispuesto en el presente convenio, el procedimiento relativo al embargo de un buque o al levantamiento de ese embargo se regirá por la ley del Estado en que se haya solicitado o practicado el embargo.

Artículo 3
Ejercicio del derecho de embargo

1. El embargo de todo buque con respecto al cual se alegue un crédito marítimo procederá:

   a) Si la persona que era propietaria del buque en el momento en que nació el crédito marítimo está obligada en virtud de ese crédito y es propietaria del buque al practicarse el embargo.

   b) Si el arrendatario a casco desnudo del buque en el momento en que nació el crédito marítimo está obligado en virtud de ese crédito y es arrendatario a casco desnudo o propietario del buque al practicarse el embargo.

   c) Si el crédito se basa en una hipoteca *mortgage* o en un gravamen de la misma naturaleza sobre el buque.

   d) Si el crédito se refiere a la propiedad o la posesión del buque.

   e) Si el crédito es contra el propietario, el arrendatario a casco desnudo, el gestor o el naviero del buque y está garantizado por un privilegio marítimo concedido por la legislación del Estado en que se solicita el embargo o en virtud de esa legislación.

2. Procederá también el embargo de cualquier otro buque o buques que, al practicarse el embargo, fueren propiedad de la persona que esté obligada en virtud del crédito marítimo y que, en el momento en que nació el crédito, era:

   a) Propietaria del buque con respecto al cual haya nacido el crédito marítimo.

   b) Arrendataria a casco desnudo, fletador por tiempo o fletador por viaje de ese buque.

   La presente disposición no se aplica a los créditos relativos a la propiedad o la posesión de un buque.

3. No obstante lo dispuesto en los párrafos 1 y 2 del presente artículo, el embargo de un buque que no sea propiedad de la persona obligada en virtud del crédito sólo será admisible si, conforme a la ley del Estado en que se solicita el embargo, se puede ejecutar contra ese buque una sentencia dictada en relación con ese crédito, mediante su venta judicial o forzosa.

Artículo 4
Levantamiento del embargo

1. Un buque que haya sido embargado será liberado cuando se haya prestado garantía suficiente en forma satisfactoria, salvo que haya sido embargado para responder de cualquiera de los créditos marítimos enumerados en los apartados *s)* y *t)* del párrafo 1 del artículo 1. En estos casos, el tribunal podrá autorizar a la persona en posesión del buque a seguir explotándolo, una vez que ésta haya prestado garantía suficiente, o resolver de otro modo la cuestión de la operación del buque durante el período del embargo.

2. A falta de acuerdo entre las partes sobre la suficiencia y la forma de la garantía, el tribunal determinará su naturaleza y su cuantía, que no podrá exceder del valor del buque embargado.

3. La solicitud de levantamiento del embargo del buque previa constitución de garantía no se interpretará como reconocimiento de responsabilidad ni como renuncia a cualquier defensa o al derecho a limitar la responsabilidad.

4. Si un buque hubiera sido embargado en un Estado que no sea parte, y no hubiera sido liberado pese a la garantía prestada en relación con ese buque en un Estado parte respecto del mismo crédito, se ordenará la cancelación de la garantía previa solicitud ante el tribunal del Estado parte.

5. Si un buque hubiera sido liberado en un Estado que no sea parte por haberse prestado garantía suficiente, toda garantía prestada en un Estado parte en relación con el mismo crédito se mandará cancelar en la medida en que la cuantía total de la garantía prestada en los dos Estados exceda:

   a) Del valor del crédito por el que se hubiera embargado el buque.

   b) Del valor del buque; de ambos el que sea menor. Sin embargo, no se ordenará dicha liberación a menos que la garantía prestada en el Estado que no sea parte esté efectivamente a disposición del acreedor y le sea libremente transferible.

6. La persona que haya prestado una garantía en virtud de las disposiciones del párrafo 1 del presente artículo podrá solicitar su reducción, modificación o cancelación al tribunal en cualquier momento.

Artículo 5
Derecho de reembargo y pluralidad de embargos

1. Cuando en un Estado un buque ya hubiera sido embargado y liberado, o ya se hubiera prestado garantía respecto de ese buque en relación con un crédito marí-

timo, el buque no podrá ser reembargado o embargado por el mismo crédito, a menos que:

a) La naturaleza o la cuantía de la garantía respecto de ese buque ya prestada en relación con ese crédito sea inadecuada, a condición de que la cuantía total de la garantía no exceda del valor del buque.

b) La persona que haya prestado ya la garantía no pueda, o no sea probable que pueda, cumplir total o parcialmente sus obligaciones.

c) Se haya liberado el buque embargado o se haya cancelado la garantía prestada anteriormente, ya sea:

    I) a instancias o con el consentimiento del acreedor, cuando actúe por motivos razonables; o

    II) porque el acreedor no haya podido, mediante la adopción de medidas razonables, impedir tal liberación o cancelación.

2. Cualquier otro buque que de otro modo estaría sujeto a embargo por el mismo crédito marítimo no será embargado a menos que:

a) La naturaleza o la cuantía de la garantía ya prestada en relación con el mismo crédito sean inadecuadas.

b) Sean aplicables las disposiciones de los apartados *b)* o *c)* del párrafo 1 del presente artículo.

3. A los efectos del presente artículo, la expresión «liberación» excluye toda salida o liberación ilegal del buque.

Artículo 6
Protección de los propietarios y arrendatarios a casco desnudo de buques embargados

1. El tribunal podrá, como condición para decretar el embargo de un buque o, hecho éste, para autorizar su mantenimiento, imponer al acreedor que solicite o que haya obtenido el embargo del buque la obligación de prestar garantía de la clase, por la cuantía y en las condiciones que determine el tribunal para responder de los perjuicios que puedan irrogarse al demandado como consecuencia del embargo, y de los que se pueda tener como responsable al acreedor, en particular, pero no exclusivamente, la pérdida o el daño que puedan ocasionarse al demandado:

a) Por ser ilícito o no estar justificado el embargo.

b) Por haberse pedido y prestado una garantía excesiva.

2. Los tribunales del Estado en que se haya practicado un embargo serán competentes para determinar el alcance de la responsabilidad del acreedor, cuando hubiere incurrido en ella, por la pérdida o el daño causados por el embargo de un buque, en particular, pero no exclusivamente, los que se hubieren causado:

a) Por ser ilícito o no estar justificado el embargo.
b) Por haberse pedido y prestado una garantía excesiva.

La responsabilidad en que, en su caso, hubiere incurrido el acreedor a tenor de lo dispuesto en el párrafo 2 del presente artículo se determinará por aplicación de la ley del Estado en que se haya practicado el embargo.

3. Si un tribunal de otro Estado o un tribunal arbitral tuviere que resolver sobre el fondo del litigio de conformidad con el artículo 7 la sustanciación del procedimiento relativo a la responsabilidad del acreedor a tenor de lo dispuesto en el párrafo 2 del presente artículo, podrá suspenderse hasta que recaiga decisión sobre el fondo.
4. La persona que haya prestado una garantía en virtud de las disposiciones del párrafo 1 del presente artículo podrá solicitar su reducción, modificación o cancelación al tribunal en cualquier momento.

Artículo 7
Competencia para resolver el fondo del litigio

1. Los tribunales del Estado en que se haya practicado un embargo o se haya prestado garantía para obtener la liberación del buque serán competentes para resolver sobre el fondo del litigio, a menos que válidamente las partes acuerden o hayan acordado someter el litigio a un tribunal de otro Estado que se declare competente o a arbitraje.
2. No obstante lo dispuesto en el párrafo 1 del presente artículo, los tribunales del Estado en que se haya practicado un embargo o se haya prestado garantía para obtener la liberación del buque podrán declinar su competencia si la ley nacional les autoriza a ello y el tribunal de otro Estado se declara competente.
3. Cuando un tribunal del Estado en que se haya practicado un embargo o se haya prestado garantía para obtener la liberación del buque:

a) No tenga competencia para resolver sobre el fondo del litigio.
b) Haya declinado su competencia de conformidad con el párrafo 2 del presente artículo, ese tribunal podrá de oficio, y deberá a instancia de parte, fijar un

plazo para que el acreedor entable la demanda ante un tribunal de justicia competente o ante un tribunal arbitral.

4. Si no se entabla la demanda dentro del plazo fijado de conformidad con el párrafo 3 del presente artículo, se decretará a instancia de parte la liberación del buque embargado o la cancelación de la garantía prestada.

5. Si se entabla la demanda dentro del plazo fijado de conformidad con el párrafo 3 del presente artículo o, de no haberse fijado ese plazo, si se entabla la demanda ante un tribunal competente o un tribunal arbitral de otro Estado, toda resolución definitiva dictada en ese procedimiento será reconocida y surtirá efecto con respecto al buque embargado o a la garantía prestada para obtener la liberación del buque, a condición de que:

a) Se haya comunicado la demanda al demandado con suficiente antelación y se le ofrezcan oportunidades razonables para defenderse.

b) Ese reconocimiento no sea contrario al orden público.

6. Ninguna de las disposiciones del párrafo 5 del presente artículo limitará otros posibles efectos que la ley del Estado en que se haya practicado el embargo del buque o se haya prestado garantía para obtener su liberación, reconozca a una sentencia o a un laudo arbitral extranjeros.

Artículo 8
Aplicación

1. El presente convenio se aplicará a todo buque que navegue dentro de la jurisdicción de un Estado parte, enarbole o no el pabellón de un Estado parte.

2. El presente convenio no se aplicará a los buques de guerra, a las unidades navales auxiliares ni a otros buques pertenecientes a un Estado o explotados por él y destinados exclusivamente, en ese momento, a un uso público no comercial.

3. El presente convenio no afectará a los derechos o facultades que, con arreglo a un convenio internacional o en virtud de una ley o un reglamento internos, correspondan a la Administración del Estado o a alguno de sus órganos, los poderes públicos o a la administración portuaria para retener un buque o impedir de otro modo que se haga a la mar dentro de su jurisdicción.

4. El presente convenio no menoscabará la facultad de un Estado o tribunal para decretar medidas que afecten a la totalidad del patrimonio de un deudor.

5. Las disposiciones del presente convenio no afectarán a la aplicación en el Estado en que se practique un embargo de los convenios internacionales que establez-

can una limitación de responsabilidad o de la ley interna dictada para darles efectividad.

Tampoco modificarán las normas jurídicas en vigor en los Estados partes, ni afectarán a su aplicación, relativas al embargo de un buque que se encuentre dentro de la jurisdicción del Estado cuyo pabellón enarbole, practicado a instancias de una persona que tenga su residencia habitual o su establecimiento principal en ese Estado o de cualquier otra persona que haya adquirido un crédito de ésta por subrogación, cesión o cualquier otro medio.

Artículo 9
No creación de un privilegio marítimo

Las disposiciones del presente convenio no se interpretarán en el sentido de que crean un privilegio marítimo.

Artículo 10
Reservas

1. En el momento de la firma, ratificación, aprobación o aceptación del presente convenio o de la adhesión a él, o en cualquier momento posterior, todo Estado podrá reservarse el derecho de excluir de su aplicación a algunas o todas las categorías siguientes:

   a) Los buques que no sean de navegación marítima.
   b) Los buques que no enarbolen el pabellón de un Estado parte.
   c) Los créditos a que hace referencia el apartado *s)* del párrafo 1 del artículo 1.

2. En el momento de la firma, ratificación, aprobación o aceptación del presente convenio o de la adhesión a él, todo Estado que sea también parte en un determinado tratado sobre vías de navegación interior podrá declarar que las normas sobre competencia, reconocimiento y ejecución de sentencias judiciales de ese tratado prevalecen sobre las disposiciones del artículo 7 del presente convenio.

Artículo 11
Depositario

El presente convenio quedará depositado en poder del Secretario General de las Naciones Unidas.

Artículo 12
Firma, ratificación, aceptación, aprobación y adhesión

1. El presente convenio estará abierto a la firma en la sede de las Naciones Unidas, en Nueva York, desde el 1 de septiembre de 1999 hasta el 31 de agosto del año 2000 y después quedará abierto a la adhesión.
2. Los Estados podrán manifestar su consentimiento en obligarse por el presente convenio mediante:

   a) Firma, sin reserva de ratificación, aceptación o aprobación.
   b) Firma, con reserva de ratificación, aceptación o aprobación, seguida de ratificación, aceptación o aprobación.
   c) Adhesión.

3. La ratificación, aceptación, aprobación o adhesión se efectuarán mediante el depósito de un instrumento a tal efecto en poder del depositario.

Artículo 13
Estados con más de un régimen jurídico

1. Todo Estado integrado por dos o más unidades territoriales en las que sea aplicable un régimen jurídico distinto en relación con las materias objeto del presente convenio podrá declarar en el momento de dar su firma, ratificación, aceptación, aprobación o adhesión al mismo que el presente convenio será aplicable a todas sus unidades territoriales, o sólo a una o varias de ellas, y podrá en cualquier momento sustituir por otra su declaración original.
2. Esa declaración se notificará al depositario, y en ella se hará constar expresamente a qué unidades territoriales será aplicable el convenio.
3. En relación con un Estado parte que tenga dos o más regímenes jurídicos en lo que respecta al embargo preventivo de buques, aplicables en diferentes unidades territoriales, las referencias en el presente convenio al tribunal de un Estado o a la legislación de un Estado se entenderán respectivamente como relativas al tribunal de la unidad territorial pertinente dentro de ese Estado y a la legislación de la unidad territorial pertinente de ese Estado.

Artículo 14
Entrada en vigor

1. El presente convenio entrará en vigor seis meses después de la fecha en que diez Estados hayan manifestado su consentimiento en obligarse por él.
2. Respecto de un Estado que manifieste su consentimiento en obligarse por el presente convenio después de que se hayan cumplido los requisitos para su entrada en vigor, ese consentimiento surtirá efecto tres meses después de la fecha en que haya sido manifestado.

Artículo 15
Revisión y enmienda

1. El secretario general de las Naciones Unidas convocará una conferencia de los Estados partes para revisar o enmendar el presente convenio, si lo solicita un tercio de los Estados partes.
2. Todo consentimiento en obligarse por el presente convenio manifestado después de la fecha de la entrada en vigor de una enmienda al presente convenio se entenderá que se aplica al convenio en su forma enmendada.

Artículo 16
Denuncia

1. El presente convenio podrá ser denunciado por cualquier Estado parte en cualquier momento después de la fecha en que haya entrado en vigor respecto de ese Estado.
2. La denuncia se efectuará mediante el depósito de un instrumento de denuncia en poder del depositario.
3. La denuncia surtirá efecto un año después de la fecha en que el depositario haya recibido el instrumento de denuncia, o a la expiración de cualquier plazo más largo que se señale en ese instrumento.

Artículo 17
Idiomas

El presente convenio se consigna en un solo original, cuyos textos en árabe, chino, español, francés, inglés y ruso son igualmente auténticos.

Elaborado en Ginebra el día doce de marzo de mil novecientos noventa y nueve.

Bibliografía

Capítulo 1. Control de buques de pabellón extranjero en puertos españoles

— *Informe sobre la condición jurídica de los polizones en los puertos de la comunidad autónoma del País Vasco.* Dr. Eduardo Javier Ruiz Vieytez. Gobierno Vasco, 1998.
— *La prevención de siniestros marítimos a través del control del estado rector de puerto.* J. A. Alcázar y F. Piniella. Universidad de Cádiz, 2002.
— *Le bien-être des marins en Espagne.* Domingo González Joyanes. Les Journées d'Études 2004 de l'Observatoire des Droits des Marins. Nantes, 2004.
— *Legislación marítima y fuentes complementarias.* Tecnos, 2004.
— *Les passagers clandestins en droit international.* Dr. Raymond Guy. Les Journées d'Études 2006 de l'Observatoire des Droits des Marins. Nantes, 2006.
— *Prevención de accidentes a bordo de los buques en el mar y en los puertos.* Oficina Internacional de Trabajo. Ginebra, 1996.
— *Ships. Slaves and competition.* International Commission on Shipping. Inquiry into Ship Safety. ICONS. Australia, 2000.
— *SOLAS.* Organización Marítima Internacional. Londres, 2005.

Capítulo 2. Controles legales de las autoridades portuarias

— *Compendio de derecho marítimo.* Dr. Ignacio Arroyo. Tecnos, 2002; págs. 49-74, La administración marítima: organización y competencias y el dominio público marítimo.
— *De la nature du navire.* Dr. Patrick Chaumette. Les Journées d'Études 2006 de l'Observatoire des Droits des Marins. Nantes, 2006.
— «El barco fantasma: El carguero Samy lleva cinco años abandonado en el puerto de Barcelona». *La Vanguardia* 24-6-2007.
— «La Autoridad Portuaria de Bilbao retirará los barcos que dificulten la navegabilidad en la ría». *Deia.com* 14-5-2006.

- «Puerto de Las Palmas proyecta el hundimiento de dos barcos pesqueros». *Canarias-ahora.com* 6-9-2004.
- *France Ports Accueil.* Federation des Associacions d'Accueil de Marins. Marzo, 1999-2008.

Capítulo 3. Procedimientos judiciales

- *Compendio de derecho marítimo.* Dr. Ignacio Arroyo. Tecnos, 2002; págs. 119-29, «Estatuto jurídico del buque y privilegios marítimos».
- *Control de buques extranjeros y abandono de tripulaciones en puertos españoles.* Centro de los Derechos del Marino de Barcelona, 2003.
- *Inventory of seafarer's abandonment cases in france: some issues concerning governance.* James Smith. Les Journées d'Études Marseillaises 2006 de l'Observatoire des Droits des Marins. Carry, Le Rouet, 2006.
- *La ordenación laboral de las relaciones laborales en el sector marítimo-pesquero.* Manuel Correa Carrasco. CES Colección Estudio, 2000.
- *Labour Code of The Kazakh SSR.* W.E. Butler. Simmonds & Hill Publishing Ltd, Londres, 1995.
- *La protection internationale des marins.* Centre de Droits Marins et de Transports. Dr. Aude Tokatlian. Marseille, 2002.
- *Les faits sociaux maritimes, leur recension, leur traitament. Le cas du Hassel à Marseille en 1995-1996.* Louis Hug. Journées d'Études 2007 à Nantes de l'Observatoire des Droits des Marins. Nantes, 2007.
- *Las cuestiones laborales en el anteproyecto de ley general de la navegación marítima.* Dr. José María Ruiz Soroa. Cuestiones actuales de derecho laboral marítimo. Gobierno Vasco, Vitoria, 2006.
- *La determinación del ordenamiento jurídico aplicable al contrato de trabajo de la gente de mar.* Dra. Olga Fontinopoulou Basurko. Cuestiones actuales de derecho laboral marítimo. Gobierno Vasco, Vitoria, 2006.
- *Los privilegios marítimos (créditos salariales de la dotación).* Carmen Alonso Ledesma. Civitas, 1995; págs. 384-405.
- *Los salarios. Manual de educación obrera.* OIT. Ginebra, 1983.
- *Procedimiento administrativo en los casos de abandono de tripulaciones en España: procedimientos legales.* Domingo González Joyanes. Seminario Internacional. Derechos del hombre y trabajo marítimo: los marinos abandonados, el bienestar y la repatriación de los trabajadores del mar. Escuela de Administración Marítima Vasca. Autoridad Portuaria de Bilbao, Universidad del País Vasco. Diciembre de 2008.
- *Procedimientos judiciales.* Biblioteca jurídica de bolsillo. Rodolfo A. González Lebrero. Colex, 1996.

- *Protection du salaire. Normes et garanties relatives au paiement de la rémunération des travailleurs.* Conference Internationale du Travail. 91.ª Session 2003. OIT, Ginebra.
- *XXI Congreso Mundial del Apostolatus Maris. Marinos abandonados.* Ángel Llorente. Mission de la mer, secretario de la FAAM, Francia. Brasil, 2002.

Capítulo 4. Abandono de buques y tripulaciones

- *A seafarer's right to a ship inspection in European Ports.* Center for Seafarer's Rights. Seamen Church Institute of New York and New Jersey, 1992.
- «Abandono de marinos en puertos franceses». Domingo González Joyanes. *Revista Mar.* Ministerio de Trabajo y Asuntos Sociales. Marzo de 2007.
- *Abandonment of seafarers database as of 31-1-08.* List of all entries-sorted by ship name. Base de datos de la OIT, Ginebra.
- *Desarrollo del grupo mixto especial de expertos OMI-OIT sobre abandono de la gente de mar.* Departamento de Asuntos Laborales Marítimos. Dirección General de la Gente de Mar. Giovanna Villamonte Santos. Panamá, 2008.
- *Creación de la junta de bienestar del puerto de Tenerife.* Organizaciones e instituciones al servicio de la gente de mar. Stella Maris Tenerife, 2008.
- *Crews and ships abandonment report in Italy: 1995-2005.* Antonio e Blasi. Les Journées d'Études Marseillaises 2006 de l'Observatoire des Droits des Marins. Carry, Le Rouet, 2006.
- *Cyprus Merchant Shipping Legislation.* Republic of Cyprus, 1996.
- «Déficit de marinos en marina mercante. La carrera marítima no es atractiva». Boletín informativo *Destellos* 61-2008. Stella Maris Tenerife.
- *La protección social de los trabajadores del mar en caso de abandono.* Domingo González Joyanes. Conferencia impartida en la Autoridad Portuaria de Bilbao, Universidad del País Vasco, Bilbao, 2007.
- *El embargo preventivo: doctrina y jurisprudencia.* Manuel Ortells Ramos. Comares, 1998.
- *El embargo preventivo de buques.* Dra. Belén Mora Capitán. José María Bosch editor, 2000.
- *La insolvencia del empresario marítimo en casos de abandono: procedimientos judiciales para la reclamación de las garantías salariales por parte de los marinos.* Dr. José María Ruiz Soroa. Seminario Internacional. Derechos del Hombre y Trabajo Marítimo: los marinos abandonados, el bienestar y la repatriación de los trabajadores del mar. Escuela de Administración Marítima Vasca. Autoridad Portuaria de Bilbao. Universidad del País Vasco. Diciembre de 2008.
- *Las Gentes de Mar. Colaboradoras de Dios en la creación.* Pontificio consejo para la pastoral de los emigrantes itinerantes. Actas del XX Congreso Mundial del Apostolatus Maris. Ciudad del Vaticano, 1998.

— *Noticias ITF en línea. Encuentro con el ministerio irlandés para reforzar la colaboración sobre las banderas de conveniencia.* 24-1-2008. www.itfglobal.org/news/news-online/index.cfm/newsdetail/1754.
— *Noticias ITF en línea. Victoria para los marinos indios abandonados* 30-4-2008. www.itfglobal.org/news/news-online/index.cfm/newsdetail/1905.
— «Protección de los buques mercantes. ISPS CODE». Boletín informativo *Destellos* 59-2007. Stella Maris Tenerife.
— *Seafarer's Rights on Bahamian Flag Ships.* Center for Seafarer's Rights. Seamen's Church Institute of New York and New Jersey, 1997.
— *Seafarer's Rights on Cyprus Flag Ships.* Center for Seafarer's Rights. Seamen's Church Institute of New York and New Jersey, 1996.
— *Seafarer's Rights on Liberian Flag Ships.* Center for Seafarer's Rights. Seamen's Church Institute of New York and New Jersey, 1993.
— *Seafarer's Rights on Malta Flag Ships.* Center for Seafarer's Rights. Seamen's Church Institute of New York and New Jersey, 1994.
— *Seafarer's Rights on Norwegian International Registry (NIS) Ship.* Center for Seafarer's Rights. Seamen's Church Institute of New York and New Jersey, 1996.
— *Seafarer's Rights on Panamian Flag Ships.* Center for Seafarer's Rights. Seamen's Church Institute of New York and New Jersey, 1994.
— *Estadísticas sobre tripulaciones abandonadas en puertos españoles (2000-2005).* Domingo González Joyanes. *Revista Mar.* Noviembre de 2006.

Capítulo 5. Situación social a bordo de buques de crucero

— *Buques de crucero: lujo para los pasajeros, vida dura para los tripulantes.* Mesa redonda del Comité de Solidaridad del Puerto de Barcelona, 2001.
— «Semana de san Telmo. La mujer en el mundo de la mar». Boletín informativo *Destellos* 41-2006. Stella Maris Tenerife.
— «Situación de la gente de mar de sexo femenino». Boletín informativo *Destellos* 29-2005. Stella Maris Tenerife.

Capítulo 6. Asociaciones de acogida de marinos y otras entidades que intervienen en el abandono de buques

— *Barcos abandonados en puertos españoles.* Jornada internacional sobre el abandono de marinos. Domingo González Joyanes. Comités de Bienestar en los Puertos. Tripulaciones abandonadas. Comité de Solidaridad con la Gente de Mar del Puerto de Barcelona. Barcelona, 2000.

- «Los abandonos de tripulaciones en España, período 2000-2005». Domingo González Joyanes. Aspectos sociales y procesos legales. *Revista Mar.* Ministerio de Trabajo y Asuntos Sociales, 2007.
- «El desastre en Portland. Tripulaciones reducidas, distintos idiomas: seguridad deficitaria». Boletín informativo *Destellos* 43-2006. Stella Maris Tenerife.
- *El polizonaje: un problema humano e institucional por resolver.* Ponencias mesa redonda. Comité de Solidaridad con la Gente de Mar del Puerto de Barcelona. Noviembre de 1998.
- *El racismo en el mundo de la mar. Ponencias de la mesa redonda.* Comité de Solidaridad del Puerto de Barcelona. Noviembre de 1997.
- *Manual del visitador de barcos.* www.icma.as/manual%20del20%visitador.htm.
- «Mayor seguridad para los navegantes (el servicio Seafarerhelp)». Boletín informativo *Destellos* 30-2005. Stella Maris Tenerife.
- *Solidaridad y compromiso. Acerca de la creación de un fondo de solidaridad y compromiso.* Stella Maris Tenerife 2007.
- *Un trabajo decente para las mujeres.* Oficina de Igualdad de Género. Oficina Internacional de Trabajo. Ginebra, 2000.

Capítulo 7. Organismos oficiales

- «Junta de bienestar del puerto o comité de solidaridad». Boletín informativo *Destellos* 20-2004. Stella Maris Tenerife.
- *Jornada internacional sobre el abandono de marinos.* Comités de bienestar en los puertos. Tripulaciones abandonadas. Comité de Solidaridad con la Gente de Mar del Puerto de Barcelona. Barcelona, 2000. El instituto Social de la Marina. Juan José Ruiz Carrión.

Capítulo 8. Asistencia a marinos transeúntes, abandonados en España y en el extranjero

- *ITF's campaign past, present, future.* Lennart Johnsson. ITF, 1996.
- *Jornada internacional sobre el abandono de marinos.* Comités de Bienestar en los Puertos. Tripulaciones abandonadas. Comité de Solidaridad con la Gente de Mar del Puerto de Barcelona. Barcelona, 2000. Marinos abandonados. Pedro Muñoz, CCOO.
- *Los derechos humanos en el entorno marítimo.* Begoña Marugán Pintos. Conferencia Internacional Fornautas siglo XXI. Santander, octubre de 2004.
- *Maritime security.* 2nd International Conference. Nantes, septiembre de 2007. El documento de identidad de la gente de mar. Dra. Olga Fontginopoulou Basurco.

Capítulo 9. El grupo mixto OMI-OIT sobre abandono de buques y tripulaciones

- *Conferencia sobre el trabajo del grupo mixto especial de expertos OMI-OIT, sobre la responsabilidad y la indemnización respecto de las reclamaciones por muerte, lesiones corporales y abandono de la gente de mar.* Domingo González Joyanes. Universidad de la Laguna. Abril de 2008.
- *Directrices sobre la provisión de garantía financiera para los casos de abandono de la gente de mar.* Resolución A.930(22), 29 de noviembre de 2001. OMI, 2001.
- «El City of tema. Los tripulantes llevan seis meses sin cobrar». Boletín informativo *Destellos* 45-2006. Stella Maris Tenerife.
- *Informe final del grupo mixto especial de expertos OMI-OIT, sobre la responsabilidad y la indemnización respecto de las reclamaciones por muerte, lesiones corporales y abandono de la gente de mar.* Ginebra, febrero de 2008.
- *Relaciones con las organizaciones gubernamentales.* Resolución A.966(24), 23 de noviembre de 2005. Organización Marítima Internacional, 2005.
- «Situaciones extremas del marino. La OMI y la OIT preparan nuevas directrices aplicables en los casos de muerte, lesiones y abandonos de la gente de mar». Boletín informativo *Destellos* 36-2005. Stella Maris Tenerife.

Capítulo 10. El convenio de la OIT y las medidas relativas al abandono de buques y tripulaciones

- *Actas de la conferencia internacional de trabajo.* Nonagésima cuarta reunión (marítima). Ginebra, 2006.
- *Bilan et perspectives des travaux du groupe conjoint OMI-OIT.* Fabien Joret. Les Journées d'Études Marseillaises 2006 de l'Observatoire des Droits des Marins. Carry, Le Rouet, 2006.
- *El convenio refundido sobre trabajo marítimo de 2006, ¿introduce satisfactoriamente las directrices de la OMI sobre abandono de los marinos?* Olga Fontinopoulou Basurko. Seminario Internacional. Derechos del Hombre y Trabajo Marítimo: los marinos abandonados, el bienestar y la repatriación de los trabajadores del mar. Escuela de Administración Marítima Vasca. Autoridad Portuaria de Bilbao. Universidad del País Vasco. Diciembre de 2008.
- *Le bien-être après l'adoption de la Convention du Travail Maritime Consolidée (OIT). Quelles avancées pour quelles lacunes.* Dr. Alexandre Chabonneau. Les Journées d'Études 2006 de l'Observatoire des Droits des Marins. Nantes, 2006.
- *Los derechos del marino en barcos con bandera de las Bahamas.* Center for Seafarer's Rights (Centro de los Derechos del Marino). Seamen's Church Institute of New York and New Jersey. Douglas Stevenson, 1994.

— *La puesta en marcha de una base de datos sobre los casos de abandono de marinos y bienestar de la gente de mar.* Domingo González Joyanes. Seminario Internacional. Derechos del hombre y trabajo marítimo: los marinos abandonados, el bienestar y la repatriación de los trabajadores del mar. Escuela de Administración Marítima Vasca. Autoridad Portuaria de Bilbao. Universidad del País Vasco. Diciembre de 2008.

— *The maritime labour convention 2006: the role of seafarer's unions and their members.* Estelle Brentnall. Les Journées d'Études Marseillaises 2006 de l'Observatoire des Droits des Marins. Carry, Le Rouet, 2006.

Trabajos previos

— *The Seafarer's Welfare Convention 1987; 163* and *The Seafarer's Welfare Recommendation 1987; 173.* Brandt Wagner. Maritime specialist, maritime industries, team sectorial activities. Department International Labour Office, Ginebra. Jornada internacional sobre el abandono de marinos. Comités de Bienestar en los Puertos. Tripulaciones abandonadas. Comité de Solidaridad con la Gente de Mar del Puerto de Barcelona. Barcelona, 2000.

— *Training exercises on International Maritime Labour standards of the ILO.* David Taigman. Maritime industries branch of the International Labour Organization. Dinamarca, 2000.

Inglés náutico normalizado

José Manuel Díaz Pérez
Práctico manual que presenta el vocabulario normalizado de navegación, así como las frases normalizadas para las comunicaciones marítimas establecidas por la OMI.
160 págs.; 17 x 24 cm; tapa dura; a color. ISBN 84-86684-32-3. PVP 24 €.

La seguridad en los puertos

Ricard Marí, Jaime Rodrigo de Larrucea y Álvaro Librán
Cómo implantar planes de seguridad y protección en instalaciones portuarias y buques según el código de la Organización Marítima Internacional.
288 págs.; 17 x 24 cm. ISBN 84-86684-28-5. PVP 31 €.

Calidad total y logística (2.ª edición)

José Presencia
Cómo alcanzar procesos logísticos eficientes mediante la gestión de la calidad total.
160 págs.; 17 x 24 cm. ISBN 84-86684-24-2. PVP 20 €.

Logística del automóvil

Federico Sabrià
Claves operativas y estrategias de producción de los fabricantes de automóviles.
128 págs.; 17 x 24 cm. ISBN 84-86684-26-9. PVP 16 €.

Transporte marítimo

Rosa Romero
Todos los conceptos y procesos para la gestión del principal modo de transporte en el comercio internacional.
192 págs.; 17 x 24 cm. ISBN 84-86684-15-3. PVP 24 €.

Gestión del transporte

Jaime Mira
Introducción a la gestión de la cadena de transporte.
160 págs; 21 x 29,7 cm. ISBN 84-86684-12-9. PVP 23 €.

Subcontratación de servicios logísticos

Josep A. Aguilar
Cómo desarrollar una operación de *outsourcing* en la gestión logística integral.
144 págs.; 21 x 29,7 cm. ISBN 84-86684-13-7. PVP 19 €.

Transporte internacional

Josep Baena
Manual didáctico con los principales conceptos y elementos del transporte internacional su vinculación con el comercio exterior.
64 págs.; 17 x 24 cm; a color. ISBN 84-86684-17-X. PVP 16 €.

Logística e intermodalidad

Luis Montero
Manual didáctico con los conceptos básicos de la logística y la intermodalidad en el transporte de mercancías.
64 págs.; 17 x 24 cm; a color. ISBN 84-86684-18-8. PVP 16 €.

Logística y marketing geográfico

Fernando S. Amago
Geomarketing para tomar decisiones visualmente.
224 págs.; 21 x 29,7 cm. ISBN 84-86684-08-0. PVP 25 €.

e-logistics (II)

Miguel Ángel Pesquera
Los fundamentos del comercio electrónico en la gestión de las cadenas logísticas.
160 págs.; 21 x 29,7 cm. ISBN 84-86684-09-9. PVP 20 €.

e-logistics (I)

Ángel Ibeas
Las claves de la gestión del transporte para alcanzar un alto servicio con el menor coste y la mayor competitividad.
144 págs.; 21 x 29,7 cm. ISBN 84-86684-06-5. PVP 19 €.

València, 558, ático 2.ª — 08026 Barcelona — Tel. +34-932 449 130 — Fax +34-932 310 865 — www.marge.es

Libros de apoyo para la gestión de organizaciones, la cadena de suministro y el comercio internacional.

Gestión y liderazgo en una empresa de seguros

Simón Mahfoud y Digna Peña
Una experiencia de gestión, con una visión completa del sector asegurador, de su estructura, su funcionamiento
y sus aportes a la economía.
160 págs.; 17 x 24 cm. ISBN 978-84-86684-75-4.
PVP 23,80 €.

Personalización masiva

Blas Gómez
Las claves del nuevo horizonte empresarial en la producción y los servicios: la personalización masiva *(mass costumization)*.
144 págs.; 17 x 24 cm. ISBN 978-84-86684-68-6.
PVP 19 €.

Cómo usar bien los incoterms

(2.ª edición)
Remigi Palmés Combalia
Un manual práctico con la respuesta a todos los interrogantes que surgen en el uso de las normas del comercio internacional.
55 ilustraciones a color; 224 págs.; 17 x 24 cm.
ISBN 84-86684-37-4. PVP 25 €.

Gestión medioambiental en la industria

José M.ª Suris
Claves para hacer sostenible y rentable la gestión medioambiental en los procesos industriales y la distribución de productos.
248 págs.; 17 x 24 cm. ISBN 84-86684-33-1.
PVP 24 €.

Los abordajes en la mar

Carlos F. Salinas
La respuesta a todos los interrogantes que surgen en la prevención de los abordajes.
Incluye Reglamento actualizado.
141 ilustraciones a color; 208 págs.; 17 x 24 cm.
ISBN 84-86684-25-0. PVP 28 €.

La cadena de suministro

IESE-CIIL; Coordinador: Federico Sabrià
Los modelos y herramientas necesarios para planificar y optimizar la gestión de la cadena de suministro.
208 págs.; 17 x 24 cm. ISBN 84-86684-27-7.
PVP 23 €.

Logística de la carga aérea

Carlos Vila López
Manual de los procesos y procedimientos documentales para la gestión logística en el transporte aéreo de mercancías.
224 págs.; 17 x 24 cm. ISBN 84-86684-22-6.
PVP 25 €.

Logística del transporte marítimo

Álex León y Rosa Romero
Manual de procesos y procedimientos documentales para la gestión logística en el transporte marítimo y el entorno portuario.
272 págs.; 17 x 24 cm. ISBN 84-86684-20-X.
PVP 27 €.

Logística inversa
Medioambiente y logística

Ana Pérez, Miguel A. Rodríguez y Federico Sabrià
Cómo gestionar la logística de recuperación y el reciclaje: un avance en la gestión de la cadena de suministro y el desarrollo sostenible.
192 págs.; 17 x 24 cm. ISBN 84-86684-16-1.
PVP 24 €.

Shipping & commercial leading cases

Albert Badia
200 leading cases of the High Courts of England & the European Court of Justice.
200 págs.; 17 x 24 cm. ISBN 84-86684-21-8.
PVP 40 €.

MARGE BOOKS

València, 558, ático 2.ª – 08026 Barcelona – Tel. +34-932 449 130 – Fax +34-932 310 865 – www.marge.es